来自时代实践的思考

THINKING FROM THE PRACTICE OF THE TIMES

王永昌　著

中国社会科学出版社

图书在版编目（CIP）数据

来自时代实践的思考／王永昌著 . —北京：中国社会科学出版社，2020. 3
ISBN 978 - 7 - 5203 - 5968 - 9

Ⅰ. ①来… Ⅱ. ①王… Ⅲ. ①社会科学—文集 Ⅳ. ①C53

中国版本图书馆 CIP 数据核字（2020）第 013954 号

出 版 人	赵剑英
责任编辑	喻　苗
责任校对	胡新芳
责任印制	王　超

出　　版	中国社会科学出版社
社　　址	北京鼓楼西大街甲 158 号
邮　　编	100720
网　　址	http://www.csspw.cn
发 行 部	010 - 84083685
门 市 部	010 - 84029450
经　　销	新华书店及其他书店

印　　刷	北京明恒达印务有限公司
装　　订	廊坊市广阳区广增装订厂
版　　次	2020 年 3 月第 1 版
印　　次	2020 年 3 月第 1 次印刷

开　　本	710×1000　1/16
印　　张	20.75
插　　页	2
字　　数	320 千字
定　　价	98.00 元

前　言

长期以来，我对学术、理论问题一直保持着兴趣，同时，对现实发展问题也一直十分关注并经常做些调查研究。当然，这与我的学习、工作和生活经历有着直接的关系。

我曾经决意要从事学术研究和教育工作，但1984年的"一纸调令"，把我从高校调入了省级宣传部门工作，不久又被派到温州市挂职锻炼。其后，我又投师中国人民大学哲学系夏甄陶先生门下攻读博士学位。毕业时又调入中共中央政策研究室工作。后来，又下决心调回浙江省委政策研究室工作。再后来，就担任了市（区）的党政主要领导以及省级政协、人大的领导工作。多年从事政策研究和党政领导工作，自然养成了关注社会现实问题的爱好，比较注重从理论与实践、知行合一的角度去观察和分析事物，力求以问题为导向，提出解决实践问题的办法。这个过程，就是党政部门的调查研究过程。

我把自己多年的调研成果加以汇编出版，以期作为自我人生反思和留念之用，也给后学者留下一点素材，以资借鉴。本集子共收录了不同时期的27篇调研报告或带有对策建议性的文稿，先后顺序没有特别讲究，只是大致把当年在国内产生重要影响的几篇放在了前面，其后是对浙江实践产生重要的调研报告。不过，我在江干区和绍兴市任职期间的调研报告，则一篇也未予收录。主要的考虑是，收录本集子的调研成果，必须是我自己动手的，或者基本观点是我自己和多数文字也是我自己动手的。当然，其中的不少调研报告本身是集体劳动的成果，是集体智慧的结晶，也有不少文字是助手们先期起草的。这里，需要说明的是，还有一些根据调研现场讲话整理的文字，多数收录在《浙江：奇迹发生的地方》（浙江人民出版社 2019 年版）里了，这里就不再一一收录。

我们的时代正以惊人的速度变迁着。调研报告本身是时代现实的反映。它们从不同侧面记录了时代，并以自己的方式参与了时代的发展。毫无疑问，它们已经或者迟早是会成为时代记忆的。

然而，记忆是人类生存和发展的一种重要方式。没有了记忆，人类也就不会有自己的历史和未来。

人生何尝不是如此呢？

记忆是美好的，但有时也是很沉重的。

为了记忆，我以《来自时代实践的思考》为题，将自己 30 年来、主要是近 10 年来的调研报告汇编出版。

目　录

关于"婴儿安全岛"应慎行的建议[*]

2013年7月26日，民政部办公厅下发了《关于转发中国儿童福利和收养中心开展"婴儿安全岛"试点工作方案的通知》（民办函〔2013〕234号），要求全国各地根据实际情况开展"婴儿安全岛"试点工作。对于这样一件引起社会关注且争议不断的新生事物，持客观审慎态度去观察，对其背后的法理、伦理依据和客观效果进行探讨评估，是十分必要的。经过调研和思考，笔者认为，"婴儿安全岛"试点的积极意义在于引起全社会对弃婴问题的关注，但其引发的负面社会效果必须予以重视，试点工作应慎重，要从完善社会救助制度等社会保障体系上寻找解决弃婴问题的根本办法。

一 "婴儿安全岛"起因及实践后果

2011年6月1日，河北省石家庄市社会福利院设立我国首个弃婴安全保护设施，命名为"婴儿安全岛"。2013年7月民政部下发试点工作方案后，各省市的"婴儿安全岛"陆续投入运行。据民政部公布的信息，截至2014年6月18日，全国有16个省（市）设立了32个"婴儿安全岛"，共接收1400余名弃婴、弃童。①

---

* 本报告对各地一度推行的"婴儿安全岛"试点现象做了严肃探讨，提出了内部政策建议，并由新华社、人民日报、国务院参事室以内参形式报送中央决策参考，引起重视，国家有关部门组织内部探讨，随后完善了相关政策和做法。

① 数据来源于新华社2014年6月24日新闻稿。

从试点情况看，各地接收弃婴的情况因地区差异而有所不同。一些地方尚在正常运行，如最早开展试点的石家庄市在两年半时间里接收弃婴约 200 人，接收人数与未设"婴儿安全岛"前基本持平（说明设不设"婴儿安全岛"无多少实质意义）。但也有不少地方出现了弃婴人数井喷式增加而导致难以为继的情况，甚至不得不宣布暂停运行。如南京市"婴儿安全岛"自 2013 年 12 月 10 日启用以来，截至 2014 年 4 月 8 日已接收弃婴 224 名，大大超过以往一年接收的数量；广州市"婴儿安全岛"2014 年 1 月 28 日运行，至 3 月 16 日，启动 48 天，共接收 262 人，因不堪重负而宣布暂停试点；厦门市"婴儿安全岛"启用 100 天，共接收 144 名弃婴，暂停运行；济南市"婴儿安全岛"启用 12 天，就接收 121 名弃婴，也不得已采取了拆除婴儿安全岛标志、设置栏杆等方式阻止弃婴行为。另外，原本计划 2014 年六一儿童节启用的郑州市"婴儿安全岛"建设延缓，开放时间尚未确定。

从目前全国的试点情况来看，不禁产生了这样两个疑问："婴儿安全岛"能否为保护弃婴生命权益提供合法且最佳方案？"婴儿安全岛"的试点是否值得在全国广泛铺开？笔者以为，应持十分谨慎的科学态度。从价值理念、法学理论以及实践效果的综合分析来看，"婴儿安全岛"的设立虽有一定的现实性，而且又是由政府民政部门设立的，因而客观上会导致默许、认可"弃婴"行为的后果，这就难免会产生与我国相关法规的立法目的背道而驰的结果，削弱中国社会长期形成的家庭伦理观念，因而不具有合法性和合伦理性。实际试行的客观效果也充分证明，它客观上助长了"弃婴"现象的增加，在一定程度上使非法的、缺德的弃婴行为"合法化""正当化"，而且目前我国政府有关部门也无力承担起来自"弃婴安全岛"如此大规模的弃婴救助任务。

二 浙江省"婴儿安全岛"试点 实践说明了什么？

鉴于全国不少试点城市刚刚开办数周数月就难以为继的状况，浙江省民政部门积极稳妥，在充分调查研究、吸取其他省市试点经验教训的基础上，经过精心谋划设计，于 2014 年 5 月 28 日率先在衢州市启用"婴儿安全岛"，成为浙江省首个对外开放运行的试点。

衢州试行的"婴儿安全岛"，在理念、职能和具体做法上都有了很大改进。它吸取外地试点中的经验教训，在"婴儿安全岛"投入运行之初，就采取了一系列措施，建立了 24 小时值班劝导制度，联合公安打击弃婴行为，还加大政策宣传引导力度，在"婴儿安全岛"窗口上方贴有"遗弃婴幼儿是违法犯罪行为"的醒目标语，以及在墙壁上公布了对生活困难的重度残疾婴幼儿、困境儿童等生活保障的相关政策。从 5 月 28 日启用到 7 月底的两个月以来，共接收弃婴 20 名，劝退了 66 例。应该说，截至目前，浙江省的试点工作还是平稳可控的，但其指导理念和工作重心，已不在被动接收"弃婴"上，而着重放在规劝弃婴、打击非法弃婴和依法救济特困儿童及家庭上。

这里需要特别强调的是，衢州"婴儿安全岛"启用 2 个月来接收的 20 名弃婴中，有 18 名（占 90%）来自外省市。更令人关注的是，有一些外省的人专程坐火车来衢州弃婴，问其原因，说"浙江生活条件好"。要知道，浙江省衢州市的"婴儿安全岛"的启动运行在没有公开宣传的情况下，都"吸引"外省市一些人来"弃婴"，如果广为宣传，浙江的"婴儿安全岛"岂不更会门庭若市，热闹非凡，难以收场，不但会骤然间增加残疾人口的比重，而且政府的救助能力和水平也将不堪重负。这个现象不能不令人担忧。

浙江省的试点实践也证明，推行"婴儿安全岛"试点会引发弃婴现象增多，对人口结构和政府救助体制等方面都会带来诸多新挑战。而浙江省的试点工作已在相当程度上改变了"婴儿安全岛"原来的主要职能和以规劝为主、辅以依法打击的做法，更是说明原有"婴儿安全岛"的设计模式，是有根本缺陷而难以推行的。

三 "婴儿安全岛"与保护婴儿 生命权、生存权相悖

设立"婴儿安全岛"的初衷，在于体现以人为本、生命至上的理念，

也就是要切实保护"弃婴生命权益"。但需要指出的是，婴儿生命权由于权利主体的特殊性，存在着与成人甚至具有一定民事行为能力的儿童生命权的诸多不同。这些差异，若未能在决策前被清楚地认识，推出的方案就可能会舍本逐末，甚至与初衷背道而驰。

从法理上讲，生命权包含着取得维持生命和最低限度健康的物质的权利，以及不受他人伤害和杀害的权利。当人们享有一项权利时，必然意味着有相应的另一方承担特定的义务。显然，婴儿的生命权与父母的抚养义务责任是相辅相依的法律关系，离开父母的抚养义务，婴儿的生命权保护不可能完整。换句话说，婴儿的生命权、生存权不是完全独立抽象存在的，而是内在地包括父母的抚养责任，我们对婴儿生命权的理解应当站在现实客观的角度，而不应该站在抽象的角度孤立地看待，离开家庭的监护、父母的关爱，婴儿的生命是不完整的，会对他们的身心造成巨大的伤害，也会对以后融入社会造成不良影响。

就婴儿而言，如果说维持生理生命最低限度的物质，可以是母乳或者奶粉之类的替代物，那么婴儿所需的最低限度的正常健康的生命和生存，则还应包含生理与心理的双重要求。如果说前者在父母不能或不愿尽到抚养义务时，还可以由社会或国家来补充的话，那后者的义务主体，则只能限于亲生父母，即便是收养父母，也是很难完全替代的。

另外，也许还有的同志认为，设立"婴儿安全岛"毕竟使那些原本被遗弃在"荒山野坡"的"弃婴"生命，或防止了二次伤害或得到了挽救。这倒是事实。但是，如果不只从局部、静态而从全部、动态看问题，"婴儿安全岛"的设立，诱导了那些受法律、伦理、良心制约想弃婴而不敢、不愿主动弃婴的父母，认为政府许可而下决心弃婴，从而又可能造成更多的弃婴现象，进而带来更多的婴儿离开亲生父母及家庭，剥夺更多婴儿完整的生命权和生存权。所以，从动态和社会的全局角度讲，设立"婴儿安全岛"客观上不利于尊重、保护更多婴儿（困境儿童）的生命权、生存权。

据此，笔者认为，即便"婴儿安全岛"是由民政福利机构设立的，不论其名称如何，也都无法在真正意义上更多更好地、积极完整地保护弃婴的生命和生存权益。

四 "婴儿安全岛"与我国相关法律立法精神相左

从相关法律的规定来看，国家在保障儿童包括被遗弃的孤儿权利的同时，一直强调任何遗弃行为的违法性甚至犯罪性。"婴儿安全岛"的设立虽具形式上的现实性，但同我国防范、打击任何"弃婴"行为的有关法律法规的立法精神是不一致的。

民政部门设立"婴儿安全岛"的逻辑前提是，因为多数遗弃孩子的人往往选择较为隐蔽的地点、方式、手段遗弃孩子，导致弃婴很难被发现，病残患儿得不到及时救治、加重了残疾程度，甚至有的弃婴被发现时已经死亡，因而与其让弃婴因不能及时发现而受到二次伤害，不如公开设立"婴儿安全岛"，为更多的弃婴提供支持和保护，以便更好地挽救他们的生命。但是，这种逻辑从我国法律规定来看是经不起推敲的。

我国《未成年人保护法》第43条第2款将民政部门的监护责任落实给民政部门设立的儿童福利机构实施："对孤儿、无法查明其父母或者其他监护人的以及其他生活无着的未成年人，由民政部门设立的儿童福利机构收留抚养。"据此可以初步判断，"婴儿安全岛"的设立，充其量也仅有形式合法性。

然而，我国《治安管理处罚法》第45条规定，遗弃没有独立生活能力的被扶养人的，处5日以下拘留或者警告。《刑法》第261条进一步明确："对于年老、年幼、患病或者其他没有独立生活能力的人，负有扶养义务而拒绝扶养，情节恶劣的，处五年以下有期徒刑、拘役或者管制。"可见，在我国，弃婴行为根据其情节的恶劣程度，分别被定性为一般违法和刑事犯罪。

由此可见，我国对于"弃婴"权益的保护，依赖的是救助制度建设与违法犯罪惩戒的双轨制。即使福利机构发展与完善了，主观上想多承担保护"弃婴"的救助责任，但这也不能弱化对违法犯罪行为的制裁。更重要的是，我国法律明确规定，任何弃婴行为都属违法行为，都必须予以打击，而设立"婴儿安全岛"事实上默认了非法的弃婴行为，因而既不能完整保护婴儿的生命权和生存权，也与我国现行相关法律法规相悖。

对于大多数弃婴者或家庭而言，儿童福利机构作为弃婴的法定抚养机构，已是一种社会常识，而他们之所以仍然选择在隐蔽处弃婴，无非是为了逃避法律惩罚。但一些"婴儿安全岛"的举措，却大大折抵了法律制裁的威慑作用。如深圳"婴儿安全岛"承诺"不会安装任何摄像头或者拍照设备，报警按钮也设置了延时功能"，一旦弃婴者将孩子放入"婴儿安全岛"内，并按动报警按钮，辖区派出所和福利中心的工作人员会在弃婴者离开现场后，赶去"婴儿安全岛"将遗弃的孩子送入更安全的区域。这种举措，显然会弱化刑法与行政法对弃婴行为的打击力度，在民众心目中造成"弃婴合法"的错觉和误导。

浙江省"婴儿安全岛"的试点，虽已注意到不能纵容弃婴行为，增设了"24小时值班劝导制度"，但"劝导"非强制，如果弃婴者不听劝导，"婴儿安全岛"（民政福利部门）不管理由是否合法合理，都只能默许和接受。

从各地运行实践来看，"婴儿安全岛"在措施上偏重对被遗弃婴儿的救助，弱化了刑法与行政法对弃婴行为的打击力度；同时激发了潜在的弃婴意识，造成更多的家庭弃婴，客观上剥夺了更多"困境儿童"本应受父母抚育保护的完整的生命权和生存权。因而设立"婴儿安全岛"，既违背了保护婴儿生命权益的初衷，也不符合我国现行有关法律的精神。所以，笔者认为，设立"婴儿安全岛"是不具有合法性和合理性的。

五 "婴儿安全岛"与我国家庭、社会伦理不合

"婴儿安全岛"的设立，也不符合中国"父慈子孝"的传统伦理观念，不利于发挥家庭在中国社会中的纽带作用。优秀的传统伦理文化，是我们做任何事情都需要考虑的基本国情之一。

中国传统文化中，家庭伦理具有基础性的地位。今天，虽然社会结构发生了根本性改变，但从家庭伦理中生发出来的中国传统文化，仍然影响着我们国家的人伦关系，成为政府治理社会时不可忽视的重要因素。尤其是家庭伦理中的亲子之伦，历经千年，未移其衷。像春秋战国时期

的《诗经》中咏颂父母对子女的关爱之情和子女对父母的感激之意的诗句——"父兮生我,母兮鞠我,拊我蓄我,长我育我,顾我复我,出入腹我。欲报之德,昊天罔极",直到今天,仍是我国家庭父母对子女无私奉献和子女孝敬父母的文化根基。在中国人看来,父母抚养子女,是家庭责任的首要表现。"父子一体也",子女既是父母生命的一部分,父母对子女的关爱,也是"天性自然"的表现。同理,"父慈子孝",子女只有孝敬父母,才能回报父母的养育之恩。

这种亲子伦理,对于我国这样福利制度尚在完备之中的发展中国家而言,更有着不可小觑的意义。正是由于父母承担着子女的主要抚养角色,子女发挥着赡养父母主力军的功能,才给国家循序渐进地发展福利事业,留出了必要的时间与空间。与此同时,父母子女之间的亲亲之情,又使家庭成为彼此重要的避风港湾。"有家,就有温暖的力量",成为无数人面对挫折、克服困难的"心灵鸡汤"。从这个角度来说,即便将来我国社会保障、救济福利达到了较高水平,家庭伦理的地位依旧坚固而不可动摇。

但是,由于"婴儿安全岛"的存在,那些想弃婴的父母因受制于国家法律、家庭伦理和社会风尚,原本内心要承受的巨大负疚(罪)压力得到了释放(合法、合理化),从而会激发出他们潜在的弃婴意识。毋庸置疑,"婴儿安全岛"事实上产生了变相默许甚至鼓励纵容至少弃婴行为正当化(因为是政府部门设立的)的社会客观效果。在媒体的传播和渲染下,难免会导致社会认知出现偏差,误认为原来存在于地下的、非法的弃婴行为,现在可以公开、合法了。这对传统优秀家庭伦理道德带来很大的冲击。说得严重一点,多少产生了"伤风败俗"的示范效应,减少了父母在抛弃自己孩子时的愧疚感,鼓励了不负责任的人做不负责任的事。这对我们弘扬社会主义价值观、倡导积极向善的家庭伦理和社会风尚,以及树立法治精神,都起着不可忽视的消解作用。

当然,"婴儿安全岛"客观上鼓励了父母遗弃子女的行为,这不是设立"婴儿安全岛"的初衷,但客观效果却不以人们的主观意志为转移。对于深受传统文化熏陶的中国而言,"婴儿安全岛"不仅仅是一项社会救助举措,更蕴藏着政府对家庭、社会、国家在照顾子女(尤其对"困境儿童")问题上的责任分配观念，意味着国家对家庭纽带作用的发展态度与调整方向。若因"婴儿安全岛"偏离初衷的社会实效而引发民众对家庭定位的误解、对传统文化中的优良资源的消融，则不可不谓"得不偿失"。

六 "困境儿童"问题应通过完善社会救助制度来解决

"婴儿安全岛"是基于弃婴这一社会现象采取的保护弃婴生命权的一项举措，从有关部门的出发点来看，用意是好的，也引发了全社会对此问题的关注，这是其积极意义所在。但我们不得不考虑其合法性、合理性和客观的社会后果。

毫无疑问，弃婴问题是客观存在的，也是不容回避的，但我们必须用更合理有效的治本之策，努力走出正确的解决之道。笔者认为，基于我国国情，要从根本上解决弃婴问题，关键还在于完善社会救助制度。

第一，进一步完善儿童医疗救助等制度，扩大救助范围。从"婴儿安全岛"接收的弃婴来看，绝大部分为病残儿童，也就是说弃婴行为发生的重要原因，是婴儿的病残造成一般家庭无法承受高额的医疗费用等困难。因此，妥善解决残疾儿童的医疗费用问题是从根本上减少弃婴的举措。我们要通过建立儿童大病医疗保障制度，完善家庭扶持政策，对残疾和大病儿童的家庭提供支持救助，建立残疾儿童免费康复和特殊教育制度等途径，健全儿童福利保障制度；有条件的可以推广适度普惠型儿童福利制度，扩大儿童福利保障覆盖面，拓展儿童福利服务；通过发放补贴津贴、减免税收等方式，加大政府对困境儿童和家庭康复护理补贴的扶助力度。从而为更多的"困境儿童"生活在家庭并得到政府、社会分类分级的救助创造条件。

第二，家庭是救助"困境儿童"的主体。家庭救助是"困境儿童"最主要也是最有效的场所。小平同志曾指出："福利社会不是出路，家庭是个好东西。""欧洲发达国家的经验证明，没有家庭不行，家庭是个好东西。都搞集体性质的福利会带来社会问题，比如养老问题，可以让家庭消化。欧洲福利社会，由国家、社会承担，现在走不通了。老人多了，人口老化，国家承担不起，社会承担不起，问题就会越来越大。我们还要维持家庭。全国有多少老人，都是靠一家一户养活的。中国文化从孔夫子起，就提倡赡养老人。"① 养老尚且如此，救助"困境儿童"的重心更应立足父母家庭。当然，必须根据不同家庭、不同疾患和各地条件，政府应尽量提供制度性救助。只有那些真正的孤儿、特殊残疾、困境和条件实在不合适家庭抚养的困境儿童，才能由孤儿院等政府福利机构收养。我们应逐步建立起以家庭为主体、社会为辅助、政府为主导的困境儿童救助体制。

同时，要加强孕前、孕期指导和检查，提高生育技术水平，通过源头治理，降低婴儿出生缺陷发生率。

第三，加快出台儿童福利相关法令规章政策，依法治理弃婴行为。在完善困境儿童救助制度的同时，进一步加大对弃婴行为的打击力度。

第四，动员社会力量，培育家庭儿童护理相关人才。调动社会工作者、志愿者、慈善机构等社会力量积极参与，建立专业的医务社工队伍和专门从事病残儿家庭支援的社会组织，上门为病残儿家庭提供培训指导和服务。

七 建议将"婴儿安全岛"转为困境 儿童"救助服务站"

设立"婴儿安全岛"的试点工作，尽管起到了推动社会更加重视和关爱弃婴现象的作用，但从法理、伦理和实践后果来看，我们主张不宜再推广原来模式的"婴儿安全岛"试点工作。如果非要继续做下去，那考虑到相关工作的连续性，可以转变原来的工作理念和职能，将现有的"婴儿安全岛"改造成为困境儿童的"救助服务站"，主要职能是为重病重残儿、困境儿童的家庭提供救助政策、救助知识的咨询服务工作，

---

① 倪德刚：《未被整理到"南方谈话"要点中的"要点"》，《学习时报》2014年6月23日。

指导他们如何申请纳入社会救助体系，如何养育、康复困境儿童。同时，还要开展弃婴行为违法的普法宣传工作。

（课题组成员：王永昌，浙江省人大常委会副主任、哲学博士；郑春燕，浙江大学光华法学院副院长、博士生导师；汤达金，浙江省人大常委会法工委副巡视员）

关于开展以数字经济"一号工程"为引领的科技"强鹰行动"的建议[*]

　　为加快推进"四个强省"和"两个高水平"建设,省里制订实施了包括"培育发展新动能"在内的富民强省的"十大行动计划"。"凤凰行动"计划旨在推动企业上市和并购重组,自 2017 年 10 月实施以来,得到企业界积极响应,引发社会各界的广泛好评。

　　与此同时,我们建议在全省范围内还可考虑开展科技创新的"强鹰行动"计划,以与"凤凰行动"计划一起,共同成为浙江全省"培育发展新动能行动计划"的两个主要战略性举措和抓手。

　　"强鹰行动"侧重助推浙江企业的科技创新活动,建议以"数字技术"和"数字经济"为主题,在全省范围内开展创建高新技术企业和创建"科技型企业"(可以按不同标准、分不同类型,或可以运用互联网+的共性技术)活动,使数字浙江、数字经济"一号工程"有更明确、更具体抓手,从而与"凤凰行动"比翼双飞,共育新动能,共植新优势,共助传统产业转型升级,共促高新产业蓬勃发展,大力推动习近平总书记提出的"凤凰涅槃""腾笼换鸟"和培育更多"俊鸟"的要求在浙江大地开花结果。

　　"强鹰"就是"俊鸟","强鹰行动"也可以叫"俊鸟行动"。

---

　　* 这是给浙江省委省政府的一个决策建议,省委书记、省长和常务副省长等领导予以肯定和批示。

一　科技和金融是现代经济发展的两个主引擎

经济发展是社会各种要素综合运行的结果，或者说是"全要素"投入的产出值。但在经济发展的不同历史阶段，总存在着一些不同的主导要素并起着主导的作用。

进入工业化中期及中后期以来，现代经济发展的主导结构及动力，可以概括为"1231"的结构，这一结构类似于飞机起飞的结构模型。

"1"就是实体经济，它如同一架飞机的机身。实体经济始终是一个国家经济发展的主体和根本，实体经济不强，现代经济或者说经济强国根本无从谈起。

"2"就是两个动力翅膀，它如同一架飞机的两个动力翅膀。现代经济发展的两个动力翅膀，一个是现代科技，就是科技进步。经济发展、企业发展越来越需要科技的支撑。如美国、德国的科技进步对经济增长的贡献率已达到80%左右，我国这几年科技进步迅猛，已达到60%左右。另一个是现代金融资本。没有现代金融资本就没有现代经济，这早已为世人共知。金融资本是一个大杠杆，经济发展有了这个杠杆撬动才能大腾飞。在发达国家，进入工业化中后期，就意味着经济结构形态由以工业为主导转变到了以金融为主的现代服务业占主导的阶段。这是现代经济的一个主要特征。

"3"就是三个发展平台、环境。第一个是城市化（类似机场跑道），因为所有发展都是要落地的。第二个是生态环境（类似飞行的气候环境）。第三个是建立在市场经济基础上的现代法制、现代制度规则，即制度体制安排（类似飞行规则）。

最后的"1"是核心，就是人（类似飞行员）。一切发展最后都要归结到人。经济实体也好，两翼动力也好，三个平台也好，最终都要取决于人才、人的素质。

现代经济发展基本动力结构，实质上就类似于一架飞机起飞的原理那样：飞机机身是主体，两翼是动力，机场跑道、天气气候、飞行规则是平台，驾驶员是核心。谁能把"一主体二动力三平台一核心"这七大要素结合好，谁就有更多的发展"话语权"和竞争优势。

浙江省在实施金融创新"凤凰行动"的同时，如能开展科技创新的"强鹰行动"，就能更明确地抓住现代经济发展的两大主要动力引擎，对浙江经济长远发展将产生极具战略意义的影响。

二　落实习近平总书记新时代经济思想的重大举措

习近平总书记在党的十九大报告中指出："我国经济已由高速增长阶段转向高质量发展阶段，正处在转变发展方式、优化经济结构、转换增长动力的攻关期，建设现代化经济体系是跨越关口的迫切要求和我国发展的战略目标。"必须"着力加快建设实体经济、科技创新、现代金融、人力资源协同发展的产业体系"。

习近平总书记反复强调指出：发展是第一要务，创新是第一动力，人才是第一资源。"创新是引领发展的第一动力，是建设现代化经济体系的战略支撑。""金融是国家重要的核心竞争力"，"金融是现代经济的核心"。

习近平总书记在浙江工作期间，十分形象地提出了"凤凰涅槃""腾笼换鸟"的"两只鸟"理念，强调浙江经济结构要进行战略性调整，增长方式要进行根本性转变，为此必须痛下决心，拿出壮士断腕的勇气，摆脱对粗放型增长的依赖，重点养好"两只鸟"，加快自主创新能力、科技强省和品牌大省建设，实现产业和企业的浴火重生、脱胎换骨，"培育和引进吃得少、产蛋多、飞得高的'俊鸟'"。

加快推进科技创新和现代金融发展，是习近平新时代中国特色社会主义经济思想的重要组成部分，是我国形成现代产业体系、推进高质量发展以及加快建设现代经济体系的重要方向，也是我们贯彻落实习近平总书记治国理政新理念新思想新战略和浙江发展要继续走在全国前列要求的重要举措。

三 推进数字经济"一号工程"的重要抓手

互联网、云计算、大数据、信息化等数字技术已越来越广泛运用于经济社会生活,数学经济发展迅猛。

省委车俊书记多次明确指出,要把数字经济作为全省的"一号工程"来抓。2012 年 12 月召开的省委经济工作会议上,他又强调,要"统筹实施质量提升大行动,把数字经济作为'一号工程'来抓,深化数字浙江建设,联动实施培育发展新动能和改造提升传统产业行动计划,分类实施凤凰行动、小巨人培育行动和小微企业提质行动,坚定不移推进'三去一降一补',深入推进供给侧结构性改革"。

2018 年 4 月,在浙江省科学技术奖励大会上,袁家军省长也明确表示:浙江要下决心大干科技创新,加快打造高质量发展的创新引擎,在全国率先建成创新强省,加快打造新经济大省。要把数字经济作为"一号工程",大力发展互联网、物联网、大数据、人工智能等新技术新产业和一批重量级未来产业,力争成为"领跑者",积极争创国家数字经济示范省,加快构建以新经济为引领的现代化经济体系。

组织开展科技创新的"强鹰行动",突击发展互联网、大数据等新技术新产业,以数字浙江、数字经济为主攻方向,使"一号工程"有具体抓手,得以落地。

四 形成与"城西科技大走廊""杭州湾金融港湾" 相匹配的点面结合的工作布局

前几年,省里在杭州空间上布局了"城西科技大走廊""杭州湾金融港湾",这是两个战略性的大棋子。

这也说明浙江省委省政府是很有前瞻性、很有战略眼光的。笔者认为,现在和未来各个省市之间的竞争,主要就在现代科技和现代金融两大方面。在这两个方面,或者说在现代科技与现代金融的融合发展方面,哪个省走在前面,哪个省就有更强的竞争力。过去是乡镇企业、民营经济、股份制改革、"请进来走出去"的开放等方面，浙江走在前面，创造了发展优势。如今，最主要的就是要在现代科技和现代金融及这两个方面的结合上"做大文章"，厚植发展新优势。这样，浙江发展会有更大的后劲。

"城西科技大走廊""杭州湾金融港湾"，可以说是浙江省重点抓现代科技和现代金融两大发展引擎的空间表现，这属"点"上载体。组织开展"凤凰行动"和"强鹰行动"，则可成"面"、成"势"，成为指导、推动全省范围的整体工作布局。

结合"六个浙江"建设，抓实抓好现代科技和现代金融这两个事关杭州、事关浙江未来发展的战略布局，浙江经济发展就可以创造新的优势，继续走在全国前列。

五　打造全国、全球性的"金融科技中心"

经济发展越来越取决于科技和金融的进步，而科技与金融的融合发展更是至关重要的战略制高点。

所谓科技金融，有狭义和广义的理解。狭义的科技金融是指金融领域里的科技运用，实际上是金融的技术支撑，是金融的基础设施。广义的科技金融主要是指科技产业与金融产业的融合。在当代，经济发展越来越依靠科技推动，而科技产业发展则同样需要金融的强力助推。

科技与金融的融合发展，正是当代经济发展的重要趋势和最前沿高地，它对高新产业和企业发展尤其重要。高新科技企业通常从事的是高风险的产业、产品，融资需求又比较大，因而更需要科技产业与金融产业高效快捷地融合。

最近，我国著名经济学家高尚全、巴曙松等建议"杭州打造'全球金融科技中心'"[1]，这是值得浙江省、杭州市关注和考虑的。这份建议报告认为：

---

[1]　浙江省发展规划研究院：《决策咨询》2018 年第 6 期。

近年来，金融科技产业在全球范围内迅猛发展。目前，香港、伦敦、纽约、北京、上海、深圳等国际性大都市均将发展金融科技作为重要战略，着手打造金融科技创新高地。近日，雄安新区与英国签署《关于雄安新区金融科技城项目战略合作协议》，建设具备"世界眼光、国际标准"的金融科技中心。据麦肯锡研究统计，2016年，全球金融科技产业规模达18万亿美元，其中中国约2.2万亿美元，预测2020年将增至6万亿美元。

建议报告还认为，从城市风险投资额比较，北京、上海近五年吸引的风险投资额分别为43亿美元、13亿美元，而"杭州仅2016年融资已超50亿美元，已具有较强的竞争实力。金融科技是杭州建设金融中心城市的重要载体，是全面驱动杭州金融产业升级、提升国际知名度和影响力的有效突破口，建议杭州利用互联网、金融、科技等产业优势，以建设钱塘江金融港湾为龙头，抓住历史性的机遇窗口，加快将杭州打造成'全球金融科技中心'"。

建议报告分别从发布"全球金融科技中心评价指标体系及指数"，打造一批高端化、智能化的"金融科技产业园"，成立"金融科技产业基金"以推动金融科技产业发展，抓住机遇整合全球范围内的金融科技资源等方面，提出了一些有价值的思路性和政策性建议。

笔者认为，这一建议对杭州乃至浙江经济发展都是具有前瞻性意义的，省市有关部门可以做更为深入具体的调研，为省市决策提出可行建议。

关于加快推进"大花园"建设的若干决策建议[*]

  "美丽中国"是我国社会主义现代化强国的重要目标。我们要实现的社会主义现代化,是"富强民主文明和谐美丽的社会主义现代化强国"。浙江省第十四次党代会郑重做出要谋划实施"大花园"建设行动,支持衢州、丽水等生态功能区加快实现绿色崛起,把生态经济培育成为发展的新引擎。这是贯彻中央推进生态文明和"美丽中国"建设的重大战略举措,也是浙江省高水平谱写实现"两个一百年"奋斗目标的重大路径选择。

  从人类生产方式和经济发展的文明形态角度看,"大花园"战略可以说是破解人类生态发展难题的中国智慧。从全球看,建立在工商文明、城市文明基础上又覆加了现代金融(金融文明)、现代科技(知识文明)和绿色生态(生态文明)的复合发展文明新形态,正成为当今人类占主导地位的发展方式。但发达国家并没有提供切实可行的发展路径和完整方案。习近平总书记提出的"绿水青山就是金山银山"的"两山"理论、"美丽中国"、生态文明、"五大发展理念"等战略思想、"四个全面"的战略部署和"五位一体"的战略任务,可以说是破解人类发展难题的中国智慧、中国答案。

  浙江作为习近平总书记"金山银山""美丽乡村""生态文明"等思想的萌发地,作为走在中国改革开放前列的排头兵和勇立时代潮头的先

---

  * 本建议报告受到浙江省委省政府领导重视和批示,省发改委《决策咨询》、省委政研室《政策瞭望》等报刊刊发。

锋队，已经并将继续为破解人类生态发展难题、深化"美丽中国"建设做出富有成效的积极探索，为中国智慧、中国方案提供更鲜活的浙江实践、浙江样本。浙江的"诗画江南""大花园"建设行动，就是在这样的时代背景和时代要求下所提出并实施的一个发展大战略、大举措。

毫无疑问，浙江省应在原有发展的基础上去高水平地建设"美丽浙江"，从而为建设"美丽中国"进行新的探索、积累新的样本、做出新的贡献。

前一阶段，浙江省建设美丽"大花园"的战略行动决策已经部署，方向目标已经明确，各地也出台了许多政策和办法，但"大花园"建设毕竟是一个长期的奋斗目标和任务，需要持之以恒、久久为功。这里，笔者就积极健康地加快推进"大花园"建设提出以下建议。

一　深入学习贯彻习近平"绿水青山就是金山银山"和"四个先行"的重要思想

习近平总书记的"绿水青山就是金山银山""美丽中国"的生态文明思想，是习近平新时代中国特色社会主义思想的重要组成部分，是长期指导我国生态文明建设的基本方略，也是推进浙江省"大花园"建设的行动指南。

在浙江工作期间，习近平总书记曾反复指出："绿水青山就是金山银山"，欠发达地区是浙江经济发展的"新增长点"。与此同时，他还反复强调，像丽水这些原来欠发达、自然生态又比较好的地区，要加快全面小康社会步伐，实现经济赶超发展，就必须立足长远、统筹全局，努力做到"四个先行"。

一是"基础设施先行"。这是加快发展经济的先决条件，"若要富，先修路"。

二是"教育培训先行"。欠发达地区的老百姓穷，最关键的还是穷在了教育和文化上。

三是"'内聚外迁'先行"。人口资源"天女散花"，产业布局"星星点灯"，就形不成规模经济和集聚效应，就不可能赶超跨越、后来居上。人口、产业等发展要素都要尽可能聚集。

四是"生态经济先行"。生态好的地区、欠发达地区也要发展。但发展什么？怎么发展？却大有讲究。照搬平原、沿海地区的发展路子，工业竞争力还没等搞起来，得天独厚的生态环境优势反而被糟蹋掉了。所以，要因地制宜，走生态经济先行的路子。

习近平总书记的这"四个先行"，处处体现了"绿水青山就是金山银山"的理念，体现了保护生态和绿色发展的有机统一，更是体现了生态条件好的欠发达地区如何赶超发展的基本路径。

基础设施先行是告诉我们生态条件好的欠发达地区要实现赶超发展，必须创造相应的客观基础，要有一定的物质条件，没有良好的基础设施就很难让青山绿水转化为金山银山；而教育先行是告诉我们生态条件好的欠发达地区要实现赶超发展，必须塑造相应的主体即人的条件，改变落后的观念，提高人的素质和能力，这是关键要害所在，也是事关根本性的长久之计，更是体现了以人民为中心的发展思想；创造了客观条件和主体人的条件的同时，生态条件好的欠发达地区要实现赶超发展，还必须有战略性思路和举措，即必须坚持"'内聚外迁'先行"和"生态经济先行"，前者在城乡、产业园区的空间结构布局上解决各类要素的集约化发展路径问题，后者则是侧重从经济、产业结构角度更集中也更具体地阐明发展路径的战略性选择问题。

这"四个先行"涉及欠发达地区实现赶超发展的理念、思路、路径、重点和方法等一系列基本问题，是生态文明建设世界观和方法论的高度统一，具有极为重要的指导意义。笔者认为，"四个先行"从综合统筹角度，可以理解为四位一体的欠发达地区的"赶超发展观"。

二 省市要制定严密可行的"大花园"建设规划

省第十四次党代会提出了谋划实施"大花园"建设行动，支持丽水、衢州等生态功能区加快实现绿色崛起，把生态经济培育成为发展的新引擎，并批准实施创建浙江（丽水）绿色发展综合改革创新区。这不仅提出了更高的要求和目标，而且是发展理念、思路和战略引领上的一场意义更宏大深远的新变革。为此，省级层面要统筹谋划省域"大花园"建设规划，包括生态保护与发展、基础设施、旅游产业等规划，尤其要有省域各地"大花园""大景区"的串珠成圈规划，使各地"大花园"建设分工合作、各具特色、相映生辉。丽水、衢州等地应根据省级规划和要求，在已有规划的基础上，提格升标，制定并实施更高标准、更广覆盖、更严举措、更大力度、更切实可行的生态保护、绿色发展规划和"大花园"建设规划，并照着这些规划蓝图持之以恒地坚持下去，一届一届地实施下去，使这个千载难逢的历史性机遇，真正成为造福子孙后代的良机。

三 乡村振兴、田园综合体与"大花园"建设应统筹实施

党的十九大提出要实施乡村振兴战略。我国农村将迎来新时代的新的发展机遇，各地都将出台新的振兴举措。浙江省按照中央的部署和正在实施的"美丽乡村"计划，应把"大花园"建设行动与"乡村振兴""美丽乡村"建设有机结合起来，统筹规划和部署，头绪、载体、说法不宜过多。在"大花园"建设的区域内，乡镇应是大花园中的"景""点"或者花园网络里的纽结。由于"大花园"区域内的农村大多属于山区、欠发达地区，自然村落小而散、产业单一、农民增收难度大，美丽乡村、乡村振兴更应从实际出发，尤其要继续做好"内聚外迁"和提升城镇化工作。

值得关注的是，近年来各地根据中央有关部门的倡导，农村的田园综合体建设迅速推进，成为一道颇具前景的新业态。这些田园综合体把生态、农业、旅游、文化、工商资本相融合，在很大程度上体现了五大发展新理念，对解决城乡统筹、农村产业发展等"三农"问题提供了一个新的平台和通道，有可能会引发农村的深层次变革，也有可能是超越传统家庭农场、合作社的另一类新形态。这是我们在推进"大花园"建设、"乡村振兴"计划和"美丽乡村"建设中应予高度重视的。

四 要更深刻地把握当地生态优劣势的实情

良好的生态环境是丽水、衢州等欠发达地区的最大优势和财富。丽水是华东地区生态保存最完好的宝地之一，被誉为"浙江绿谷"或"华东绿谷"。生态环境质量浙江第一，在全国也处于前列，生态环境质量公众满意度长期位居浙江首位。丽水市还素有"浙南林海"之称，森林覆盖率80%以上，林木绿化率81.62%。

丽水、衢州等地生态环境优势突出，尤其绿化、空气、水资源方面最佳。但是，离人们心目中的美丽"大花园"和我们要建设的"大花园"是否还有较大距离？在自然条件允许的前提下，我们不但要林木绿化率高，还要林木种类多而优；我们既要有好看的林木，还要能为百姓致富产生效益的林木；我们不但要有草有木，还要有好看的花。要种树，更要多种各种花。"大花园"不能没有花，也不能花太少。否则，就谈不上什么大花园了。

显然，丽水、衢州等地的生态是有优势也有劣势的。比如，奇峰怪石、奇花异草、奇树异果等可看性、观赏性、经济性的生态亮点并不很多。因此，我们要思考和回答的一个问题是：当地生态优势的真正特色和亮点是什么？或者说很能吸引人、打动人的"绝活"是什么？在哪里？能不能借"大花园"建设之机培育出若干个新亮点、新绝招？

这是各地在建设"大花园"中，必须坦然面对、很值得深思的战略性课题。

五 着力走出一条有鲜明特色的 生态经济发展新路

作为一个生活着数百万人的市域来说，生态保护不是被动的、静态的、消极的、无为的保护，而是在保护的基础上发展的，能富民、惠民的。这就有一个产业、经济和社会的发展问题，也就是绿色发展或者说生态经济发展的问题，或者可以说是如何把生态保护与生态（经济）发展的有机融合问题。这是问题的关键所在，也是问题的难点所在。"绿水青山就是金山银山"，要领在于如何把绿水青山的生态环境资源源源不断地转化为实实在在的"金山银山"效益。

为此，就必须精心谋划并大力发展生态农业、生态工业、生态型现代服务业。欠发达山区尤其要做好生态精品农业，主打若干主导性生态农业产品，全力发展生态旅游等绿色产业。这是绿水青山与金山银山的最佳结合之处。也许像丽水这样的地方应把发展生态旅游业作为第一的战略性支柱产业来培育。当然，丽水还要大力发展生态特色文化，比如丽水的石文化、瓷文化、剑文化、畲族文化、牡丹亭文化等，都是很有历史底蕴和知名度的。要在发展生态旅游过程中把自然生态与历史文化很好地结合起来，以收到相映生辉之效。

走出具有当地鲜明特色的生态经济发展新路子，其破题之作、主题之作，可能就是生态旅游业（包括以旅游业为导向的生态农业、工业）的发展。但丽水、衢州等地要形成能辐射浙江、长三角的生态旅游优势和亮点，尚须下大功夫才行，至于要成为全国全球重要的目的地生态旅游城市，目前也许只能作为长远的奋斗目标。

六　应主打一两个富有鲜明特色的品牌

每个地方都有自己的自然、历史、文化方面的特点。地区品牌是一个地方的特色、优势、个性的集中化展现。但是，一个地方通常有许多特点，都值得称道。打造一个地方的品牌，必须找准定位，有所取舍，多中选少，优中选异，主打一个既符合当地特点，又能吸引人，尤其能把当地的发展资源和未来发展走向结合起来的品牌，然后集中力量，长期宣传推广这个品牌。这样才能打响品牌、打好品牌，从而产生持续而广泛的发展效应。

比如，丽水市一直力求打"秀山丽水·养生福地·长寿之乡"的品牌。应该说这是有一定依据的，也是有一定地方特色的。但问题是，"养生福地·长寿之乡"如何能真正吸引人来丽水养生？丽水养生的优势有多少？如果就目前条件讲，丽水真正能吸引全省、华东地区、全国和境外的客人来养生的"绝活",恐怕并不很多,即便来旅游的人也很有限。冷静下来想一想,丽水真正很有特色、很有亮点、很有魅力的"绝活"并不很多。

由此看来,一方面丽水的发展特色、优势还有待培育,另一方面丽水主打的品牌也有待进一步提炼。

七 可以多开展一些有特色的节会活动

考虑到丽水、衢州等地还未形成知名度、公认度很高的有特色的主打品牌的状况,笔者认为,在当前和今后一个时期可以弥补的办法,就是在不同的季节、不同的县市、不同的行业多举行一些有各具特色的节会活动,通过此类活动载体吸引更多的人到当地来,以期积小胜为大胜。比如,丽水市建设画乡创作基地,举办国际摄影文化节、国际轮滑公开赛等文体活动,就是很好的活动载体。这样既可以扩大丽水的知名度,又可以为主打产业、主打优势、主打品牌创造条件,久久为功,以达到"涓涓细流汇江河"的目的。

八 积极探索"生态资本化" "生态金融化"经营

丽水等地应把深化全国农村金融改革试点、深化全国扶贫改革试验区建设、深化全国生态文明建设试点、创建浙江绿色发展综合改革创新区等"体制创新要素",统筹谋划,整合实施。尤其要注意发挥绿色金融的巨大的杠杆作用。

大家知道,一切经济活动都离不开金融资本资源。我们要想办法把死的资源或者说潜在的资源转化为资本,把死的东西转化为活的、能流动的东西。而这里的关键性工具(途径)就是金融。如何把土地、房产、资源、资产、所有权、财产权、股权、经营权、使用权、抵押权、收益权转化为金融资本、转化为可以流动经营的财富?这又是一篇大文章。

从金融资本的理念来看,凡有市场需求、具有稀缺性、未来有价值

（价格）又有不确定性的东西，都可以转化为资本、金融产品去运作。比如说，我们可以通过生态资源资产化改革，使生态资源成为可以量化的资本，有的可以转让或有偿使用；再如，我们可以对排污权进行有偿使用与交易，建立碳减排交易机制等。产权、使用权、经营权、土地承包经营权、宅基地使用权、集体收益分配权等，都是可以资本化的。旅游资源、文化资源、水资源、空气资源等，也是可以转化为资产和资本的。但这一切必须有金融理念和金融工具才能实现。

据报道，2012 年底，丽水遂昌高坪乡的一场"好空气"拍卖会成了一个亮点，吸引了数百名来自上海、杭州等地的旅游采购商，他们抢购的是当地的风景、美食和农家乐服务，最后以底价的 3 倍多成交。自此，当地的避暑床位成了一床难求的市场资本。这是运用金融理念（空气有价）、金融工具（拍卖）将生态资源转化为现实资本的一个成功案例。

九 集中力量打造一两个江南 经典的休闲旅游小镇

笔者认为，丽水、衢州等地要发挥生态优势、做足做好绿色发展的文章，让青山绿水真正产生"金银效益"，最理想的战略选择是加快发展有鲜明特色的生态旅游业，或者说在"大花园"里打造生态旅游新优势，着力围绕如何让更多的人（旅客）到当地旅游这个问题来破题。为此，我们建议除了加快改善基础设施等条件外，当前比较现实的抓手，可以集中力量打造若干个生态环境优良、山水风光秀美、江南风味十足、地域文化浓郁、能让人流连忘返的旅游景区景点或旅游小镇。当然，也包括有特色的田园综合体。

要打造这样的旅游景区景点或旅游小镇，需要旅游专家精心调研谋划，也需要有大智慧、大手笔和大举措来推进。现在，小打小闹、零星低档的东西不少，"有景点无奇峰"（类似于文学上的"有高原无高峰"）的状况，应乘着"大花园"建设的美丽春风，来一个较大的转变。

关于浙江省特色小镇建设的
成效、问题和建议*

自浙江省实施特色小镇决策以来，浙商发展研究院（浙商智库）就持续关注特色小镇的发展进程。2015 年 7 月以来，研究院先后对梦想小镇、云栖小镇、玉皇山南基金小镇、临安云制造小镇、云安小镇、萧山信息港小镇、嘉善巧克力甜蜜小镇、德清地理信息小镇等特色小镇开展了实地调研，并在桐乡毛衫时尚小镇召开了专题研讨会。为更好地服务于省特色小镇建设，研究院将特色小镇研究列为年度重点课题，成立了由院内外相关专家组成的课题组，开展了较为深入的调研，并派出资深记者对九个以浙商投资为主的特色小镇进行了案例剖析。现将调研主要情况和建议汇报如下。

一 浙江特色小镇战略意义和实施进展

从 2014 年浙江省第一次提及特色小镇概念，到 2015 年 4 月省政府正式公布加快特色小镇规划建设的指导意见，以及先后公布两批遍布全省特色小镇创建和培育名单以来，特色小镇建设行动已成为全省上下推动经济转型升级系列"组合拳"中的一个极具特色的重大举措。

事实上，特色小镇的提法在国内并不是浙江省首创。多年前，北京、

---

* 本报告由王永昌牵头并设计总体框架、由潘毅刚同志执笔。报告由《光明日报》以内刊形式上报中央参阅，浙江省委省政府主要领导批示。

天津、黑龙江、云南、江西等多地也曾提出要打造特色小镇，但这些小镇建设基本上是从小城镇发展战略层面衍生而来的。以"特色小镇"之名来推动传统建制镇建设的发展模式，从实践看，并未取得预期效果。与此不同，浙江特色小镇的灵感来自于国外小镇，如瑞士达沃斯小镇、美国格林尼治对冲基金小镇、法国普罗旺斯小镇。这些小镇长盛不衰的产业特色、历久弥新的独特文化韵味、充满魅力的生态环境，给正在探索转型升级中的浙江发展，带来了深刻启迪。

浙江特色小镇建设也因为融合了国外小镇产业特色和国内特色城镇建设的双重内涵，从自身实践出发，为特色小镇这个"旧概念"赋予了全新的时代内涵和浙江特色。截止到 2016 年 10 月，全省分两批共创建 78 个特色小镇。短短两年不到时间，浙江特色小镇发展已初显成效，引起中央的高度重视和社会各界的广泛关注，正成为浙江引领经济新常态发展的一张"金名片"。

笔者认为，浙江的特色小镇战略实施是顺应发展趋势的主动选择，是推进供给侧结构性制度改革的重要举措，更是浙江省经济转型升级的重要一招。它从一个具有战略和战术意义的层面上，回应了三个方面的重大现实问题：一是在大都市区引领下走怎样的城镇化道路；二是在市场起决定性作用条件下走何种制度创新的发展道路；三是在经济新常态下走何种产业转型升级道路。

浙江地少人多，资源稀缺。一直以来，在走以大城市引领为主导还是以小城镇引领并重的发展道路问题上，存在着诸多争议。大城市引领既面临城市病问题，也与浙江省改革开放以来的县域经济发展的路径依赖存在着某些抵触。小城镇引领，却由于城镇经济内生能力弱，难以提高可持续的就业和经济支撑，在现实中往往不具可行性。特色小镇发展理念和举措的提出，在当前大都市区发展趋势下恰恰找到了二者的平衡点，通过具有鲜明产业特色的小镇建设，解决了非此即彼的单一路径发展难题，也解决了原有块状经济转型升级乏力、开发区园区产城分离、城乡发展二元结构的发展矛盾。

从浙江省前两批特色小镇建设看，特色小镇产业生命力强大，不仅涌现出了梦想小镇、云栖小镇、玉皇山南基金小镇等一批新经济的典型代表①，也出现了如桐乡濮院毛衫小镇、诸暨袜艺小镇、丽水古堰画乡小镇等传统产业改造提升向高端化发展的新趋势；一批历史经典产业更是在特色小镇建设带动下焕发新颜，迸发出新的生机，如龙泉青瓷小镇、东阳木雕小镇、绍兴黄酒小镇等，正成为传承独特地域文化的有效载体。

数据说明了特色小镇战略的成效。一方面，投资创新集聚效应初步显现。截至2016年8月，第一批特色小镇累计投资1200多亿元，集聚企业3.7万家，引进各类创新创业人才1.6万余人。特色小镇建设以市场为主导的运作机制正加快形成，初步形成了平等、开放的竞争机制引导民资、国资、外资以及各类机构投资特色小镇的良好态势。仅2015年不到一年的时间，首批特色小镇新开工建设项目就达431个，全年完成固定资产投资478亿元，产业投资占总投资额的60%以上。另一方面，产出带动效应强劲。如云栖小镇2015年技工贸总产值近80亿元，涉云产值就接近30亿元；引进了包括阿里云、富士康科技等在内的各类企业328家，其中涉云企业到2016年4月已达296家，逐步形成了较为完整的云计算产业链。又如玉皇山南基金小镇的税收收入从2014年1亿元，到2015年达4亿元，而2016年第一季度就达到了3亿元——三年税收实现了"三级跳"，截至2016年8月，基金小镇累计入驻金融机构920家，资管规模达到5310亿元，累计实现税收8.46亿元，同比增长208%，2016年税收收入预计可以突破10亿元。传统块状经济为主的桐乡毛衫时尚小镇列入创建名单后，加快了小镇建设进程，小镇市场采购客商也不断增多，转型升级步伐明显提速。

当然，特色小镇建设在加快经济转型升级、推进浙商回归、激活历史经典产业、搭建创新创业平台的同时，还探索创新了城镇建设新路径，调动了各级领导干部工作的积极性和主动性，拓宽了工作思路等。

① 梦想小镇吸引多个互联网创业团队和年轻创业者落户，300多亿元风投基金蜂拥而至，形成了完整的互联网创业生态圈。云栖小镇自2011年建设以来，已经云集了阿里云、富士康、银杏谷、数梦工厂、猪八戒网等200多家企业，其中更多是由高校系、阿里系、浙商系、海归系、海外系等团队创办的新型企业。2016年参会人数已突破4万人，全球超百万人看直播，近80亿元总产值中涉云产值近30亿元，逐步形成较为完善的云计算产业链条"云栖大会"成为全球最大规模的云计算峰会之一。

二　当前特色小镇建设中值得关注的问题

当前各地建设特色小镇热情高涨，建设速度也很快。调研中，笔者看到了各地有许多好经验、新做法，但在快速发展中，也存在一些潜在问题，值得高度关注。

（一）创建存在重数量轻质量的误区

全省提出了创建100家左右特色小镇的三年创建目标，各地纷纷积极响应，大多数地区都建立了省级、设区市级、县级甚至到乡镇一级的特色小镇建设计划。据了解，全省一些设区市创建培育市级特色小镇的计划的都在30个左右，相当部分的县市区甚至提出了要创建八九个乃至十几个小镇的目标，再加上国家也推出了创建特色小镇的政策导向，各地确有"一哄而上"之势。不完全统计，全省各地推动的各级各类特色小镇建设有470个之多（根据公开信息，各地在建或列入计划建设的小镇情况如下：杭州省市县三级100个、宁波省市县三级100个、台州有60个、嘉兴省市县三级50个、绍兴市级30个、金华30个、丽水首批39个、湖州26个、温州第一批21个、舟山15个）。在数量膨胀的同时，有些地区的小镇建设大有造新镇运动的嫌疑，弄了几家企业集聚，与以往的开发区、园区建设别无二致，并未按照省里的要求去建设，无非是个"大拼盘""大杂烩"。有些地方　个题材的历史经典小镇，也有两个分属于不同区级政府在建设，相隔几十分钟车程，名称相同却没有多少紧密的合作。这种追求数量而忽视质量的倾向，根本在于一些领导干部对特色小镇的概念缺乏深刻认识，一味追求指标激励，违背了省里实施特色小镇战略的初衷。这种趋势值得警惕，要防止把小镇建设变成一场只靠行政推动、盲目追求数量的"跃进型"行动。

（二）建设中投入产出效应关注不够

特色小镇建设的核心，是通过特色产业的增量投资，推动存量产业升级，培育增量新产业。但在实践中，小镇建设的三类投资驱动现象值得警惕：一是虚假投资。不少想进入创建名单的小镇建设将无经济效益的基础设施投资等固定资产包装冲抵投资总额，较大的产业投资特色小镇数量并不多。一些三四线城市的小镇，更是变相寻找以房地产驱动投资去建设小镇，以实现盈亏平衡，这就大大违背了浙江省打造特色小镇的初衷。二是无奈投资。虽然浙江省在特色小镇创建要求里强调，要以企业为主体，但是由于创建具体指标的要求使得地方政府不可避免地要干预相关企业的投资决策行为，包括投资数量和进度，从而导致企业无奈地为获得政策支持扩大当期投资规模，不能更多地顾及投资的未来实际效益。三是亏损投资。一些经济总量较小的地区，根本就不大可能通过一两个小镇招商就集聚几十亿元投资，即使投资了，也会造成投入之日就是亏损之时的后果。这些地区急于求成，必然浪费大量资源，不但成不了典型而获得政策支持，反而会适得其反，积累新的企业和地方债务。

（三）各地小镇同质化建设现象突出

特色小镇的生命力根本在于特色，用经济学概念来说，特色小镇的"特色"，就是这些小镇有比较优势和竞争优势。因为"特"，人无我有；因为"特"，人有我优。但"特色"说起来容易做起来难。目前来看，求新、求洋、求全，在同类概念里扎堆儿发展是小镇建设的突出问题。一些地区没有从实际出发，竞相建智能制造、互联网、基金领域的小镇，而忽视了这些新产业发展的规律以及在本地发展的基础和可能。据了解，全省叫基金小镇的特色小镇至少有 10 个。有的地区的小镇纯粹是在概念上做文章，既没有新兴产业的投资，也没有老的产业升级，项目库里有自动分拣的机器手项目，就"美其名曰"机器人小镇；项目库里有飞机部件生产，就叫作通航小镇。有的制造主导的小镇捡到篮子里就是菜，堆积同类企业投资项目。各类文化或旅游型小镇"复制粘贴"现象突出，自我吹嘘自然风景和古镇独特、风情街，其实根本没有核心特色。如果让"百镇一面、盲目造镇"的同质化现象继续蔓延，小镇建设将会误入歧途。

（四）多数特色小镇建设功能较为单一

与建设初衷相悖的现象还有，现在的特色小镇在生活生产乃至文化等方面功能配套较为单一。多数小镇建设只考虑 4 平方公里范围内的事情，却忽视了特色小镇与周边的交通和生活联系，也没有作为区域或城市总体规划组成部分去与都市区和中心城市建立起有机的功能联系。许多小镇地处城乡接合部，交通和生活配套落后，缺乏与城市其他功能区的组团联动发展，导致"小镇里像欧洲，小镇外像非洲"，这也使得小镇建设成功的可能性和发展的持续性大大降低。此外，特色小镇不是一个政策特区，它是整个区域组成部分，因此，区域整体营商环境、公共服务和软硬件设施支撑，对小镇建设持续发展也至关重要。但是，现在大多数地区都把精力和资源向特色小镇倾斜，而未做全面系统的安排部署。

（五）省级特色小镇考核管理待优化

虽然两年来主管部门对特色小镇创建的认定、考核评价的方法不断优化调整。但从调研情况看，小镇建设主体对于相关规定依然有许多争议：一是关于认定标准。三年投资 50 亿元、20 万年旅游人数以及效益等指标，并不适合所有类型的小镇，有些小镇投资额不可能那么大，有些小镇就是以制造功能为主，也未必能达到要求的旅游人数，但在具体操作中，这些小镇也只能努力按这个导向去包装。二是关于考核期限。大型投资项目一般一两年建成，三至五年见效，况且市场型项目也不能保证必定成功。但现在对小镇建设的绩效考核标准基本上都是三年。三是关于考核办法。面对经济下行压力，当前企业家投资非常谨慎，按原计划完成投资难度较大，尤其是对历史经典产业的投入产出数据考核不尽合理，有必要进一步根据产业、区域以及不同特点而采取分类对待的考核办法，不宜采取"一刀切"的标准。

三　创新推进特色小镇健康发展的若干建议

特色小镇始于改革创新，也必须成于改革创新。作为新生事物，特色小镇创建必然要摒弃单纯行政化的思维定式、路径依赖和体制束缚，必须大胆探索，大胆试验，用改革与创新的精神推进规划、建设和运营，要按照创新、协调、绿色、开放、共享发展理念的要求，从实际出发，找准特色、定位特色、发展特色，在特色中发展，在创新中成长，走出一条政府引导、企业主体、市场运作的发展新路子。具体建议如下。

（一）要把国家特色小镇建设的要求和浙江省特色小镇创建相结合，与各方力量共同培育打造一批产业特色引领、城乡高度融合的百年小镇

2016 年 10 月，住建部全国认定 127 个镇为第一批中国特色小镇。浙江省有八个建制镇入围，成为第一批认定名单中全国数量最多的地区。未来国家还将在全国培育 1000 个国家级特色小镇，住建部门、国家发展改革委和财政部等有关部门将在专项建设基金支持、财政奖励、土地保障等方面，给予政策支持。由于浙江省特色小镇创建标准和边界范围与国家的要求都有所区别，下一步，有必要加快研究如何将省级特色小镇培育目标和国家培育考核目标导向融合，积极争取获得国家有关方面的政策和资金支持。同时，浙江省自身也要进一步处理好政府和企业的关系，拓展特色小镇建设资金来源渠道，注重引入战略投资者，吸引多元主体参与小镇建设和发展，通过公私合营（PPP）等模式缓解特色小镇建设资金压力。并充分发挥政府引导、市场运作的效力，创新土地供给和管理机制，实现在土地、基础设施建设等领域探索更加可持续发展的支持方式，让浙江省小城镇建设拥有更强实力、更多魅力，也更具发展特色和活力。

（二）要以创新未来和传承历史的两类特色小镇培育为重点，进一步加强小镇特色内涵创新

从两年来的实践看，这两类特色小镇富有生命力，应成为政策支持和建设培育的重点方向：一类是传承历史的特色小镇，以"块状经济 + 文化创新"的小镇、历史经典产业特色小镇和旅游型特色小镇为代表。另一类是创新未来的特色小镇，以梦想小镇、山南基金小镇、云栖小镇等为代表。对于传承历史的特色小镇，建议要注重保护重要历史遗产和

民俗文化，实行保护性开发利用，加大产业化驱动的文化创新供给，拉长产业链，运用信息化、新技术的手段为旧产业注入新的活力，既要留住乡愁、留住传统文化、传承中华文明，又要让这一类小镇充满经济动力，成为推动城乡融合发展的重要载体。对于创新未来的特色小镇，则要以鼓励创新创业文化为导向，发挥小镇创新资源集聚作用，按照符合年轻人和创业创新者的现代生活理念创建小镇，创新体制机制，搭建各类创新平台，吸引年轻人、创业者进驻，形成新时代的"小镇创业创新文化"，让这一类小镇成为支撑新经济、积蓄新动能的重要载体。一般来说，这类特色小镇适合在城市功能健全、环境优良、人才聚集的大中城市及周边地带布局。

（三）要统筹城市文明和工业文明，把特色小镇作为反哺农业文明，推动城乡一体化的创新载体

以特色小镇为重要抓手，推动生产、生活、生态"三生融合"，工业化、信息化、城镇化和农村现代化"四化驱动"，按照"宜工则工、宜商则商、宜旅则旅"，提升小镇特色产业支撑力，为大量农村人口城镇化提供体面的工作机会，更有效地吸纳人口、缓解人口资源环境矛盾，实现城乡一体化发展。一是要处理好都市区范围内的特色小镇和一般县市区特色小镇的关系。都市区范围内的特色小镇注意与都市区其他功能区错位互补发展，加强交通联系，进一步完善在都市区、城市群范围内的区域协商机制，合理配置特色小镇建设的土地要素，避免同类特色小镇过多过滥；一般县市区的特色小镇则要注重区域内生产生活和文化、社区等功能的配套衔接，统筹考虑人口分布、生产力布局、国土空间利用和生态环境保护。二是要处理好增量小镇和存量小镇建设的关系。新建小镇要摒弃"贪大求洋""大拆大建"的做法，因势利导，既要重视培育新兴产业，也要结合地方已有特色支持旧产业升级，要重视公共服务供给，持续保障发展需求；存量小镇要坚持充分尊重自然，控制环境污染，传承历史文化，改善人居环境原则，鼓励各地多元化发展，结合小城镇整治改造，推动产城有效融合，补短促长，以新促旧，加快补齐城镇基础设施、公共服务、生态环境三大短板，推动已有产业不断提质增效。无论是存量小镇还是增量小镇，都要坚持节约集约利用土地，合理界定人口承载力、资源承载力、环境承载力与产业支撑力，在开发中保护，在保护中开发。三是要注重处理好城乡人口融合的问题。坚持多元治理的思路，创新特色小镇治理体系，发挥省、市和所在行政区域以及小镇周边范围的居民在小镇规划建设和治理中的作用。尤其要充分发挥企业和居民的主体作用，让企业和居民全程参与特色小镇的设计、规划、建设、管理等全过程，以提供有效供给和满足有效需求为导向，让特色小镇成为化解城乡二元结构，能吸引人、留住人、激活人的新平台。

（四）要因地制宜、分类施策，进一步加强评价考核方式的管理创新

从根本上讲，经得起历史考验的特色小镇，不是认定考核出来的，是慢慢生长出来的。因此，通过认定、评价和考核推动全省特色小镇健康发展，必须顺应产业发展规律、城市建设规律和市场周期规律，动态调整不够完善的认定和考核标准，对特色小镇建设实行更精细化管理。要适应城乡社会发展需要，正确认识特色小镇发展的意义和作用，因地制宜、分类考核，以放为主、监督为辅。既不能揠苗助长，又不能光开花不结果；既要定目标下指标，也不能唯目标唯指标，要真正发挥市场作用，发挥企业家作用，把政策引导的重心，放在调动基层和企业实践的积极性上。

建议下一步：一是要结合不同产业投资发展规律，适当延长特色小镇建设考核时间周期，给小镇成长以足够的时间和空间；二是适当降低考核标准，尤其是对历史经典产业，要在投入产出数据考核上区别对待，实现更科学的管理；三是要切实落实相关支持政策，对前期投入资金大、产业投资回收周期长的特色小镇，要鼓励地方出台支持政策，形成上下合力；四是要在特色小镇规划建设工作联席会议的基础上，建立规划咨询专家委员会，提高特色小镇认定、审核、考核和验收等环节的公正性、科学性；五是要及时总结各地特色小镇建设经验，发现新问题新情况，在解决共性问题的基础上，形成一些可复制、可推广、可操作的经验。

关于建设"海上浙江"的建议[*]

改革开放以来，浙江省海洋经济先后经历了"开发蓝色国土""建设海洋经济大省"和"建设海洋经济强省"等发展阶段，取得了令人鼓舞的成就。海洋经济综合实力明显增强，海洋产业结构不断优化，沿海和海岛基础设施日趋改善。2007年全省海洋经济总产出4508亿元，从2002年的全国第5位上升到2007年的第3位。海洋经济已成为浙江省国民经济的重要组成部分，建设"海上浙江"具备了良好基础。

但也要看到，浙江省海洋发展总体上还缺乏强有力的统筹协调，海洋经济增长方式仍以粗放型为主，海洋管理的体制机制尚不能适应形势发展的需要，海洋环境恶化的趋势还未从根本上得到遏止。面对21世纪海洋经济蓬勃发展的历史性契机和当前国际金融危机等带来的转型升级压力，浙江要实现海洋发展的新跨越，必须深入贯彻科学发展观，按照"两创"总战略的要求，坚持以世界眼光、战略思维和创新理念来深刻认识浙江省海洋资源优势，以更宽视野和更新思路来谋划"海上浙江"建设，以更大气魄和有力举措来推进"海上浙江"建设。为此，笔者建议当前和今后一个时期要切实按照科学发展观的要求，在科学看海、科学谋海、科学用海、科学兴海、科学管海^①等方面有新的进展和突破。

---

* 本文是浙江省政协2008年的重点调研课题，具体由王永昌负责报告思路框架设计并组织实施，2008年11月结题。

① "五个科学"，指的就是运用科学发展观的理论和方法，根据科学发展观的精神和要求，去看海、谋海、用海、兴海和管海。

一 科学看海：海洋是浙江可持续 发展的优势、潜力和希望所在

发展海洋经济，建设"海上浙江"，必须在科学看海上拓展新视野，进一步强化海洋意识，树立新的海洋观，充分认识建设"海上浙江"的战略意义，切实增强紧迫感和使命感。

（一）建设"海上浙江"是适应世界发展大势的需要

21世纪是海洋世纪。海洋自古是人类生存和发展的基本环境，更是近现代人类发展的战略资源。综观世界，大国崛起无不同海洋紧密联系，近现代文明一定意义上就是海洋文明、蓝色文明。目前世界3/4的大城市、70%的工业资本和人口聚集在距海岸100公里以内的海岸带地区。逐鹿海洋、竞争海洋、深度开发利用海洋乃当今世界大势所趋。欧美、日韩等濒海国家都把加快海洋开发利用作为重大发展战略和基本国策。进入21世纪，海洋作为国土、资源、通道、战略要地的作用更加显现，海洋开发正从传统的单项开发向现代的多层次、大空间的综合开发转变，从领海、毗连区向专属经济区、公海推进，从资源的低层次利用向精深加工领域拓展，从片面追求经济效益向综合效益转变。加快建设"海上浙江"，是顺应世界发展大势的必然选择。

（二）建设"海上浙江"是落实"海洋强国"战略的需要

我国是濒海大国，海洋在国民经济和社会发展中的地位日益突出。中央明确提出"海洋强国"战略，开发海洋成为推动我国经济社会发展的一项战略任务，列入国家"十一五"发展规划；沿海省市纷纷调整战略部署，抢占先机，掀起新一轮海洋经济发展热潮。浦东新区、天津滨海新区、海峡西岸经济区和北部湾经济区纳入国家重点战略布局，成为新的区域开发热点。与兄弟省市相比，2006年浙江省海洋生产总值占地

区生产总值的比重为 11.8%，在 11 个沿海省市中排名倒数第四①，还存在较大差距。浙江省要在沿海地区的激烈竞争中取得主动，继续走在前列，必须高度重视海洋经济发展，把建设"海上浙江"摆到更加突出的战略位置。

（三）建设"海上浙江"是实现浙江省科学发展的需要

浙江要在新的历史起点上实现新的跨越，加快建设"海上浙江"，势在必行。没有海洋经济强省，就难以有真正的经济强省；没有海陆的统筹发展，就难以实现真正的统筹发展。建设"海上浙江"，是加快转变经济发展方式、实现经济转型升级的现实选择，是实现浙江省全面协调可持续发展的必由之路。

建设"海上浙江"具有资源优势。浙江陆小海大，海域面积约 26 万平方公里，大于 500 平方米的海岛约 3060 个，大陆海岸线和海岛线总长6486 公里，其中能建万吨以上深水泊位的岸线 471 公里。港口、近海水产、海涂、旅游资源分别占全国总量的 30.7%、27.3%、13.2%、12.1%。此外，东海大陆架盆地有着良好的石油和天然气开发前景。得天独厚的海洋资源，为浙江省发展提供了优越的资源条件和重要的战略依托。

建设"海上浙江"有着巨大潜力。目前浙江省海洋经济已形成一定规模，但海洋资源潜力尚远未挖掘出来。海洋发展领域仅限于滨海、近海，对深海、远洋的开发还无实质性进展；临港大工业、港口物流业，特别是海洋生物工程和海洋新能源开发等新兴产业有着巨大发展空间。海洋将成为浙江省推进经济转型升级的重要路径和大有希望的经济增长极。

建设"海上浙江"事关全省未来。随着工业化和城市化的不断推进，浙江省经济发展与资源环境的矛盾日益突出，发展空间受到严重约束。要解决"成长的烦恼"，必须走出一条新路来，必须"跳出陆地发展海

---

① 根据《全国海洋经济统计年鉴》（2006 年），沿海 11 个省市区中，海洋经济占地区生产总值比重较高的为上海、天津、海南，均超过 30%；浙江、江苏、广西、河北等比重相对较低。

洋""跳出浙江发展浙江"。建设"海上浙江",就是要把海洋作为可持续发展的战略空间,向大海要土地、能源和战略资源,通过港航集聚全球生产要素。要在做足建设"平原浙江""山上浙江"文章的同时,精心做好建设"海上浙江"的大文章,处理好陆地与海洋关系,坚持陆海联动,实现陆海之间资源互补、产业互动、布局互联、陆域经济与海洋经济协调发展,保障经济社会可持续发展。

二 科学谋海:建设"海上浙江"的战略目标和战略思路

发展海洋经济,建设"海上浙江",必须在科学谋海上有新提升,坚持谋海强省、谋海富民,精心谋划建设"海上浙江"的战略目标和战略思路。

(一)建设"海上浙江"是浙江省21世纪发展的一个主导性战略

建设"海上浙江",就是要着眼于浙江经济社会全面协调可持续发展,依托"黄金海岸""黄金海岛"和"黄金水道",坚持以陆引海、以海促陆、陆海联动,科学开发海洋资源,大力发展海洋经济,拓展新的发展空间,进一步推动浙江发展从陆域平原时代迈向陆海一体时代,使浙江省沿海经济带成为长三角经济区的重要支撑和环太平洋经济圈的重要一环,在蓝色国土上再造一个新的浙江。

建设"海上浙江",首先是一个优势发展战略。就是要充分发挥浙江海洋资源禀赋优势,扬长补短,实现差异发展、特色发展,形成新的竞争优势。其次是一个产业发展战略。就是要深度开发海洋资源,做大做强海洋产业,增强海洋经济综合实力和国际竞争力。再次是一个区域开发战略。就是要加快沿海和海岛基础设施建设,着力改善发展环境,引导生产要素向沿海和海岛地区有序集聚,推进发展重心东移,加速形成沿海产业密集带、经济核心区和城市群,实现生产力布局的调整优化,形成开发海洋、发展沿海、联动全省的局面。最后是一个海区全面发展战略。就是要在促进海洋经济发展的同时,推动沿海和海岛地区政治、文化、社会全面进步，海洋生态环境得到有效保护。

建设"海上浙江"在空间上是管全局的，在时间上是管长远的，在内涵上是综合的而不是单一的，对浙江省经济社会发展将产生广泛而深远的影响。海洋是全省的共有资源。建设"海上浙江"不只是沿海市县的事，也是全省的事，需调动全省各地各部门的积极性，举全省之力开发海洋、发展海洋、保护海洋。要把建设"海上浙江"作为浙江省 21 世纪发展的一个主导战略，作为加快转变发展方式、推进转型升级的一个重要突破口，作为促进城乡、陆海协调发展的一个重要途径，列入"十二五"发展规划，持续加以推进。

（二）建设"海上浙江"的战略目标

浙江海洋资源丰富，发展基础良好，面向 21 世纪，建设"海上浙江"应该有更高的起点和目标。

1. 港航强省率先建成

建成以宁波—舟山港为龙头、温台和浙北港口为两翼的结构合理、功能完善、海陆统筹、通江达海的港口及集疏运体系。到 2012 年，沿海港口完成货物吞吐量 8 亿吨、集装箱吞吐量 1500 万 TEU，船舶运力总规模达 1600 万载重吨；2015 年，完成货物吞吐量 9.2 亿吨、集装箱吞吐量 2236 万 TEU，船舶运力总规模达 1970 万载重吨；2020 年，完成货物吞吐量 10.83 亿吨、集装箱吞吐量 3160 万 TEU，船舶运力总规模达 2730 万载重吨①，牢固确立作为我国大宗散货和集装箱运输干线港地位，打响东方大港品牌，率先实现从港航大省向港航强省的跨越。

2. 海洋经济居全国领先地位

海洋经济总量规模明显扩大，结构进一步优化，质量不断提升，布局更趋合理，现代产业体系基本形成，综合实力、核心竞争力、区域辐射带动力和可持续发展能力明显增强。到 2012 年，海洋生产总值达 4200

---

① 浙江省 2008 年所开展的战略研究和规划，近期目标均为 2012 年，即本届政府任期结束。2015 年作为"十二五"目标，属中期目标。2020 年为远期目标。

亿元①，占全省 GDP 的比重 15%；2015 年，海洋生产总值达 6000 亿元，占全省 GDP 比重 17%；2020 年，海洋生产总值达 10000 亿元，占全省 GDP 比重 20%，形成一批全国领先、国际一流的优势产业和企业，建成海洋经济强省。

3. 海洋科教文化跃入全国先进行列

海洋文化建设深入推进，海洋科普教育全面展开，全民海洋意识显著强化。形成完整、现代的海洋人才培养体系。成为全国海洋科研重镇。海洋科技创新体系基本建成，自主创新能力达到国内先进水平。到 2012 年，研发投入占海洋产业增加值的 2%，科技进步对海洋经济增长的贡献率达 60%②；2015 年，研发投入占海洋产业增加值 2.5%，科技进步贡献率达 70%；2020 年，研发投入占海洋产业增加值 4%，科技进步贡献率达 85%，成为全国科学用海综合试验区和先行者。

4. 海区民生水平有明显提升

完善沿海和海岛交通、电力、通信、水利和防灾减灾体系建设，基本实现陆海基础设施互通共享。拓宽海区群众就业渠道，提高收入水平。到 2012 年，海区城市居民人均可支配收入达 3.4 万元，农村居民人均纯收入达 1.6 万元；2015 年，海区城市居民人均可支配收入达 4.3 万元，农村居民人均纯收入达 2.1 万元；2020 年，海区城市居民人均可支配收入达 6.3 万元，农村居民人均纯收入达 3.1 万元。③ 海区社保体系基本建立，特别是失海渔民、失地农民的养老、医疗保险实现全覆盖，生活品质显著提高。

---

① 按 2007 年价格计算，国家口径，下同。按浙江口径，2007 年全省海洋经济占 GDP 比重为 8.3%，国家口径比重约为 12%。未来预测结合"十五"以来浙江省海洋经济占 GDP 比重增速及其石化、船舶、港口物流等海洋经济发展前景等进行估算。

② 根据《全国科技经费投入统计公报》（2006 年），2006 年全省科技经费占 GDP 比重为 1.42%，2007 年约为 1.5%，海洋产业应略为高些。未来预测参照《国家科技事业中长期规划》。科技进步对海洋贡献率宁波 2010 年目标为 60%，全省 2012 年应可达到该目标；未来预测参照"十五"以来浙江省科技贡献率增长经验进行估算。

③ 根据《浙江省统计年鉴》（2007 年），2007 年沿海县市区城镇居民收入约为 2.2 万元，农村居民约为 1 万元，高于全省平均水平。未来预测按照居民收入增速与经济增速接近、农村居民收入增速略高于城镇居民进行。

5. 海洋生态环境明显改善

海洋生态环境保护工作有效加强,碧海行动计划取得根本性实效。到 2012 年,重点海域主要污染物排海量比 2007 年消减 10%;2015 年,重点海域主要污染物排海量比 2010 年消减 10%;2020 年,重点海域主要污染物排海量比 2015 年消减 10%。① 近岸海域、重要港湾和入海河口的环境污染和生态破坏趋势得到遏止,海洋物种资源、岸线资源等得到有效保护,重点生态功能区得到基本修复,形成良性循环的海洋生态系统,构筑起蓝色生态屏障。

(三) 建设"海上浙江"的战略思路

1. 加快建设大港航

港口是浙江省最大的海洋资源优势。建设大港口、构建大航运、发展大交通,是现阶段"海上浙江"建设的关键。抓住国家应对金融危机、积极扩大重大项目建设投资的机遇,抓住两岸实现"三通"的机遇,推进以宁波—舟山港为龙头,以嘉兴、温台港口为两翼的港口开发建设,构建港口集疏运立体网络体系,构筑国际性大物流平台。把宁波—舟山港的开发建设作为重中之重,坚持走大型化、深水化、专业化之路,进一步确立其在浙江省和长三角乃至更大范围内对外开放平台、临港工业和现代物流重要依托、国民经济发展重要基础的战略地位,更好地发挥在"海上浙江"建设中的龙头作用。

2. 加快发展现代海洋大产业

发展壮大海洋产业,是建设"海上浙江"的主要任务。沿海产业带是海洋产业发展主平台,产业转型升级重要载体,建设"海上浙江"的战略空间。环杭州湾产业带要着力自主创新和转型升级,集聚中高端要素,优先发展现代服务业,抢占产业制高点,掌握市场话语权。温台沿海产业带要以滨海区块开发为突破口,坚持统筹协调、高层次定位、生

---

① 《全国海洋经济发展规划纲要》(2006 年)明确主要污染物排海量 2010 年比 2005 年消减 10%,未来预测按照类似的 5 年降低 10% 标准进行。考虑到陆源污染将会得到进一步控制,该指标应能实现。

态优先、集约开发原则，以环保型临港大项目为主攻方向，形成现代临港产业体系。宁波、舟山、嘉兴、温州、台州五市要立足优势，集聚、集群、集约发展，加快形成一批产业优势突出的蓝色经济区块。

3. 加快海洋科技大发展

海洋领域的竞争实质上是高科技的竞争。海洋科技水平决定着海洋产业的层次和水平。浙江海洋的未来在科技。建设"海上浙江"必须深入实施"科技兴海"战略，不断提高海洋科技贡献率和带动力。要大力发展海洋科技教育事业，加大人才培养和引进力度，加速海洋科技创新和成果转化，加快海洋高新技术产业发展，促进海洋开发向集约型、知识密集型转变。同时，积极参与国外海洋资源和深海远海资源开发，分享世界共有的海洋资源。

4. 加快构筑海洋环保大格局

坚持科学、集约、合理用海，注重经济、社会、生态效益综合平衡，推广清洁生产，发展循环经济，减少资源环境代价，提高海洋绿色 GDP 水平。必须坚持"河海统筹、海陆一体管理"，把加强陆域环保和江河治理作为海域环保的重要基础和迫切任务，坚决制止把海洋作为垃圾场和污水池的错误倾向，加快建设沿海、沿岸污水和固废处理系统，加强海洋环境保护省际合作，全面推广在线监测，全面实现达标排放，确保海洋永续利用。

5. 加快推进海洋管理体制大创新

体制不顺直接影响海洋资源的合理开发利用和海洋生态环境的有效保护。要顺应国际上海洋管理一体化趋势，从浙江省实际出发，构建科学、高效、统一的海洋行政管理体制，强化海洋综合管理和统一海上执法，避免政出多门、效能低下等问题。加快海洋管理地方立法，健全海洋法规体系，提高海洋法制意识，优化海洋执法环境，推进以法治海，不断提高以法管海的能力和水平。

三 科学用海：建设"海上浙江"的主要任务

发展海洋经济、建设"海上浙江"，必须在科学用海上有新的突破，抓住国家积极扩大投资的契机，切实抓好港航强省建设、海洋产业发展、滩涂资源开发三项重要任务。

（一）充分发挥港口资源优势，加快推进港航强省建设

要以积极推进宁波—舟山港统一管理、统一建设为战略重心，以大力提升港航综合服务能力、支持港口运营联盟深度发展为战略抓手，以组建省属港口开发建设投资集团、完善港口集疏运综合网络体系等为战略支撑，加快建设港航强省。

1. 强化管委会职能，积极推进宁波—舟山港统一管理

推进宁波—舟山港一体化是加快建设现代化国际港口的内在要求，是进一步确立其在长三角和长江经济带综合运输体系中枢纽地位的迫切需要。目前宁波—舟山港已基本实现统一品牌、统一规划，但由于认识不一、利益不同、体制不顺，统一建设进展不快，统一管理更难取得实质性突破，很大程度上制约了宁波—舟山港的整体开发和功能提升，加剧了在与上海港竞合中的被动态势。推进宁波—舟山港一体化，从长远看，最根本的途径是实现宁波、舟山一体化。从中期看，建立宁波—舟山港口管理局，实现港务管理一体化，即"一港一政"，是个理想的目标。但目前总体条件尚不成熟。从当前情况和现实可能看，近期既要推进"四统一"，又能充分调动两市积极性，可采取以下措施：一是加强宁波—舟山港管理委员会的领导力量，由分管副省长担任管委会主任，负总责，交通厅厅长和宁波、舟山两市行政负责人担任副组长，承担起"两负责三协调"职权，形成强力、高效机制，直接负责规划管理、资源开发、重大项目建设的领导和协调，确保统筹协调的权威性和执行力。二是升级省港航局，由交通厅厅长兼任局长，加大行政管理力度。三是由省人大常委会制定《宁波—舟山港管理条例》，明确授权宁波—舟山港管理委员会负责宁波—舟山港域泊位、航道、锚地等重大项目的统一规划、上报、审批和管理，实现以法管港、以法治港。四是规划建设统一的宁波—舟山港航服务中心，理顺国家、省市管理体制和利益关系。五是由于涉及关系复杂，建议省政府成立宁波—舟山港航一体化专题调研组，深入调研，为制订可行方案提供咨询。

2. 积极组建省港口开发建设投资集团，加快推进宁波—舟山港统一
建设

虽然由于国际金融危机，美国、欧盟、日本等主要经济体经济疲软，
海运业受到影响，但从发展趋势看，世界经济发展对海运需求总体上将
稳步增长。我国正处于港口大建设时期，抢占先机，形成先发优势，将
在很大程度上决定各港口在区域港口群乃至国际港口中的等级地位。港
口发展规律表明只有达到一定规模才能产生综合效益，浙江省港口要达
到规模效益仍需加快发展。同时，由于大型公共泊位等港口基础设施具
有投资大、资金回收期长、对区域发展带动力强等特性，政府按照"地
主港"模式直接参与投资建设，已成为港口建设重要途径。港航资源是
全省公有资源，应全省共建共享，港务集团应逐步实行投资建设与营运
管理的分离，把重点转到做强港航服务能力上来。宁波、舟山对部分重
大港航项目建设的方案、时序、进程等存在分歧，也需省里进行综合协
调或直接参与，主导重大港航项目建设，否则统一建设将难以落实。为
此，建议借鉴上海建设洋山保税港区经验，组建由省、市财政及港务集
团等多方出资的省控港口开发建设投资集团。其主要任务是在统一规划
指导下，加强对战略性泊位、航道、锚地、港区围垦等项目投资建设的
主导性和控制力，加快项目建设进程。近期可重点开发宁波—舟山港的
梅山保税港区和金塘、六横港区中的重大港航项目，同时积极投资开发
温台港口，推进温台港口协调发展。项目建成后，可通过转让、租赁等
方式，实现开发与营运管理的分离，提高项目运营水平。

3. 充分发挥市场机制的作用，大力推进港口运营联盟深度发展

港口联盟化发展是全球港口发展大趋势，是提升港口服务功能，建
设第四代港口①的主要途径。要积极鼓励浙江省港航企业通过战略投资、

---

① 港口按功能可划分为四代：第一代港口，功能为海运货物的转运、临时存储以及货物收
发，港口是运输枢纽中心；第二代港口，增加使货物增值的工商业功能，港口成为装卸和服务中
心；第三代港口，强化与所在城市以及用户的联系，增添运输、贸易信息服务与货物配送等综合
服务，港口成为物流中心；第四代港口，强调港口间的互动以及港口与供应链中相关物流活动间
的协调，发展策略是港航联盟与港际联盟，处理货物主要是集装箱，生产特性是整合性物流，成
败关键是决策、管理、推广、训练等软因素。

股权控制、泊位运营、航班航线合作，以及与重要物流园区、产业基地合作等方式，建立全省港口联盟。加强宁波—舟山港与上海港间的联盟，通过两港务集团整体上市后的股票交换、参股控股等方式，提升两港联盟密切度，为长三角港口一体化奠定扎实基础。积极参与长江沿线和长三角、福建等各港口码头建设，实施战略布点和争取货源，建立跨省的新型港口联盟。化金融危机为契机，借鉴新加坡港务集团等国际港口运营商经验，支持宁波港集团"走出去"，与亚太、欧美港口组建多类型的港口联盟，扩大国际影响力。

4. 加快建设宁波—舟山港综合服务中心，不断提升港航服务功能

坚持城港一体化，与宁波区域中心城市和都市经济圈建设紧密互动，增强港航服务功能，是宁波—舟山港在日益激烈的区域和国际竞合中保持优势的根本途径。宁波—舟山港综合服务水平落后于上海港，这是造成浙江省目前半数出口货物舍近求远走上海港的根本原因。[1] 英国伦敦港只有约200万标箱/年，但稳居全球航运中心的地位，其根本原因就是港航服务业发达。在加强港口硬件建设的同时，要把加强国际航运功能、提高服务能力作为提升宁波—舟山港综合实力和核心竞争力的迫切任务。建议建设统一的宁波—舟山港综合服务中心，有序推进宁波—舟山港在海关、商检、海事、电子口岸（EDI）平台建设等港航服务上的一体化。重点高水平建设宁波东部新城，打造现代港航服务业集聚区[2]，有效提升浙江省在现代航运服务领域的竞争力。充分发挥洋山和梅山两大保税港区对舟山、宁波发展的重要作用，全力支持梅山保税港区的开发建设，

---

① 综合相关资料，目前湖州、嘉兴地区约80%，杭州约50%，绍兴、金华约40%，台州、温州约20%的货物通过上海港口岸出口。其中，甬金高速公路的建设扭转了金华超过50%货物通过上海港出口的局面，杭甬运河的江海联运效应尚未体现，杭州湾跨海大桥建成后的实际影响尚未有相关统计。

② 高水平规划建设港航服务集聚区是增强港口港航服务功能、提高港口核心竞争力的战略途径。目前，上海北外滩港航服务区已形成较大规模，正大力健全提升功能。天津港航服务区一期已基本建成，正积极推进二期建设和功能完善。宁波东部新城港航服务区尚处于起步阶段，需加快成为集海港通关、航运服务、物流信息、船舶经纪、会计与管理咨询、技术与工程咨询、国际金融保险等于一身，具有政府管理服务、港航及关联企业集聚运营、信息高速集散等功能的高端服务区。

并积极将优惠政策延伸到金塘、六横等港区，作为加快提升宁波—舟山港口岸服务功能，打造区域性中高端港航资源配置中心的突破口。

5. 抓住国家扩大内需政策机遇，加快完善港口集疏运综合网络体系

为抵御国际金融危机对我国的不利影响，中央实行积极的财政政策和适度宽松的货币政策，出台扩大国内需求、促进经济较快平稳增长的十项措施。要抓住这一契机，加大疏港高速公路、铁路、内河航道、油气管道、综合枢纽等项目统筹力度，加快优化集疏运网络结构，构建全方位、立体式网络化综合运输体系。尽快制定宁波—舟山港综合集疏运网络建设规划，把大陆的港口集疏运公路、铁路、航道、管道网的网络连接到舟山，实现港口集疏运网络一体化。加快实施甬台温沿海高速公路（复线）、六横梅山疏港高速、杭甬运河与宁波—舟山港江海联运系统、宁波铁路集装箱中心站等关键性项目建设。加快与福建、江西等省份断头高速公路①的对接，积极把华东地区作为宁波—舟山港的内陆腹地。加快甬金铁路前期工作，争取列入国家"十二五"规划，力争早日开工，通过连通浙赣铁路、九景衢铁路，增强宁波—舟山港对赣皖、两湖（湖南、湖北）地区的辐射。

（二）大力发展新型临港产业，促进海洋产业壮大升级

要抓住国际海洋产业转移和新兴海洋产业崛起的机遇，优化空间布局，抓好一批重点海洋产业区块、项目和企业，扶持发展海洋生产性服务业和新兴产业，尽快使海洋产业成为浙江省经济转型升级的重要依托。

1. 根据资源环境承载能力，积极而有选择地发展新型临港重化工业

这是浙江省发挥海洋资源优势，推进产业结构升级的内在要求，也是通过实施石化、钢铁等产业链垂直一体化战略，夯实轻工加工业发展基础，提升国际竞争力的重要途径。所谓"新型"，就是基于浙江省环境容量较小的实际，坚持走新型工业化道路，改造传统重化工业，壮大现

---

① 与江西的断头路为杭新景高速建德至白沙关段，目前仍处于前期阶段；与福建的为黄衢南高速浙江段，原计划 2008 年全线通车，现衢南段可 2008 年底通车，黄衢段延后到 2011 年。另外，申苏浙皖高速与上海间的"断头路"连接正在建设中。

代重化工业。提倡"积极",是因为发展临港重化工业对浙江省既有长远战略意义,又显得迫切,须采取积极进取态度。强调"有选择",就是要严格合理地选择重化工业门类、产品和布局。石化要积极引进央企,以炼油、乙烯、LNG 为龙头,三大合成材料及多种有机化工原料为重点,向下延伸到精细化工、塑料等领域,形成完整产业链。船舶产业尽管受金融危机影响大,但远景较好,关键是要化压力为动力,着力提高科技含量、研发能力和设备配套本土化水平,推动船舶企业资源整合,扶持化学品船舶、钻井平台等高端产品以及船舶设计、动力、机械、仪表等配套产业,实现船舶工业升级发展。钢铁要优先发展不锈钢和板材类优质钢冶炼及加工,成为我国新兴的生态型精品钢铁工业基地。电力要以能源保障为核心,以节能环保为重点,优化燃煤火电结构,加快核电建设,推进天然气发电,成为华东地区重要能源基地。

2. 以港口物流为龙头,扶持发展涉海生产性服务业

坚持集装箱物流和大宗散货物流并重,坚持以现代物流理念改造提升传统物流,开放物流资源,形成港口物流联盟,实现港口物流业升级发展。① 扶持发展海港通关、物流信息、船舶经纪、技术咨询等服务产业,增强物流集聚、货物吞吐及集疏运、增值服务、管理服务、信息处理、港口整合等能力,加快形成港口纵向多元化产业链,为客户提供全过程物流服务。改善通关环境,实行 5＋2 工作制,24 小时验放通关,降低港口物流成本。加大航运企业扶持力度,实行免除行政性收费、金融机构给予长期低息贷款、鼓励上市融资等优惠政策,支持航运企业提高组织化程度,打造一两个位居全国前列的海洋运输船队。加大承接国际涉海服务业转移和外包力度,支持有条件的企业发展国际服务贸易。把发展涉海生产性服务业与沿海产业带产业集群的提升紧密结合,促进浙江海洋经济转型升级。

3. 充分利用海洋生物资源,大力发展海洋生物产业

海洋是个巨大的生物宝库,伴随海洋生物工程技术的不断成熟和领

---

① 详见浙江省政协和长三角(浙江)民营经济研究会联合调研组的《坚持集散并重,不断增强浙江港口物流的竞争力》专题报告。

域不断拓展，海洋生物产业潜力巨大。一是提升海洋渔业。由于渔场缩小、资源衰退等原因，海洋渔业生产正发生深刻变革。要积极发展生态渔业和远洋渔业，特别要充分利用国际水域渔业资源，建设远洋渔业船队及海外基地；对省内近海渔场实施捕捞渔船总量限额和入渔劳动力准入制度，同时加快新渔村和渔港经济区建设，推进捕捞渔民转产转业。完善养殖许可管理制度，推广高效、安全、节约的生态海水养殖模式。以海产品精加工、深开发为重点，加大研发和技改投入力度，优先开发一批知名海洋有机、绿色食品，扩大海洋生物可开发范围，提高海产品附加值。二是发展海洋生物制药。不少海洋生物中含有抗肿瘤、抗病毒、抗感染、降血脂、降血压、降胆固醇等功效的活性物质，具有巨大开发利用价值。海洋生物制药被誉为"朝阳中的朝阳产业"。要加大海洋生物工程基础性研究投入和创业资金建设力度，引进国内外海洋生物科技机构、企业和人才，以甲壳素精深提炼、抗肿瘤药物萃取等为重点，加快形成海洋生物医药技术研发能力和产业化促进体系，加快成为海洋生物制药的研发和产业基地。三是培育海洋生物能源产业。海洋中有丰富的可提炼生物能源的藻类等资源。目前，美国、日本、以色列和我国青岛、大连等地都在进行海洋微藻能源技术的研发，特别是美国 2007 年推出"微型曼哈顿计划"。要关注并跟踪国内外微藻能源技术的进展，积极开展浙江省海洋微藻能源技术开发的可行性研究，探索建立微藻研发和产业化基地，培育海洋生物能源产业。

4. 扶持发展海洋新兴产业，推动从亮点向增长点的转变

一是中高端海洋旅游业。充分利用浙江省海洋旅游资源优势和位处长三角的区位优势，重点开发滨海城市旅游、海岛休闲度假、海洋运动、海洋探险、海洋垂钓、海洋文化、海鲜美食、宗教文化等特色产品，探索开发游艇邮轮港、游艇俱乐部、私人度假岛、海洋主题公园等高端旅游产品，引进国际知名酒店连锁管理集团、国际旅游代理商和旅游资讯集成商，建成中国海洋文化和休闲旅游高端产品先发地。二是海洋工程装备业。坚持产业培育与引进并重，研发与制造并重，延伸与升级并重，积极扶持发展大型船用柴油机、导航和自动化装置、石化设备、海洋环保设备；积极进入深海资源开发和存储装备、高附加值远洋运输装备、

海洋资源探测装备等领域，提升浙江省海洋产业科技含量。三是海水综合利用业。利用现有技术优势，打造全国领先的膜法海水淡化技术和关键装备的研发与生产基地。加强浓缩海水的利用研发。探索海水综合利用税费改革，纳入公益事业领域，扩大海水淡化和综合利用规模，提高沿海地区和海岛水资源保障能力。四是海洋新兴能源业。积极规划建设一批风电场、潮汐能项目，提高电价补偿标准，提高市场开发积极性。争取国家和国际海洋热能、波浪能开发项目，开展试验性开发，为产业化推广积累经验。五是海洋矿产勘测与开发业。加强与国家有关科研单位、企业的合作，积极参与海洋矿产资源开发，增强浙江省开发利用深海远海资源能力。

5. 抓好一批重点涉海企业和重大项目，力促海洋产业转型升级

发展海洋产业，主体是企业；实现转型升级，关键在项目。要充分发挥市场作用，依靠项目来配置资源、集聚要素，靠项目来调整结构、转型升级。加大涉海项目库建设力度，优先安排一批重点涉海产业项目，增强建设用地指标和招商引资，引导企业投资海洋产业领域。积极培育一批优势涉海企业，特别是行业龙头企业和科技领先企业，引进一批国际优秀泊位运营商、港口物流企业、涉海金融服务机构、船舶研发设计机构、海洋旅游资讯集成商等，并加强与本土企业的战略合作，加快提升浙江省海洋产业现代化水平。加强重大涉海项目的储备和国际招商，着力完善区域海洋产业链，优化海洋产业项目布局，促进海洋产业带高水平建设。加强沿海产业功能区的规划管理，严控内地低附加值、高污染企业的迁入，控制企业单纯扩大规模的迁移。要根据国内外宏观经济形势变化，及时出台相关政策，为受到较大影响的造船、石化等海洋产业提供财政、融资、预警等支持，引导企业规避风险，推动转型升级。

（三）科学开发利用滩涂资源，拓展发展空间

浙江省滩涂资源丰富，面广量大且完整性好。在保护好海洋生态湿地、生态港湾的基础上，科学开发利用滩涂资源已成为缓解土地瓶颈制约、建设沿海产业带、拓展发展空间的重要战略举措。

1. 充分认识滩涂资源在拓展浙江省发展空间中的战略地位

自新中国成立以来至 2007 年，全省沿海共围填滩涂 313 万亩，约为 0.21 万平方公里。① 建立在围涂造地上的宁波化学工业园区、嘉兴滨海新区、绍兴滨江工业新区、慈溪杭州湾新区、台州滨海工业新区等已成为全省重要的产业功能区。从国土空间适建性分析，一般认为坡度在 8 度以下且高程 200 米以下、不属于保护区的国土适宜作为建设用地开发。根据《浙江省国土综合开发评价研究》，浙江省符合这一条件的国土面积仅 2.89 万平方公里，而现有 0.94 万平方公里建设用地和 1.81 万平方公里基本农田，且绝大部分市县的建设用地位于这一区域。如果不考虑土地复垦整理、滩涂资源开发，我省未来可新增建设用地仅 0.14 万平方公里。由于浙江省易于复垦整理的土地大多已开发完毕，新增空间十分有限，沿海可适宜围垦造地的 0.17 万平方公里滩涂资源②，将成为全省新增建设用地的主要空间和重要途径。

2. 合理划分滩涂资源类型，坚持生态围涂、科学围涂

加快在全省近岸海域开展水动力环境动态数模试验，合理划定近岸和海岛滩涂可围区、限围区和禁围区，为科学修订围涂规划和行政审批提供依据。加强对具体围涂项目的环评审查，禁止在重点海湾和生态敏感区围涂。大力鼓励和支持顺岸式围垦和渐进式围垦，对平直开放式海岸实行抛坝促淤、高滩围涂，最大限度地减少生态负面影响。尽可能避免裁弯取直式围垦，以确保纳潮量，防止岸线缩短和海岛灭失。较深的特殊海域可结合产业发展实行离岸式围垦。对部分毗邻航道和深水岸线及海洋自然保护区的围涂项目，应组织开展动态监测和后评估工作，切实做到严格管理和有效控制。

3. 利用好国家政策，积极有序推进滩涂围垦

要抓住机遇，用足用好国家有关围垦用海政策，根据《浙江省滩涂围垦总体规划（2005—2020 年）》，加快适围区的围垦进程，重点抓好已开工和已开展前期工作的 120 万亩滩涂围垦项目。同时，加紧金塘岛北侧

---

① 数据来源于 2007 年省水利厅《建设海洋经济强省专题调研报告》。
② 数据来源于《浙江省滩涂围垦总体规划（2005—2020 年）》。

围垦等重大项目海域使用论证或海洋功能区调整工作，保障浙江省重大海洋工程的顺利建设。

4. 抓紧制定地方性法规和政策，确保围垦土地集约高效利用

根据省水利厅提供的资料，浙江省目前尚有 50 万亩（约 3.33 万公顷）已围土地未开发或高效利用，约占 1949—2004 年全省沿海共围填滩涂的 1/3。究其原因，一方面在于部分围涂工程是以农渔业项目申报的，主要是为其他城市建设用地提供占补指标，但由于所造土地不适宜农渔业开发而难以利用；另一方面在于部分围涂项目虽主要用于工业和城市建设，但由于缺乏建设用地指标而难以开发。鉴于浙江省可围滩涂资源已十分有限①，坚持围垦土地集约高效利用是必须坚持的战略选择。要根据浙江省实际，在不违反国家法律前提下，抓紧制定海转地政策，妥善处理海域证换土地证的政策衔接，突破"围而不能用"困境。目前，江苏、福建、广东、辽宁等省以地方性法规或政策的形式，已对海域证换发土地证进行细化规定②。省里应加强研究和协调，尽快出台类似规定。要积极探索用海域农牧化使用来置换陆上土地资源的制度创新，向国土资源部建议用海洋渔业、养殖业产出来换取用地指标。加大政府对围垦土地的规划管理，对不适宜农渔业开发或者农渔业开发缺乏比较优势的围垦土地，优先转变为城市和工业建设用地，或恢复为生态用地。

四 科学兴海：切实增强建设
"海上浙江"的支撑能力

发展海洋经济、建设"海上浙江"，必须在科学兴海上取得新突破，切实增强海洋科技力量、提高海洋科技水平，进一步发挥科技在建设"海上浙江"中的引领和支撑作用。

---

① 按省滩涂围垦规划，到 2020 年前将围滩涂资源约占全省可围资源的 70%，之后将几乎没有可成片规模化开发的滩涂资源。

② 兄弟省市海域证换发土地证主要做法：围涂形成的土地使用权期限为海域使用权剩余期限；换发国有土地使用权证书，不收取土地出让金；转让使用权，经当地政府批准后补缴土地出让金，补缴数额应当扣除已经缴纳的海域使用金和实际投入的围填海成本等。

（一）加强海洋科技工作领导，加大规划引导和政策支持力度

1. 切实加强海洋科技工作的组织领导

要解决浙江省海洋科技人才短缺、资源分散、投入强度较低、支撑不强等问题，必须切实加强领导，真正把科技兴海摆到政府工作的突出位置。加快建立海洋科教文工作协调机制，研究解决浙江省海洋科技发展中的重大问题，形成涉海科学决策与研究的合力。探索制定海洋科技与经济结合的量化指标，把海洋科技工作融入海洋发展中。全面统筹、协调全省涉海管理部门、科研单位与院校力量，组织实施重大海洋科技攻关项目，组建由多部门、多学科专家组成的联合工作组，推动海洋科技事业快速、高效发展。

2. 制定海洋科技发展规划

要适应建设"海上浙江"迫切需要，依据《国家科技发展中长期规划纲要》和《全国科技兴海规划（2008—2015年）》，把发展海洋科技列为浙江省"十二五"科技发展的战略重点，把建设海洋科技强省作为重要战略目标，抓紧研究制定包含海洋基础研究、海洋环境保护和资源勘测调查、海洋技术发展、海洋教育、海洋新兴产业等在内的中长期海洋科技发展规划，明确全省海洋科技发展方向和工作重点。

3. 建立多元化海洋科技投入体系

海洋科技创新具有高投入、高风险特征。加大政府海洋基础研究的投入和关键性研发的扶持力度，是欧美、日韩等海洋科技发达国家的普遍经验。继续加大财政对海洋基础研究和关键技术的投入，支持沿海市县设立海洋科技创业投资引导基金，健全对海洋科技型企业的担保贷款机制，形成浙江省海洋科技稳定增长的资金投入机制。增设港航科技攻关和海洋科技自主创新专项经费，重点在海洋装备、海洋工程建设、海洋安全、海水淡化、海洋能源、海洋生物医药、船舶制造等基础研究和关键技术领域，加大专项投入。同时，积极引导企业和全社会增加海洋科技投入，择优引进外资，形成多元化、多渠道投入格局。

（二）推进海洋科技资源的整合提升，建立产学研紧密结合的海洋科技自主创新体系

1. 建设"两院两中心"，积极引进海洋科技名院大所

一是要大力扶持"浙江省海洋开发研究院"。该院是浙江省目前唯一的省级海洋科技创新平台。建议省政府在科研硬件建设、科研项目立项、资金投入上继续予以扶持，提高服务创新能力，提升资源共享水平，使其成为立足舟山、服务全省的国家级科技创新服务和成果转化平台。二是与国家海洋局联建"浙江省海洋科学研究院"。近来国家海洋局有意与浙江省共建海洋研究院，并与省政府商谈过合作事宜。浙江省应积极依托海洋二所组建"浙江省海洋科学研究院"，为发展海洋科技、海洋经济服务。三是与浙江大学共建"浙江省海洋研究中心"。以"浙江大学海洋研究中心"为基础，充分利用浙江大学学科门类综合的优势，合作共建集海洋自然科学、工程技术和人文社会科学于一身的综合性的海洋研究机构。四是成立"浙江省港航发展研究中心"。由省港航管理局牵头，浙江大学、省发展规划研究院等单位共同参与，形成港航发展战略、规划和政策研究智囊团。同时，要充分利用国内国际两种科技资源，创造条件吸引国内外一流高校、院所来浙江省设立机构，参与合作研发。尤其要争取中国科学院、中国工程院、中国海洋大学等在浙江省联合设立分所、分中心等创新平台，建立海洋科研基地，加强浙江省海洋科技力量。

2. 以海洋科技园区为抓手，有序建设一批海洋高新技术产业研发、孵化和产业基地

充分发挥科技园区和科技兴海示范区等产学研联合体的集聚和辐射效应，开展重大技术联合攻关与系统集成，加快涉海科研成果孵化和产业化。要制定特殊的优惠政策，引导高等学校、科研院所合作创办产学研科技园区，吸引民营和国外高新技术企业落户园区，鼓励科技园区和示范区设立博士后工作站、研究生实习基地、企业研究开发中心。目前省科技厅正组织在杭省内外科研院所在临安市经济开发区建立省科研机构创新基地，建议在该基地划定一定区域建设海洋科技城或海洋科技孵化基地。可学习借鉴深圳高新技术产业园区的经验，以市场为导向，以产业化为目的，以企业为主体，以人才为核心，以大学、科研院所为依

托，以公共研发体系为平台，建设海洋科技自主创新集聚地和孵化基地。要加大普陀、玉环、龙湾等省级海洋科技园区在海洋科研成果孵化与中试、海洋科技型企业项目立项与规费减免、科研院所与人才引进、园区配套设施完善等领域的扶持力度，切实使其成为浙江省海洋高新产业发展的主要平台。

3. 举办"两会一网"，为集聚国内外要素资源特别是科技成果应用搭建平台

一是举办"世界海洋博览会"（简称"海博会"）。积极创造条件，争取获得"海博会"举办权，以吸引国际海洋研究开发的注意力，吸引国内外尤其是国际海洋企业来浙投资发展，产生国际化的集聚效应，打造国际级海洋产业与科技集聚区。二是举办"海洋科技成果应用交流会"（简称"海交会"）。每年定期举办"海交会"，通过这一平台，实现全国各海洋科研院所乃至全世界的海洋科技成果与浙江省企业的方便、直接、有效对接。"海交会"可由省政府和国家海洋局牵头，省科技厅主办，沿海有关市承办；也可以整合到"浙洽会"中。三是建立"浙江海洋信息网"（简称"海信网"）。借鉴国家海洋局主办的中国海洋信息网做法，由浙江省海洋研究中心与省海洋和渔业局共同负责，建立集国内外海洋新闻、科技成果、政策法规、研究文献、数据资料、气象灾害预报、科普知识与海洋文化等于一身的"海信网"，为涉海单位和人员提供及时便捷的信息服务。此外，要充分利用省科技厅主办的"中国浙江网上技术市场"，加大海洋科技成果的网上交易。

（三）加强涉海高等院校建设，加大海洋科技人才培育引进力度

做专做强浙江海洋学院，成为海洋学科优势鲜明的海洋大学。择优扶持在浙普通高校的涉海类专业，在浙江大学、宁波大学、温州大学建立海洋学院，支持浙江大学面向国家和浙江省需要，加强战略规划和学科布局，做大做强海洋学科群，增强浙江省涉海类高教实力。建立完善浙江大学、国家海洋二所与省属高校在学科建设、硕博培养和人力资源方面的资源共享和协作机制。加强涉海类专业师资队伍建设，培养和引进战略型科学家、学术带头人和研究团队。同时，发展建设一批涉海类

中高职院校，培养"适销对路"的海洋应用型人才。

（四）大力宣传海洋文化和科普知识，增强全民海洋意识

浙江海洋文化历史悠久、丰富多彩。要加大海洋文化研究与传承力度。支持建立健全海洋文化学科和各类研究机构，加强对浙江海洋文化遗产的研究和宣传，大力保护和修复涉海文化古迹，积极抢救、传承海洋民间文化艺术。扶持发展海洋文化产业，丰富海区居民文化生活。充分利用各种方式、途径宣传海洋科普知识。认真开展全国"海洋宣传日"活动；由省科协牵头，结合实施《全民科学素质行动纲要》，广泛开展海洋科普宣传活动；重点抓好学生海洋教育，培养学生海洋科学兴趣、海洋科学精神、海洋科学价值观；积极开展各类海洋科普节、文化节和专题学术论坛等海洋科学文化活动，形成全社会关注海洋、开发海洋、保护海洋的良好氛围。

五　科学管海：建立健全建设"海上浙江"的管理体制

发展海洋经济，建设"海上浙江"，必须在科学管海上有新提高，加强组织协调，推进体制创新，实施以法治海，强化综合管理，保护蓝色国土，建设蓝色文明。

（一）建立"海上浙江"领导小组

建设"海上浙江"是一项系统工程和长期任务，涉及多部门和领域，加强组织领导和统筹协调十分必要。为适应建设"海上浙江"的需要，有必要将"海洋经济领导小组"更名为"'海上浙江'领导小组"或"海洋发展领导小组"。领导小组主要职责是：组织研究和制定浙江省海洋经济社会发展规划和政策；统筹协调各涉海部门关系；加快海洋产业发展，特别是引导和培育海洋新兴产业发展；分解落实建设"海上浙江"重要工作的责任，强化年度督查考核，推动"海上浙江"建设不断取得新进展。

（二）加强海洋立法和海上联合执法

进一步加强浙江省地方性海洋立法工作，修改完善围垦、河口管理等地方性法规，加快制定无居民海岛管理、海域使用权流转、深水岸线管理、海域证转土地证等一批法规规章，尽快形成配套完整、上下一致、协调统一的涉海法规体系。参照广东、福建等地在海洋综合执法上的经验，建立完善联合执法制度，形成统一高效的海上联合执法新体制。建立高技术支撑的海上执法预警系统和应对海上突发事件的快速反应工作机制。

（三）进一步健全完善海洋行政管理机构

建立科学、高效、集中统一的海洋综合管理体制是沿海国家和地区的主潮流。目前浙江省海洋管理体制还没有完全理顺，省海洋和渔业局在管海方面力量比较薄弱。建设"海上浙江"亟须建立高层次的海洋行政主管部门以推进统一综合管理。建议在新一轮省级行政机构改革中，借鉴一些沿海兄弟省市做法，完善海洋行政管理机构，在省海洋和渔业局基础上成立省海洋厅，把涉海相关管理职能归并到海洋厅统一管理，并把海洋厅纳入省政府组成部门。海洋厅可下设渔业局、海洋执法总队。

（四）切实加强海洋生态环境保护

认真落实《浙江省海洋生态环境保护与建设规划》，强化涉海项目的战略性论证和生态评价，从源头上控制海域环境污染。进一步明确各级环保部门和海洋管理部门各自的责任，加强协调协作，实施海陆同步监督管理。对重点污染企业和污水处理厂尽快实现在线全程监测，加大违规排放处罚力度；对重点河口和海湾开展综合整治，尽快改善生态环境。要建立多元化投入机制，广筹资金，改善海洋生态环境监测、监视、巡航执法的装备，加强海洋观测（监测）、生态环境信息管理、海洋灾害预警预报和海上应急救助系统建设。积极依托国家相关重大专项项目，建立省、市海洋环境监测网络，提高监测的动态性、全面性、准确性，为确保海洋生态环境、减少海洋灾害损失提供决策依据。加强与上海、福建、江苏等周边省市的海洋生态环境联合建设，重点在海洋污染源分布与联合监控、海洋污染原因调研分析、海洋污染和生态修复技术研究、海洋污染联合同步治理等领域开展有效合作。

（五）建立海洋综合开发试验区

浙江省作为全国海岛最多、海洋资源丰富省份，从科学开发利用海洋资源角度，争取国家支持，建立海洋综合开发试验区是有可能的。舟山是我国最大的群岛，作为试验区具有代表性和示范性。可学习借鉴天津滨海新区等地的建设经验，深入研究建立试验区的必要性和重要性、主要目标和总体思路、体制机制和政策措施。建议省委、省政府先在舟山设立省级"海洋经济创新创业综合试验区"，作为争取国家级试验区的前期准备，在省级财政转移支付、基础设施建设、产业布局、土地使用、投融资、科技等政策上给予扶持。同时，积极向国务院和国家有关部门争取，在舟山设立类似天津滨海新区的"国家海洋综合开发试验区"，把舟山定位为我国海洋资源综合开发先行基地、海洋经济转型升级示范基地、国内一流的海洋产业基地和海岛科技研发基地，纳入国家总体规划，获得国家赋予的改革创新"先行先试"权和综合配套改革试点，为建设"海上浙江"和全国海区科学发展发挥示范作用。

关于加快建设"和谐浙江"的建议[*]

"构建和谐浙江，推进科学发展"，是 2010 年省委交给省政协的重点履职课题，也是涉及领域极为广泛、实践探索比较丰富、社会各界普遍关注的重大而紧迫的现实课题。省政协党组和主席会议高度重视，成立了由省政协主席周国富为总指导，副主席王永昌牵头领导，副主席盛昌黎、姚克参与领导，省政协办公厅负责协调，省政协社会法制委员会牵头负责，文化卫生体育委员会、民族和宗教委员会、文史资料委员会、港澳台侨委员会，省政协研究室，省民进、省农工党、省台盟，省总工会、团省委、省妇联等有关人民团体共同参与的课题组。各调研组深入全省各地，外赴北京、四川、河北等地，开展了为期 8 个月的考察调研，并在不同阶段多次召开委员和专家学者座谈会深入研讨，形成了构建"和谐浙江"重点课题调研总报告和 4 个分报告。

一 "和谐浙江"建设的主要成就和不足

党的十六大以来，省委、省政府坚持以科学发展观为统领，深入实施"八八战略"和"两创"总战略，坚决贯彻执行中央关于构建社会主义和谐社会的一系列重大决策部署，认真抓好和谐社会建设的各项工作。省委先后于 2004 年 6 月、2006 年 10 月召开全会，做出《关于建设"平安浙江"促进社会和谐稳定的决定》和《关于认真贯彻党的十六届六中

---

　　* 本文是 2010 年省政协的重点调研课题。王永昌具体负责组织实施和报告设计。2010 年 11 月结题。

全会精神构建社会主义和谐社会的意见》。2007 年 6 月省第十二次党代会明确提出构建"和谐浙江"的新要求，进行了具体部署。全省各级党委政府带领广大人民群众积极推进"和谐浙江"建设，形成了党委领导、政府负责、社会协同、公众参与的共建共享"和谐浙江"工作格局，"和谐浙江"建设取得了可喜成效。

（一）主要成就

近年来，浙江省以改善民生、社会建设和社会管理为重点的"和谐浙江"建设，取得的主要进展如下。

一是全面实施"全面小康六大行动计划"。2008 年以来，浙江省实施自主创新能力提升行动计划，千亿基础网络、千亿惠民安康、千亿产业提升工程建设等组成的重大项目建设行动计划，资源节约与环境保护行动计划，覆盖城乡、全民共享的基本公共服务均等化行动计划，以"低收入农户奔小康工程"和"城镇低收入家庭增收工程"为载体的低收入群众增收行动计划，公民权益依法保障行动计划，优化配置公共资源，强化公共服务职能，推动城乡统筹发展，加快全面小康社会建设进程，提高群众生活水平，特别是从政策上保障困难群众共享改革发展成果。

二是基本建立覆盖城乡居民社会保障体系。依法推进以养老、失业、医疗、工伤和生育保障为主体的社会保障体系建设；积极构建以最低生活保障为基础，以养老救助、医疗救助、教育救助、住房救助等专项救助为辅助，以其他救助、救济和社会性帮扶为补充的新型救助体系；全面实施以大病统筹为主的农村新型合作医疗制度、城镇居民基本医疗保障制度，基本实现了医疗保障城乡全覆盖；稳妥推行被征地农民基本生活保障制度、农村"五保"和城镇"三无"对象集中供养制度，重点解决特殊群体的社会保障问题；先后出台企业职工基本养老保障省级统筹实施方案等政策性文件，积极推进城乡一体的养老服务体系，不断完善社会保障体系。

三是深入开展城乡社区建设。2006 年以来，省委、省政府先后出台了《关于推进和谐社区建设的意见》《关于推进农村社区建设的意见》等文件，着眼覆盖社区全体成员、服务主体多元、服务功能完善、服务质量和服务水平提升的要求，建设城乡社区服务设施，强化城乡社区服务队伍，完善社区组织体系，拓展社区服务功能，提高了城乡社区管理服务能力。

四是扶持和规范社会组织发展。先后制定《关于规范异地商会登记管理工作的通知》《关于进一步加强社会团体财务管理的通知》《全省性社会组织评估实施办法》《浙江省行业协会发展实施规划（2008—2012年)》等多个规定，认真落实公益捐赠税前扣除等财税优惠政策，积极向社会组织提供政府职能转移、购买服务方面的支持，促进了社会组织的培育发展。坚持"培育发展与监督管理并重"的工作方针，着力加强社会组织的管理监督和教育培训工作，注重发挥其在协助政府、服务群众和促进社会和谐中的重要作用。

五是推进基层民主政治建设。在积极推进人民代表大会制度、中国共产党领导的多党合作和政治协商制度在浙江省实践的同时，积极推进浙江省基层民主新发展。坚持以民主促民生，在进一步完善基层民主选举的基础上，积极探索基层协商民主。民主恳谈、民情沟通日、民主听证会、村民说事，充分听取群众意见，把决策权交给老百姓；行业工资集体协商等做法，促进职工与企业关系的和谐；乡镇参与式预算改革、社区居民参与社区事务管理等，探索建立了双向互动、民主管理的基层社会治理新模式。所有这些探索创新，贯通了基层选举民主和协商民主的渠道，促进了党内民主和基层民主的互动，使基层群众的选举权、参与权、管理权、监督权得到了进一步落实。

六是创新社会管理机制和模式。近年来，浙江省各地积极探索创新社会管理。2007年以来，舟山、温州等地相继全面推行了"网格式管理、组团式服务"的社会管理模式。这一做法2009年已在全省各地推广。嘉兴、上虞等地积极探索外来流动人口管理体制，成立新居民事务局，建立了"组织网络化、管理信息化、服务市民化、保障长效化"的服务管理模式。湖州市在全国率先尝试创新基层公共安全监管模式，建立乡镇公共安全监督管理中心，与乡镇综合监察机构实行"一套班子、两块牌子、六个站点"工作机制，促进了社会安全稳定。全省还普遍建立了公共危机应急管理机制。

七是探索建立社会矛盾调处化解机制。大力推进"平安浙江""法治浙江"建设，坚持和发展"枫桥经验"，完善社会治安"打防控"一体化工作体系和矛盾纠纷"大调解"体系，着眼于预防和化解社会矛盾，构建人民调解、行政调解、司法调解充分发挥作用，衔接联运的大调解工作格局。积极推行领导下访和包案、规范信访秩序。杭州市推行"五链式"社会矛盾化解机制，以"和事佬"调"和"、人民调解促"和"、综治中心维"和"、人民法庭求"和"、特殊举措保"和"。台州市路桥区金清镇设立"人和调解中心"，实行社会化调解、多部门联动、一站式调解。这些措施有效地维护了社会稳定。

八是大力开展群众性和谐创建活动。近年来全省各地积极开展"和谐社区""和谐企业""和谐校园""和谐机关""和谐家庭"等创建活动，在乡镇开展了"示范平安乡镇（街道）"和"示范综治工作中心"创建工作，在村居深化"民主法治村（社区）"创建工作，在企业开展"诚信守法企业"创建活动，使和谐理念进一步深入人心，有力地促进了和谐社会建设。

（二）存在的不足

但也必须看到，当前"和谐浙江"建设中还存在着诸多矛盾和问题。

一是社会发展与经济发展还不协调。改革开放以来，浙江成为全国经济增长最快、发展活力最强的省份之一。随着经济的快速发展，浙江省的社会事业也有了长足进步。但由于长期以来过分追求"GDP"目标，在实际工作中不同程度地存在着重增长、轻发展，重经济、轻社会，重物质文明、轻精神文明，重效率、轻公平，重自身发展、轻人与自然和谐相处等现象，发展的全面性、协调性不够。政府对教育、医疗卫生、社会福利、文化建设、环境治理、生态保护等方面的投入虽然年年增长，但欠账太多，与老百姓对社会事业和公共产品需求的全面快速增长相比还显得短缺，住房难、上学难、就业难、看病难、养老难的呼声很高。当前，全省社会就业形势严峻、压力较大，高校毕业生、新生代农民工、"40、50"人员、农村低保户、农村复退军人、被征地农民等人群的就业难度增大。优质教育资源不足，高等教育结构不合理、质量不高，全省进入国家"211"重点大学行列的高校仅有浙江大学。社会保障水平不高，特别是农村居民的社会保障才刚刚起步。粗放的经济增长方式，不但消耗了大量的自然资源，造成了环境污染，也付出了高成本的社会代价，对社会问题和矛盾的形成有着根源性作用。

二是城乡二元分割和供给失衡的矛盾突出。浙江省相比于发达国家工业化中后期的城市化水平，要滞后约10个百分点。统筹城乡发展虽然进行了积极的试点探索，但总体来看还远没有破题，城乡二元结构没有根本打破。计划经济体制下的"城市偏向"仍然严重存在。例如，工农产品价格的"剪刀差"、银行信贷在农村的"存贷差"（存得多、贷得少）、非农用地征用与出让的"级差"等这些计划经济体制遗留的"以农养城"机制尚未根本改变，有些还有所强化。城乡卫生资源、教育资源、文化资源配置不平衡，城乡公共产品供给不均衡。进城农民市民化滞后，在不少城市，外来人员生活就业都因户籍、身份、行业的限制而得不到保障，在全省仍有1000多万进城农民包括其子女的入托就学不能享受同城待遇。

三是社会利益分配格局不合理、收入差距较大。城乡居民收入增长远低于财政收入与企业利润增长。从1995年到2009年，省财政收入增长15.6倍，规模以上工业企业利润增长21倍，城乡居民人均收入仅分别增长3倍和2.4倍。近10年全省人均GDP年增长11%，规模以上工业企业利润年均增长20.2%，而城乡居民收入年均实际增长10.1%和7.8%。省最低工资标准虽然做了9次调整，但仍达不到社会平均工资的40%，且缺乏正常的工资增长机制保障，尤其是企业劳动者特别是农民工收入偏低。居民内部收入的不平衡性较为明显，城乡之间、地区之间、行业之间的收入差距与基尼系数不断扩大。2009年，城乡居民收入差距2.46倍，各行业全社会单位在岗职工年平均工资最高行业（金融业101015元）是收入最低行业（住宿餐饮业20223元）收入的5.0倍；农村居民中收入最高的20%家庭人均收入为21473元，收入最低的20%家庭人均收入为2988元，两者收入之比为7.19∶1；城镇居民10%最高家庭人均收入是最低收入家庭人均收入的8.19倍，基尼系数超过了0.40的警戒线。

四是道德风尚、诚信责任、精神文化存在失范现象。随着改革开放的不断向前推进，市场经济负面因素和消极影响也在浙江省逐步显现，物质主义、拜金主义、享乐主义、个人主义在一些人中盛行，庸俗、低俗、媚俗之风屡禁不止，社会道德、主流价值、是非观念扭曲，有些人丧失理想、缺失信仰、精神迷茫，有些人不讲社会公德、职业道德和家庭美德，没有责任感、羞耻心，潜规则泛滥，道德底线突破，既不畏天理也不惧良心。少数党政干部的腐败现象，在社会上造成极其恶劣影响，毒化了社会风气。随着经济高速增长，社会两极分化，一些人滋生"现代化焦虑症"，"心湖堰塞"，人际关系冷漠，特定人群之间对立严重，特别是仇富仇官仇怨社会的人群增多。犯罪率、自杀率、离婚率、精神病发病率等指标迅速增长，社会成员安全感下降。

五是公共治理结构不完善、管理职能不到位。社会组织数量偏少、规模偏小，结构不甚合理。目前全省每万人拥有社会组织数仅为4.79个，远低于发达国家及一般发展中国家与地区。城市社区行政化倾向比较严重，行政性、事务性负担过重，社区自治多于应付，管理流于形式；人浮于事，基层社会管理有待规范。政府在社会管理中"缺位"和"越位"现象时有发生。对网络社会、流动人口、社会组织及分散化状态下的社会成员管理服务缺位较多，对公共服务标准制定缺失，因社会管理职能分散而"缺位"，许多社会事务管理缺"法"，无法可依；对公民及社会组织经济行为事前审批多，对公民个体应有的社会权利不当干涉时有发生。在社会管理中崇尚权力，任何事都需"一把手"亲自抓，往往最管用的是领导批示、其次是政策、再才是法律。有的干部还是依赖会前动员、会议贯彻、文件部署、审批把关、执法检查等行政手段，搞名目繁多的评比达标活动，实则劳民伤财"穷折腾"，甚至扰乱社会正常秩序。

六是社会案件和安全事故高发、司法和治安工作难度加大。随着社会转型不断深入、经济不断发展，各种利益冲突引发的纠纷越来越多，刑事民事案件持续高发。省公安机关刑事立案数2007年为484673件，2008年为473683件，2009年为467023件，虽然略有下降，但仍处于高发状态。多年来，浙江省刑事案件立案数均居全国第二。省法院民事行政收案数一直呈直线上升之势，2005年到2007年，收案分别为491149

件、510931 件和 540931 件；2008 年收案达 671058 件，同比上升 24.06%；2009 年收案 785435 件，同比上升 17.04%。在全国各省、市、自治区法院中，浙江省法院的收结案数已多年居第四位，以 2008 年、2009 年为例，刑事收案分别为 64848 件、62994 件，均居全国第二。省信访总量 2007 年为 390422 件（人次），2008 年为 464891 件（人次），2009 年为 431188 件（人次），总体上处于上下波动状态。省安全生产各类事故 2007 年为 36477 次，2008 年为 31640 次，2009 年为 28455 次，发生次数、死亡人数和经济损失等三项指标降幅趋缓，但实现"零增长"的压力越来越大。

二 "和谐浙江"建设面临的新形势、新挑战

经过改革开放 30 多年的发展，浙江省进入了新的发展阶段。经济发展从工业化后期向后工业化转变，社会发展从生存型向发展型转变，城市化从加速推进向常态型转变，市场化从建立健全向更加完善转变。虽然全省社会的主要矛盾没有变，发展的根本任务没有变，但随着"生存型"压力的明显减轻，"发展型"压力全面凸显，社会主要矛盾的表现形式发生了深刻的变化，集中表现为经济快速增长与发展不平衡的突出矛盾，公共需求全面快速增长与公共产品短缺的突出矛盾，经济持续增长与收入分配结构不合理的突出矛盾，经济发展与政治文化社会发展滞后的突出矛盾，经济发展与资源环境约束加剧的突出矛盾。经济社会发展呈现出一系列新的转型发展的阶段性特征，人民生活有着更多更丰富的新期待，"和谐浙江"建设面临许多新情况、新挑战。

（一）经济结构加速调整给和谐社会建设带来新情况

经济结构是整个社会结构的基础，经济结构的优化调整，必然会促进社会和谐，同时也难免会给和谐社会建设带来新情况、新问题。经过改革开放 30 多年来的发展，浙江省已从一个以农业为主的省份成为一个以工业为主的经济大省，经济发展取得了辉煌成就，在经济总量不断扩大的同时，经济结构也逐步得到调整和优化。但经济结构不合理的深层

次矛盾和问题依然存在。特别从未来发展趋势看，已步入了人均 GDP 6000 美元向 10000 美元跨越的重要阶段，经济进入平稳较快增长期，投资驱动进入作用稳定期，产业结构调整进入加速期，资源要素进入瓶颈期，社会发展进入转型期。国际金融危机引起全球经济大动荡大变革，将对浙江省经济今后发展形成较大压力和倒逼机制。主要是经济增速会逐步放缓，国际市场需求受到抑制，原有的粗放增长模式难以为继，发展方式面临深度调整；经济增长的内生动力不足，制造业处于产业链低端的问题更加突出，产业升级外部压力有所加大；要素环境约束日益突出，经济发展转向消费和创新驱动更加紧迫，保持经济继续平稳增长难度加大。加速调整经济结构，既是解决经济运行中的深层次矛盾，转变发展方式的必然要求，又是增强经济长期动力，提升全省经济整体素质和抗风险能力、赢得国内外市场竞争主动权的根本途径。尤其是"十二五"时期，将是浙江省加快转变经济发展方式，推进经济结构战略性调整，实现经济社会转型发展的关键时期，准确把握经济运行阶段性变化特征，认真研究解决经济结构调整中的新情况新问题，尤其妥善解决好随着经济结构调整给社会就业、社会利益、人口流动等社会结构、社会管理等方面带来的新情况新问题，积极推进经济平稳较快健康发展，促进社会和谐稳定运行，是"和谐浙江"建设中的一项艰巨任务。

（二）社会需求日趋多样给和谐社会建设带来新课题

进入"十二五"时期，浙江省的国民收入将达到中等以上发达经济体的水平，居民消费能力明显增强，居民消费需求从生存温饱型向发展享受型转变，整个社会需求呈现出日益多样化、个性化、品质化的时代特征。表现在：一是人们的需求从生活必需品到耐用消费品升级。城乡居民食品支出比例大幅度降低，对住房、汽车、电脑、高档电器等耐用消费品的需求更加普遍，大额消费支出持续攀升。二是人们的需求从私人产品到公共产品升级。进入公共产品均等化与大众消费期，人民群众对公共服务供给更加期待。这主要包括对义务教育、公共卫生、基本医疗、社会保障等基本公共服务的需求，对生态环境质量以及食品安全、卫生安全等公共安全的需求，对提高生命生活品质的需要也更加强烈。

三是人们的需求从追求物的发展到追求人的自我发展升级。人们对自我发展的社会机会、公平合理的公共政策和制度安排的需求日益增强，从关注自己的生存权转向更加关注自己发展权的保障问题，实现自身价值成为人们的强烈需要。四是人们的需求从经济层面到政治文化精神层面升级。人们政治参与的需求、精神文化的追求、幸福感尊严感的期望日益增长，对维护自身经济权益、政治权益、文化权益、社会权益和生态权益的要求和期望值也越来越高。

（三）利益格局日益多元给和谐社会建设带来新问题

随着市场取向改革的不断深入，社会转型的快速推进，计划经济时期社会利益低水平相对单一的局面早已打破，社会关系发生了巨大变化，呈现出利益主体多元化、利益要求多样化、利益关系复杂化的趋势。不同阶层、不同群体、不同地区、不同行业有着不同的利益要求。由于发展的不平衡和体制机制政策中的不合理因素，改革发展成果受惠程度不均，尤其是基层群众受惠不足，城乡之间、地区之间的发展差距进一步拉大，社会成员的贫富差距进一步扩大，有些社会群体为改革和发展承担了较多的成本，利益受到损失或受惠水平增强较慢，由此引发的社会公正、公平问题，已成为影响社会和谐稳定的重大问题。妥善处理、协调不同利益主体之间错综复杂的关系和矛盾，根本的在于深化深层次改革，如政府改革、垄断行业改革、收入分配制度改革、城乡一体化体制改革、综合配套改革等。"十二五"时期将是浙江省利益关系的重要调整时期。但从目前情况看，改革似乎出现"疲劳症"，过去利益增量式改革已弱化，改革利益增加的程度正在逐渐降低，受益阶层也发生变化，从不同层面影响着改革动力的形成。重构公平合理的利益关系是深化改革面临的一大难题，也是"和谐浙江"建设面临的重大问题。

（四）社会阶层分化给和谐社会建设带来新任务

浙江省社会阶层结构已经发生了深刻变化，从政治—身份型的阶层结构向经济—职业型分层结构转变，传统的工人、农民、知识分子阶层正在向更多的社会阶层转化，全省有70%以上的人生活工作在非传统单位体制中，新的社会阶层结构雏形已经形成。个体户、私营企业主阶层是迅速崛起壮大的新的社会阶层。进城农民工、个体工商户、中介组织的从业人员和自由职业人员等成为新的市民阶层。由于浙江省的工业化、城市化和现代化是"压缩型"推进的，当前社会阶层关系存在着工业化初期的特征，在一些地方呈现为"资强劳弱""官强民弱""上强下弱"的阶层关系格局，中等收入阶层还不够发达。随着改革的深入和经济发展方式的转变，社会阶层结构还会不断发生分化。特别是市民阶层的成长，社会中间阶层的兴起，"中间大，两头小"橄榄形社会阶层结构的加速培育，"贫富两极分化""洋葱头"社会阶层结构的逐步消除，将成为浙江省下一阶段社会转型发展的一个鲜明标志。当前，浙江省的阶层关系基本协调，但也存在不少影响阶层关系协调和社会整合的矛盾与问题，新的社会阶层的物质利益要求和政治利益诉求日益增强，已成为构建社会和谐必须面对的问题。把新生的社会阶层吸纳到既有政治体系中来，实现社会政治资源的有机融合，促进各阶层的政治和谐，这是构建"和谐浙江"面临的又一个重要任务。

（五）社会矛盾多发给和谐社会建设带来新考验

进入新的发展阶段，浙江省社会大局总体稳定，但各类矛盾纠纷多发、集聚、叠加的趋势日趋明显，并呈现出矛盾纠纷主体多元复合、内容多元复合、诉求多元复合、形式多元复合等特点，总体有五个趋向特点：一是社会矛盾显性化。既有涉及物权、劳动权、经济活动的矛盾纠纷，也有涉及改革发展成果共享的矛盾纠纷；既有历史沉积下来的老问题，也有新的社会政策出台等原因发生的新问题；企业搬迁改制、农村土地征用、城镇房屋拆迁、环境污染、交通事故、医患纠纷、工资福利、劳务纠纷、民间借贷等涉及群众切身利益的纠纷不断涌现。工农群众本来理应是社会稳定的基础，现在反而成为社会矛盾的关联人群。二是矛盾冲突群体化。现在社会矛盾事件参与者的成分越来越复杂，参与主体除了社会弱势群体，近年来一些教师、机关工作人员、企业经营者也出现其中，并且少数党员干部和法律工作者也直接参与。纠纷当事人已由过去的单纯公民之间，过渡到公民与法人、法人与法人、公民与政府之间的多元化主体类型。各类利益群体互相攀比，特殊利益群体活动不断增加。如果处理不好，一旦激化，就容易产生群体性事件，有可能演化为网络群体事件。三是矛盾博弈政治化。现在的社会矛盾易由一般的经济社会问题演变为复杂的社会问题，矛盾个体往往不直接要求解决自身问题，而将问题与政府腐败、人权保障等政治问题挂钩，企图制造较大社会影响逼迫政府就范。集体上访、越级上访，甚至冲击党政机关等；不少群体性上访群众往往存在组织者，被人利用、操纵和指使，有的甚至还与境外新闻机构联系或通过互联网传播失实消息。四是矛盾冲突异质化。现在许多社会矛盾已不再是简单的思想认识问题，更多地表现为对自身利益追求的最大化，矛盾的双方围绕各自利益展开斗争，矛盾的解决必须以利益调整来实现。五是矛盾解决复杂化。现在社会矛盾涉及范围大、牵涉人员多、社会影响广。利益要求高、双方差别大，很难达成共识。近年来社会矛盾的主要问题已逐步由历史遗留问题为主转变为以现实问题为主，具有很强的现实性、群体性和时代性，与整个社会改革、发展和稳定的进程紧密相连。正确处理和化解日益复杂的社会矛盾，维护安定团结的政治秩序，实现社会和谐稳定的任务更加突出。

（六）社会管理加快转型给和谐社会建设带来新要求

长期以来，社会运行主要靠行政管制、领导决策、部门执行、自上而下层层发动实施。社会运行路径主要是党委拍板、政府做主、部门牵头、基层落实，突出抓经济讲政治保稳定，管理手段过多以政府"强制""硬堵"和"禁令"为主。随着改革的深入，各级政府的行政管理方式发生了相应转变，但力度和成效不甚显著。从基层政府施政运行情况看，扮演"管理型"角色多、担当"服务型、责任型"角色少。在经济领域，政府直接干预微观经济的现象仍然比较多；在社会领域，政府的许多管理方式还是沿袭计划经济时代的控管方式；在处理社会矛盾上，政府往往以"稳定压倒一切"的思维和习惯行事，以堵、压、控制为主。政府越位、缺位的现象在一些领域还不同程度地存在。当前经济社会发展中的许多深层次矛盾和问题，大多与政府职能转变不到位有直接、内在的联系。浙江省经济社会转型发展能否取得实质性进展，很大程度取决于政府转型能否实现重大突破。当前，企业等市场组织，城市社区居委会和农村村民委员会等自治组织，社会团体、中介机构等社会组织大量涌现，公民社会日益生成，公民的政治参与权、民主选举权、利益表达权、公民监督权得到进一步保障，不同利益群体和社会组织的政治参与意识日益高涨。这一切都促使浙江省社会主义民主政治的发展，促使行政管理体制的深化改革，促使社会管理模式的加快转型。建立包括党委、政府、企业、社会组织等协力协同的公共治理模式和社会运行秩序势在必行。

（七）价值观念重建给和谐社会建设带来新难度

随着改革开放的不断向前推进，社会经济成分、社会组织形式、社会就业方式、社会利益分配方式日益多样化，社会阶层的分化和利益主体的多元，必然导致人们的思想观念、价值取向、行为规范呈现出多样化的状况。因市场经济的发展，商品交换的法则也不断渗透和侵蚀到社会政治生活和人们的精神领域，市场经济活动及其存在的弱点带来的负面效应日益显现。经济全球化、全方位对外开放和信息传播的便捷，使西方的各种思潮、价值观念成为影响人们思想观念变化的重要因素。我们正处于一个思想大活跃、观念大碰撞、文化大交融的时代，传统文化和现代文化、中国文化和西方文化、主流文化和亚文化相互交织、碰撞和激荡，先进文化与落后文化、健康文化与腐朽文化同时并存。这一方面使得社会成员的价值判断、价值选择空间大大增强，从而表现出越来越明显的独立性、选择性、多变性和差异性；另一方面也导致了一些社会成员的价值迷茫、"精神疲软"、道德失范。如何坚持用社会主义核心价值体系引领社会思潮，指导人们的行动，进一步形成思想文化领域"一元指导、多样并存"局面，有力抵制各种错误和腐朽思想的影响，营造和谐文化，维护社会稳定，推动社会进步，这是"和谐浙江"建设中十分艰巨的重大课题和任务。

三 构建"和谐浙江"的基本思路和任务

总结建设"和谐浙江"的实践经验，查找存在的不足，分析面临的新形势新任务，目的是更深刻地认识建设"和谐浙江"的重要性和艰巨性，进一步增强做好和谐稳定工作的自觉性，进一步明确"和谐浙江"建设的基本思路、任务和举措，推动"和谐浙江"建设不断迈上新台阶。

（一）构建"和谐浙江"的基本含义

"和谐浙江"，是指浙江经济、政治、文化、社会、生态的协调发展，是指人与人、人与社会、人与自然的整体和谐，是指社会要素整合、社会资源兼容、社会发展协调、社会利益均衡、社会结构合理、社会管理有效、社会运行有序、社会关系和睦、社会保障有力、社会充满活力的社会发展状态和过程。构建"和谐浙江"，就是要高举中国特色社会主义伟大旗帜，以科学发展观为指导，根据"民主法治、公平正义、诚信友爱、充满活力、安定有序、人与自然和谐相处"的总要求，围绕全面建设惠及全省人民小康社会、富民强省的总目标，适应国内外形势新变化新趋势，把握浙江经济社会转型发展新阶段新特征，顺应全省人民要求过上更加公正、更加幸福、更加美好生活的新期待，坚持整体构建、协调构建、重点构建、系统构建的原则，以科学发展保障和谐，民主法治巩固和谐，改善民生促进和谐，思想文化培育和谐，优化生态提升和谐，改进管理维护和谐，改革创新推动和谐，不断实现经济更发达、文化更繁荣、政治更亲民、法制更完备、社会更安定、人民更富裕、生态更文明、城乡更融合，人与人、人与社会、政府与公民、人与自然全面协调发展。

（二）构建"和谐浙江"的基本原则

第一，坚持科学统筹，整体构建。社会是一个有机体，是一个复杂系统。构建"和谐浙江"不能囿于解决某一局部、某一部门的问题或某一突出社会矛盾，必须着眼于全省经济社会发展全局，坚持统筹城乡发展、统筹区域发展、统筹经济社会发展、统筹人与自然和谐发展、统筹国内发展和对外开放，用科学统筹的方法来整体构建、全面构建。

第二，树立以人为本，协调构建。构建"和谐浙江"必须协调解决人与人、人与社会、人与自然的三大关系，以民主法治为可靠保证，以公平正义为基本准则，以诚信友爱为道德标准，以充满活力为必要条件，以安定有序为基本标志，以人与自然和谐相处为重要基础，与推进平安浙江、法治浙江、人文浙江、生态浙江建设有机结合起来协调构建。

第三，围绕突出问题，重点构建。构建"和谐浙江"必须坚持解放思想、实事求是、与时俱进，坚持一切从实际出发，立足当前，着眼长远，量力而行，尽力而为，以解决影响社会和谐的最突出、最尖锐、最迫切的矛盾为重点，以解决影响社会稳定的源头性、根本性、基础性问题为重点，以解决人民群众最关心、最直接、最现实的利益问题为重点，在科学、合理、平等的框架内，采用不同处置方法有针对性地分门别类予以妥善解决。

第四，整合各方力量，系统构建。构建"和谐浙江"是一个系统工程，需要社会各方共同参与、共同担当、共同负责。要充分发挥政府、企业、公民、社会组织等的主动性、积极性和创造性，以建设责任政府、诚信企业、素质公民、社会组织、和谐环境为链接，进行合力构建、协同构建、系统构建。

（三）构建"和谐浙江"中应把握的五大关系

构建和谐社会是协调解决人与人、人与社会、人与自然三大关系的宏大复杂的系统工程。民主法治、公平正义、诚信友爱、充满活力、安定有序、人与自然和谐相处是构建社会主义和谐社会的总要求、总目标。构建"和谐浙江"，必须始终坚持以人为本，紧紧围绕"三大"基本关系和"六个"方面的要求，协调有序扎实推进。

第一，坚持经济建设中心与"五位一体"相统一的目标追求，紧紧围绕科学发展这一主题和发展方式转变这一主线整体加以推进。经济发展是和谐之基。富裕不一定和谐，但贫困注定不会和谐。没有经济的发展不可能有和谐,同样没有经济政治文化社会生态建设的统筹协调和全面进步,也不可能有真正的和谐。构建"和谐浙江",必须牢牢抓住发展这个第一要务,始终坚持经济建设这一中心,紧紧围绕转变经济发展方式这一主线,着力推动经济增长由主要依靠投资、出口拉动向依靠消费、投资、出口协调拉动转变,由主要依靠第二产业带动向依靠第一、第二、第三产业协同带动转变,由主要依靠增加物质资源消耗的粗放型向主要依靠科技进步、劳动者素质提高、管理创新的精致型转变,由主要依靠高能耗、高排放、高污染的低小散业态向主要依靠高技术含量、高质量档次、高附加值的低碳、绿色、循环业态转变,实现经济又好又快发展,为构建"和谐浙江"奠定更加可靠坚固的物质基础。

第二,确立提高效率与注重公平相统一的价值导向,紧紧围绕人民群众关注的热点难点问题改善民生。和谐社会必定是一个效率与公平兼顾的社会。如果只讲公平、没有效率,就会丧失推动发展的动力源泉,社会最终必将走向衰败。同样,如果只重效率、缺失公平,社会就会失去控制、出现动荡甚至动乱,进而导致社会生产力遭受严重破坏,最终使各方面发展停滞不前,甚至倒退。构建"和谐浙江",就要正确把握好提高效率与注重公平的辩证关系,更加注重民生,注重公平。要以扩大就业、创业带动就业为主要途径,以调整理顺分配关系为关键环节,以建立完善社会保障体系为重要保证,以公共服务均等化为工作重点,以民主法治为根本保障,统筹兼顾各方面具体利益关系,着力解决人民群众关注的热点难点问题,使广大人民群众共享改革发展成果,进一步改善民生、提升生活品质,真正实现公平正义,达到既充满活力又安定有序的社会状态。

第三,把握发扬民主与加强管理相统一的方法路径,紧紧围绕民主法治、安定有序推进体制机制创新。和谐社会本质上是民主法治的社会、安定有序的社会、管理协同的社会。面对经济社会的转型发展所带来的利益主体多元化、利益要求多样化、利益关系复杂化,面对社会阶层分化、社会矛盾错综复杂的新情况新趋势,面对人民群众日益增强的政治参与要求,要实现社会的和谐稳定必须处理好"疏"与"堵"的关系,处理好发扬民主与加强管理的关系。要把推进社会主义民主政治建设作为构建"和谐浙江"的重要途径，畅通人民群众利益表达的通道，健全利益协调的机制，进一步扩大公民直接有序政治参与，切实维护人民群众的民主权利。

第四，坚持法治与德治相统一的治理原则，紧紧围绕社会全面进步和人的全面发展夯实精神基石。当代中国，和谐社会既是崇尚和谐文化的社会，同时也是崇尚法治精神的社会。构建"和谐浙江"，就要坚持法治、德治"两手抓"，既要高扬依法治国的旗帜，自觉维护法律的尊严，积极推进"法治浙江"建设，做到有法可依、有法必依、违法必究；又要加强思想道德文化建设，大力倡导兼容并蓄、和而不同、刚柔相济的和谐文化精神，适应多样、多元的时代特征，在多样中谋求共识，在多元中确立主导，在磨合中扩大认同。坚持社会主义核心价值体系，加强理想、信仰、信念教育，加强责任、诚信、敬畏、感恩教育，为构建和谐社会提供强大的文化源泉和精神动力。

第五，健全党政主导和广泛参与相统一的力量动员机制，紧紧围绕和谐社会目标共建共享。和谐社会建设要在党的统一领导下进行，各级党委、政府要担负起把握方向、制定政策、整合力量、营造环境、检查监督的领导责任，着力打造责任政府、服务政府、法治政府、善治政府，致力建设诚信企业、素质公民、社会组织、和谐环境。和谐社会建设还要依靠全社会共同参与、共同建设，要充分调动和激发起广大人民群众共建和谐社会的热情，进一步扩大社会参与，不断提升动员和吸纳各种社会资源的能力，让广大群众尤其是弱势群体更多地享受到发展的成果，以"共享"激发起广大人民群众"共建"的热情和活力，努力形成全体人民各尽其能、各得其所而又和谐相处的局面。

（四）构建"和谐浙江"的重点任务

1. 科学发展保障和谐

科学发展是构建和谐社会的基础，同时也是基本内容和目标。只有坚持科学发展，经济发展才能全面协调可持续（"经济和谐"），社会发展才能全面进步，"和谐浙江"建设才有根本保障。建设"和谐浙江"必须更加注重经济社会发展的协调性、创新性、全面性、均衡性、持续性和人本性,实现百姓富裕,社会和谐。"十二五"时期是浙江省加快转变经济发展方式,推进经济结构战略性调整,实现经济社会转型发展的关键时期,既面临着难得的历史机遇,又面对诸多可以预见和难以预见的风险挑战。要积极应对全球经济复苏缓慢的挑战、国际贸易和汇率摩擦的挑战、转型升级压力骤增的挑战,紧紧抓住新一轮产业革命的机遇、实施"走出去"战略的机遇和扩大内需的机遇,坚持把结构调整和优化升级作为加快经济发展方式转变的战略重点,坚持不懈地进行需求结构调整、产业结构调整和区域结构调整,为构建"和谐浙江"提供基础。

一要更加注重发展的协调性,努力推动省经济实现投资主导与消费主导、出口拉动与内需拉动协同发展,实现投资、消费、出口"三驾马车"并驾齐驱、齐头并进。

二要更加注重发展的创新性,着力提高自主创新能力,支撑和引领经济社会走上创新驱动、内生增长、科学发展的轨道,加快由低级技术、低端产品、低素质人才向高新技术、高端产业、高素质人才提升,加快经济转型升级,实现从浙江制造向浙江创造的亮丽转身和历史跨越。

三要更加注重发展的全面性,吸取拉美等国落入所谓"中等收入陷阱"的深刻教训,推动经济、政治、文化、社会、生态"五位一体"共同发展,五大建设相互适应、相互促进、良性互动、整体推进。

四要更加注重发展的均衡性,把新型城市化和新农村建设有机结合起来,着力解决在推进工业化、城市化过程中出现的突出社会矛盾和问题,进一步打破城乡二元分割的状况,加快推进城乡基本公共服务均等化,统筹推动城乡和区域发展,让城市文明辐射到农村,农村文明渗透到城市,使城乡生活更美好,城乡居民享受到更高品质的文明生活。

五要更加注重发展的可持续性,把当前发展和长远发展结合起来,把当前利益和长远利益结合起来,把遵循经济规律和遵循自然规律结合起来,把经济社会效益和生态环境效益结合起来,走生态立省之路,进一步增强发展的后劲和基础,实现经济发展质量、生态环境质量和人的生命生活质量的共同提高。

六要更加注重发展的人本性,更加注重发展成果的普惠性,使发展的成果更充分地体现于保障和改善民生,更好地体现在保障全体百姓享有经济、政治、文化、社会和生态权益上，最大限度地促进社会和谐。

2. 民主法治巩固和谐

政治和谐是社会和谐的灵魂。民主法治建设是和谐社会的必然要求。和谐社会本质上是民主的、法治的社会。只有不断扩大民主，健全法制，保障人民合法权益，维护社会公平正义，才能增强党和国家活力，调动社会各界积极性建设充满活力、和谐有序的社会主义政治文明。

一要加强党的领导，不断巩固和提升团结和谐的政治局面。党的领导是和谐社会建设的根本保障。要充分发挥党总揽全局、协调各方的领导核心作用，积极协调社会各阶层、各方面的利益关系，促进政党关系、民族关系、宗教关系、阶层关系、海内外同胞关系的和谐，不断改善党群、干群关系，巩固和发展全省党政军民的深厚感情；要坚持和发展人民代表大会制度、中国共产党领导的多党合作和政治协商制度、民族区域自治制度和基层群众自治制度，团结和带领全省人民坚定不移地走中国特色社会主义政治发展道路，最大限度地发挥社会主义政治体制的优势；要积极稳妥地推进政治体制改革，最广泛地调动全省人民的积极性、主动性、创造性，把全社会的创造活力最大限度地激发出来，为构建既有秩序又有活力的"和谐浙江"提供深厚的群众基础；要坚持把和谐党组织建设摆在重要位置，通过加强思想教育、反腐倡廉和作风建设等途径，着力解决党内存在的突出矛盾和问题，巩固党的团结，维护党的形象，提高党的感召力，使各级党组织成为和谐社会建设的坚强领导核心。

二要坚持一切权力属于人民，不断完善公民政治参与体制机制。我国是人民当家作主的社会主义国家，维护最大多数社会成员的利益和意愿，是社会主义民主的根本目的。广大人民享有真实可靠的民主，社会和谐才有坚实的基础。当前，随着经济社会发展和改革开放深化，尤其是从生存型社会向发展型社会的转变，对民主政治建设提出了新任务，对进一步保障公民权益，巩固团结和谐局面提出了新要求。要积极回应社会利益关系日趋复杂、公民参政热情日益高涨的新情况，进一步畅通渠道，健全利益表达协调机制，增强利益整合能力，实现公民有序政治参与的逐步扩大，进一步维护社会政治稳定。要推进人大民主、政协民主、基层民主的自我完善和自我发展，从制度上保证人民群众的知情权、参与权、表达权、监督权，促进公民和政府的良性互动。要坚持选举民主与协商民主相结合，既积极推进选举民主的创新发展，又积极探索协商民主的新方式新途径，充分发挥两种民主形式在社会矛盾多发期易发期汇智聚力、协调团结、政治整合、民意通道的功能作用，以民主促团结，以民主促联合，以民主促民生，以民主促和谐。

三要深化"法治浙江"建设，不断提高依法治省水平。要以协调规范各方面重大利益关系为重点，加强地方性法规建设。根据实践的发展，及时修订和完善有关法规条文，为构建"和谐浙江"奠定良好的法制环境。要进一步重视社会建设方面的立法工作，加强保障公民权利、推进社会事业、健全社会保障、实现城乡统筹、规范社会组织、创新社会管理等方面的地方性法规规章建设。要以规范执法为核心，加快建设法治政府，努力推进行政执法体制改革，提高依法行政、依法决策、依法管理的能力和水平。要贯彻落实社会主义法治理念，支持司法机关依法独立行使职权，加快推进司法体制改革，以公正促公信。坚持法治为民，着力解决好社会关注、涉及民生的热点、难点问题，增强法治建设为民利民实效。推进司法便民服务，构建市、县、乡（镇）、村四级法律援助网络。要以提升公民法律素质为基础，突出法治精神的培育，进一步提高普法教育的针对性和有效性，不断创新普法载体方式，加强虚拟社会法治宣传舆论阵地建设，促进公众在参与法治实践中知法、守法、用法。

3. 改善民生促进和谐

民生改善是社会发展的显著标志，也是"和谐浙江"建设的重要目的。没有民生改善，难有社会和谐。优先发展民生、改善民生，这是经济平稳发展、社会和谐稳定的内在要求。在新的历史起点上，改善民生必须实现城乡基本公共服务均等化，必须更加重视社会事业发展的质量和公平性，促进社会事业的发展从量的扩张转向质的提高和多元化发展，提高社会公平程度。

一要加快优质教育均衡发展。教育是民生之源。教育公平是阻断贫困和消除不平等代际传递的重要手段。要重视城乡基础教育均衡发展，推进优质教育资源向欠发达地区、农村地区和薄弱学校流动，探索城市与农村、名校与普通学校的联动发展；重点做好贫困地区、贫困人口、残障人口、流动人口子女"四类群体"的教育工作，保障教育公平。要把发展高等教育的重心转移到提高教育质量和办学水平上来，加快高等教育转型升级步伐，进一步完善适应浙江省经济社会发展的高等教育体系，推动终身教育和学习型社会发展。

二要推进城乡基本公共医疗卫生服务均等化。医疗卫生是人民群众生命健康的重要保障。要深入实施医疗卫生体制改革，完善城乡社区卫生机构硬件设施，健全运行机制，构建"20分钟医疗服务圈"。实施和增加重大公共卫生项目，试点探索公立医院改革，优化全省公立医院布局，推动城市公立医院优势资源向基层延伸。加强重大疾病和突发公共卫生事件防控工作，完善卫生应急救援预案体系，建设省级常备卫生应急综合救援队，加强市县卫生应急队伍技术装备建设，努力构建以社区为依托的基层卫生应急工作机制。

三要着力构建惠及全民的公共文化服务体系。强化公共文化基础设施建设，创造条件建设一批重大文化建设项目，进一步完善各种文体设施布局，着重提高设施的利用率。重点实施东海明珠工程、文化信息资源共享工程、村村通工程、群众文化队伍"百千万"培育工程等公共文化"五项工程"建设，切实完善基层文化设施和队伍网络。全省加快构建结构合理、功能齐备、服务方便，覆盖城乡的五级公共文化设施网络，基本形成15分钟文化服务圈，保障广大群众文化权益。

四要大力推进统筹城乡的创业就业。创业就业是民生之本。针对青年、大学毕业生、失业人员、失地农民、退伍军人、妇女、低收入者等人群，制定相应的自主创业扶持政策。构建促进就业再就业的政府目标责任制，通过企业改制重组、支持服务型企业吸纳下岗失业人员、社区就业援助、结对帮扶、购买公益性岗位、职业中介、劳务输出、自谋职业、灵活就业、自主创业等多种渠道，促进就业和再就业。建立城乡统一的劳动力市场，让劳动者在充分、自由流动中更好地配置劳动力资源。切实保护劳动者合法权益，建立工资正常增长机制，大力推行工资集体协商制度，严格规范企业工资支付行为，重点解决企业工资拖欠和部分劳动者工资偏低问题，不断完善工资支付保障机制。解决就业困难群体就业，消除"零就业家庭"。

五要构建满足广大群众需求的社会保障体系。一是社会保障从制度全覆盖发展为人员全覆盖。逐步整合各种不同群体的社会保障制度，推动社会保障水平和保障性住房的供给稳步提高。二是实现覆盖全民的基本社会保障。实施全民医保，着力解决看病难、看病贵的问题。以非公有制企业和外来务工人员为重点，积极扩大城镇职工基本医疗保险覆盖面，扩展到城镇所有从业人员。重视农村合作医疗制度保障，进一步加大各级财政投入，大幅度提高筹资水平。深入推进被征地农民基本生活保障制度建设，积极做好与被征地农民基本生活保障相关的就业、医疗、住房、教育等配套政策措施的落实，研究制定被征地农民基本生活保障制度与城镇社保体系接轨的政策。扩大养老保险覆盖面，以非公企业和城镇个体工商户、灵活就业人员、外来务工人员为参保重点推进扩面。要研究出台灵活就业人员、被征地农民和农村劳动者的失业保险政策，保证就业新群体的失业保障利益。三是加大对城乡困难群体的扶持和救助力度，建立统一效能的社会救助管理体制，形成县、乡镇、社区（村）三级社会救助管理网络，创新社会救助的内容和方式，让社会团体、慈善机构、自治组织参与救助管理，分担政府责任，吸纳更多的社会人士和受过专业训练的社会工作者、志愿者参与救助服务。加快慈善事业立法步伐，推进慈善组织能力建设，促进和鼓励慈善公益事业、民间捐赠、志愿者行动，加强老年公寓和福利设施建设，解决高龄老人的基本生活服务问题。

六要培育扩大中等收入群体。中等收入者是社会和谐稳定的基本社会阶层。扩大中等收入者比重是形成"橄榄形"社会的重要途径。要进一步深化分配制度改革，加强对收入分配的宏观调控，加大税收征管的力度，逐步提高居民收入在国民收入分配中比重、劳动报酬在初次分配中的比重，创造条件提高居民财产性收入，切实解决地区之间和部分社会成员收入差距过大问题，为社会中下层尽快从低收入群体走进中等收入群体创造条件。要加快推进非农化和城镇化步伐，进一步强化对广大农村的辐射力，以利于缩小弱势群体和中等收入群体的发育成长。要大力发展科技教育事业，增加人们受教育的机会，改善并带动中等收入者整体素质的提高，使大部分人拥有和分享进入中上层的社会资源，减轻不同阶层之间的摩擦和对立。要统筹协调好不同阶层、行业、群体之间，特别是贫富之间、劳资之间、干群之间的利益关系，从根本上减少和缓解社会矛盾和冲突。

4. 思想文化培育和谐

和谐社会必须要有广泛的社会共识、普遍的价值认同、牢固的精神纽带和良好的社会风尚。构建"和谐浙江"必须加强思想文化建设。

一要大力弘扬社会主义核心价值体系。坚持以马克思主义为指导，坚定中国特色社会主义共同理想，弘扬以爱国主义为核心的民族精神和以改革创新为核心的时代精神，树立以"八荣八耻"为主要内容的社会主义荣辱观，用当代中国马克思主义武装头脑，用社会主义核心价值体系引领多样化的思想观念和社会思潮，不断增强人们的信念和信心，以及各党派团体、各族各界人士的政治认同、价值认同和文化认同。

二要着力提高公民道德素养。公民素质决定社会文明水平，也决定社会和谐程度。要进一步增强公民的主体意识、法律意识、民主意识、文明意识、责任意识，提升公民的政治素养、科学素养、人文素养和道德素养。要引导人们树立正确的世界观、人生观、价值观，正确处理国家利益、集体利益和个人利益的关系，自觉履行社会责任和法律义务；广泛倡导爱国、敬业、诚信、友善等道德规范，开展社会公德、职业道德、家庭美德教育，在全社会形成知荣辱、讲正气、促和谐的风尚，形成和谐的人际关系；注重人文关怀和心理疏导，加强心理健康教育，引导人们正确对待自己、他人和社会，正确对待困难、挫折和荣誉，促进心理和谐。要注意发挥好法律的权威作用、纪律的约束作用、戒律的精神导向作用、规律的自治作用、自律的警醒作用，净化心灵、提升修养、守范行为。

三要营造积极健康的思想舆论环境。要坚持正确舆论导向，遵循团结稳定鼓劲、正面宣传为主的方针，积极宣传党的主张，反映人民心声，通达社情民意，疏导公众情绪，努力营造倍加顾全大局、倍加珍视团结互助、倍加维护稳定的良好氛围。紧紧围绕干部群众普遍关心的社会热点问题，针对人们的思想疑虑，主动做好解释说明工作，充分反映党和政府的积极努力，引导社会舆论沿着理智、建设性的轨道发展。进一步健全突发事件新闻报道机制，及时发布准确信息，表明政府部门的立场态度、处置意见，最大限度地压缩噪声、杂音的传播空间。要适应媒体分众化的新趋势，坚持以党报党刊、电台电视台为主渠道，有效整合多种宣传资源，努力构建定位明确、功能互补、覆盖广泛的舆论引导新格局，不断提高舆论引导能力。要完善网络管理机制，加强行业自律，倡导文明办网、文明上网，引导网民理性讨论问题、表达意见，有效引导网上舆论，使新兴媒体成为传播先进文化、促进社会和谐的重要阵地。

四要积极推进和谐文化建设。和谐文化既是和谐社会的重要特征，也是实现社会和谐的文化源泉和精神动力。无论是经济社会的协调发展、人与自然的和谐相处，还是人与人的团结和睦，乃至人自身的心理和谐，都离不开和谐文化的支撑。没有和谐文化，就没有社会和谐的思想根基，也就不可能有建设和谐社会的实践追求。构建"和谐浙江"，不仅内在地需要而且必将催生出与之相适应的和谐文化。要坚持先进文化的主导性，尊重多元文化的差异性，兼容多样文化的共存性。要传承和弘扬中华民族优秀传统文化，在全社会崇尚和倡导以和为道的思想理念、以和为贵的价值取向、以和为标的理想追求、以和为术的方式方法，引导人们用和谐的思想认识事物，用和谐的态度对待问题，用和谐的方式处理矛盾，使崇尚和谐、维护和谐内化为人们的思维方式和行为习惯。要倡导和谐方法，引导人们用理性合法的方式表达利益诉求，用统筹兼顾方法处理利益关系，用协调协商的方法解决问题矛盾，用互谅包容的方法消除彼此分歧，用精诚合作的方法实现互惠共赢，用民主法制的方法维护公平公正。要培养海纳百川的包容性，宽容包纳、择善而从；尊重和而不同的差异性，敢于承认差异、善于控制差异，敢于正视矛盾、善于解决矛盾；坚持刚柔相济的互补性，既讲求原则性，又讲求灵活性，善于妥协退让；把握抑高举低的平衡性，贵和执中，从容中道。做到在多元中立主导，在多样中谋共识，在多变中求融通，不断提升以"责任、诚信、感恩、敬畏"为基本特征的"人文浙江"。

5. 优化生态提升和谐

没有人与自然的和谐，就没有人与人之间的和谐。保证生态环境质量就是保障基本民生，就是保障人民群众的生存条件和生命家园。构建"和谐浙江"，必须牢固确立以人为本、生态立省的发展理念，深入贯彻落实省委《关于推进生态文明建设的决定》，以生态省建设为载体，以发展生态产业为重要基础，以节约生态资源为内在要求，以创新生态科技为驱动力量，以繁荣生态文化为精神支柱，以健全生态制度为根本保障，以更大的时空尺度统筹人与自然的关系。

一要进一步树立发展与保护相统一的生态文明理念。坚持以最小的资源环境代价实现经济、社会最大限度的发展，实现产业生产力与生态生产力的共同发展，实现经济发展质量、生态环境质量、人的生命生活质量的共同提升，实现经济发展水平与社会发展水平、人文发展水平的协调共进。

二要坚持走出高碳产业低碳化、低端产业高端化的生态经济发展路子。要推动经济生态化和生态经济化，以环境约束为倒逼机制，以低碳环保为依据，以减量化、再利用、能循环、无害化为原则，以节能降耗减排为重点，大力发展循环经济，坚决淘汰落后产能，严格高耗能高排放产业、企业、产品的市场准入，逐步压缩高碳产业存量，着力扩大低碳产业增量，加快高碳经济向低碳经济转变。要着力自主创新，推动转型升级，加快由低级技术、低端产品、低素质人才向高新技术、高端产业、高素质人才提升，培育新兴战略产业特别是以新能源、新材料等为重点的绿色技术、绿色产业，形成产业群，构筑产业链，实现从浙江制造向浙江创造转型。要统筹平原、山区、海洋发展，加快发展海洋"蓝色经济"、山区"绿色经济"、平原"金色经济"，积极培育新的经济增长点，拓展发展空间，促进协调发展。

三要坚持"减碳"与"固碳"双管齐下的生态质量提升战略。要把减少排放、治理污染、改善环境、提升生态质量作为生态文明建设突破口。要做好"减法"，从生产和生活入手，真正实现低消耗和低排放；又要做好"加法"，加快绿化、彩化、珍贵化、价值化步伐，进一步提高森林覆盖率，增加森林固碳量，扩大环境容量。

四要强化尊重自然、绿色消费、低碳生活、公平负责的生态伦理意识。要进一步树立人对自然负有道德责任和保护义务的伦理观，一部分人对自然生态的行为不能影响另一部分人生存生活的人际公平观，不能影响后代人生存发展的代际公平观，环境保护人人可为、人人有责的责任观。大力倡导适度、绿色、低碳和文明的生活理念和生活方式，树立和践行生态消费观，增强节约意识，鼓励健康消费，做到低碳生活，成为绿色公民。

五要构建政府主导与市场调节并重的生态建设促进机制。必须充分发挥政府调控"看得见的手"和市场调节"看不见的手"的作用，综合运用经济、行政和法制等手段推动生态建设，加快形成能够反映市场供求关系、资源稀缺程度、环境损害成本的生产要素和资源价格形成机制，构建从生产、流通到分配、消费全过程的生态法律政策体系，完善生态省建设指标体系、功能区域和重点项目，引导各类市场主体积极投身生态文明建设。要加大监管力度，坚决制止因生态环境问题损害群众利益，严防因生态环境问题引发群体性事件。

6. 改进管理维护和谐

从世界历史和现实看，社会的不和谐大多与政府管理的缺失、执政理念的偏差、治理体制的滞后等有关。不断改进和加强社会管理，是构建"和谐浙江"的重要保证。当前加强和改进社会管理，重点是要推进"三大转型"、加强"四大环节"、构建"五大机制"。

一要大力推进社会管理"三大转型"。首先，推进管理理念转型。要坚持把促进和维护政府与群众、政府与市场、经济增长与社会进步之间的和谐协调，作为各级党和政府的执政理念和管理目标。要尊重公民的人格尊严，尊重社会成员的个体差异，尊重群众的首创精神，体现人文关怀；要维护社会公平，实现社会公正，坚持社会正义；要切实维护与保障《宪法》和法律法规赋予公民的经济、政治、文化和社会等方面的各种合法权益，决不能与民争利甚至侵民之利。其次，推进管理主体转型。要建立健全"党委领导、政府负责、社会协同、公众参与"的"一核多元"管理格局，推动社会管理从完全依靠政府向政府、社会、公民多主体协商、合作共治转变，进一步完善社会治理结构。最后，推进管理方式转型。要适应建立现代法治社会要求，实现从依靠行政权力强制管理为主和防范型管理为主向依靠法律制度管理和协商服务为主的平等型、协商型、服务型管理转变，从"堵、防、控"为主向"疏、导、解"为主转变。以社区建设为平台，以各类专业社会工作机构为载体，以专业社会工作者为重要力量，创建"社区、社团、社会工作"三社互动和"社会工作、义工"两工联动机制，形成"政府主导、社会参与、民间运作、社工引领、义工服务、群众得益"的社会工作格局。

二要不断强化社会管理的四大重点环节。一是从社会管理主体上要更加强化社会组织建设。我国社会已经历了从传统社会、单位社会到后单位社会的深刻转换，各种非政府组织和非营利组织大量涌现。要进一步培育和发展社会中介机构、行业协会、商会、民办非企业单位、慈善机构、民间"草根组织"等社会组织，健全完善相关的管理和扶持措施，发挥其对各自所联系群众在提供服务、反映诉求、规范行为等方面的积极作用。二是从社会管理基础上要更加重视社区管理。要坚持和完善基层群众自治制度，整合基层社会管理资源，加强城乡社区的建设、服务与管理，遏制社区与村级组织日趋严重的行政化倾向，强化其自治功能，充分依靠社区资源进行有效社会管理。三是从社会管理的对象上要更加突出特殊人群的管理。要加强对失业下岗人员、未就业的大学生、残障工伤职业病人群、离退休人群、破产人群、文盲无业人群等弱势群体，刑释解教人员、流浪人员、闲散青少年，以及流动人口、农民工、"三无"农民、境外来华人员等这些特殊人群的管理服务，帮助他们解决就业、居住、就医、教育等问题，帮助他们融入社会，预防违法犯罪事件、极端事件、黑恶势力犯罪的发生，维护社会稳定。四是从社会管理内容上要更加注重人民内部矛盾的化解和利益关系的协调。要根据新时期社会矛盾的变化，及时加强研究，做细做实工作，善于运用发展的办法、改革的办法、法律的办法正确处理人民内部矛盾。正确反映、兼顾不同方面群众利益，注重从源头上减少人民内部利益矛盾的发生，防止出现社会利益分化、矛盾激化而引起社会发展动荡。要加强对矛盾易发点、多发点的关注，尤其是对城市房屋拆迁、农地征用、企业改制等社会敏感问题，必须建立风险评估预警机制，制定处置预案，把矛盾化解于事前，防止简单问题复杂化、个体问题群体化、个别问题普遍化。建立健全人民调解、行政调解、司法调解衔接联运机制，推进信访工作的规范化、程序化建设，坚持和发展"枫桥经验"，推广"网格化管理、组团式服务""和谐促进工程"等做法，加强矛盾纠纷的排查化解工作，把问题和矛盾尽可能遏制在萌芽状态，解决在基层。

三要积极构建有效的社会管理"五大机制"。一是构建公共事务科学决策机制。实行依法决策、统筹决策、协商决策、开放决策、透明决策、参与式决策。政策的设计和调整，要广泛听取各方面尤其是利益相关者的意见，照顾各方面的利益要求。二是创新社会成员管理机制。加强非城市居民和城镇流动人口管理，注重流动人口与当地社会的融合与认同。三是创新网络社会管理机制。政府部门通过网上办公、网上办事、网上回复群众意见、网上发布政策信息等，体现科学施政，反映民意，解决民困，促进民利。要加强网络社会法治化、道德化建设，建议制定《浙江省互联网信息服务管理条例》，维护公共网络和国家安全。四是创新社会安全机制。提高政府安全发展、社会维稳的决策管控能力，构建有效的公共安全预防体系，完善防范和管理、安全预警、责任追究、查办处置等机制。着重从关系人民群众切身利益的食品药品安全、生产安全、社会安全等三大安全问题入手，更新应对方式和办法，加强重点行业、领域的安全专项整治和重大危险源的监控和查处。五是创新化解社会冲突与矛盾机制。要充分满足人民群众利益诉求与维权需要，积极推行人大代表、政协委员、专家与社会组织共同作用的公众参与模式，充分发挥工青妇和各种社会组织作用，建设富有弹性的利益表达与维权机制。要充分发挥政府调控作用、市场基础作用、社会自我协调作用，建立有效的利益协调机制，有效遏制强势力量的强势操控和对弱势利益的侵害。要重视解决经济及社会结构调整导致部分个人和利益群众的损失，建立有效的利益干预机制和合理的利益补偿机制，使广大群众获得意愿诉求的渠道和利益维护的保障，促进社会的稳定和谐。

7. 改革创新推动和谐

改革创新是"和谐浙江"建设的动力之源。良好的社会体制机制是建设"和谐浙江"的基础。在社会转型时期，相当多的社会矛盾、诸多不和谐现象，其深层原因就在于体制机制不适应。构建"和谐浙江"必须以深化改革为动力、以创新体制机制为手段，从体制机制上解决影响社会和谐稳定的源头性、根本性、基础性问题，革除不和谐的体制机制障碍。通过改革，为构建"和谐浙江"提供体制机制保障，就是要合理建构政府、市场、社会三者之间的关系，该市场管的由市场去管，该政府管的政府必须管好，该社会管的交给社会去管。

一要深化行政管理体制改革。要适应社会主义市场经济发展和从生存型社会向发展型社会转型的需要，深化政府机构改革，促进"简政放权"，理顺政府与社会的关系，把那些政府不该管、管不好的事务交给市场主体和社会组织，确立各级政府为公共服务的直接管理者、提供者角色，重在加强经济调节、市场监管的同时，提高政府公共服务、保障民生的能力，实现政府职能从"全能政府、管制政府、权力政府"向"有限政府、服务政府、责任政府"的转型。要继续完善省管县体制，深化扩权强县、强镇改革，激发县域发展活力，鼓励县（市）资源优势互补、共建共享，探索构建跨区域发展的体制机制。要深化行政审批制度改革，规范清理审批项目，精简审批程序。要改进政府公共服务质量，规范公共政策与权力运行，健全公共财政体系，把财力物力等公共资源重点投向社会管理和公共服务。

二要深化经济体制改革。要坚持"两个毫不动摇"，进一步深化国有企业改革，认真落实国务院两个"36条"，进一步放宽非公有制资本进入的行业和领域，拓宽非公有制企业融资渠道，依法保护私有财产权和非公有制企业权益，积极改进政府对非公有制企业的服务和监管，帮扶民营企业加强制度创新、管理创新、文化创新、产业创新，加快向现代企业转型。积极支持国有、民营、外资经济融合互动，大力发展混合所有制经济，支持企业利用国际市场资源"走出去"做强做优。要深化转变经济发展方式综合配套改革，重点推进国家级改革试点，全面推进省直部门、市县（市、区）多层次多主题的配套改革试点工作。深化资源要素配置市场化改革，健全土地资源配置机制，建立健全水权制度、排污权有偿使用和交易等制度。深化地方金融创新发展，大力培育和发展资本市场，优化金融发展环境。

三要深化城乡体制改革。要坚持和完善农村基本经营制度有序推进土地承包经营权流转，积极推进征地制度和用地制度改革。要完善城乡平等的要素交换关系，促进土地增值收益和农村存款主要用于农业农村。要建立有助于消除城乡二元结构的社会体制，改革突破体制性障碍，尽快制定相关法律法规，消除农民进城成本，取消地域、身份、户籍、行业等农民进城就业的限制，从根本上解决农民工社保、住房和子女就学问题；要积极推进农村宅基地置换，鼓励引导农民到城镇建房落户，进一步推进城乡协调发展和城市化进程。

四要深化社会管理体制改革。要完善巩固党委领导、政府负责、社会协同、公众参与的社会管理格局，推动建立政府调控机制同社会协调机制互联、政府行政功能同社区自治功能互得、政府管理力量同社会调节力量互动的社会管理网络。要不断创新完善社会矛盾调节的法治机制，保证社会生产、生活有序运行的法律机制、伦理规范和公民操守，努力从法治、制度、政策上营造公平的社会管理环境。要推进社会管理创新，重视引导社会组织健康发展，充分发挥群众组织和社会组织作用，统筹协调各方面的利益关系。

四 推进"和谐浙江"建设的若干具体建议

建设"和谐浙江"是我们长期的奋斗目标，更是需要踏踏实实推进的过程。建议省委省政府近期着重抓好以下几项工作。

（一）对"和谐浙江"建设开展督促检查、总结交流，推动落实

省委根据中央的精神，于2006年出台了《构建社会主义和谐社会的意见》。五年来，全省各地各部门高度重视，认真贯彻落实，开展了一系列和谐社会的创建活动，积累了不少实践经验。建议对各地各部门贯彻落实省委《意见》的情况进行全面检查，查找问题，总结经验。在此基础上，根据党的十七届五中全会精神和省委关于"十二五"规划建议的精神，召开全省性的和谐社会建设工作会议，总结交流工作经验，部署今后一个时期和谐社会建设的任务。

（二）将社会建设作为"十二五"时期一项十分突出的任务予以谋划和部署

社会建设是构筑和谐社会的重要基础和基本内容。社会的和谐水平离不开社会建设的进步程度。"十二五"时期，浙江省的社会建设和社会管理也进入一个新的发展阶段，建设任务十分繁重，需要我们结合新的形势，认真地谋划"十二五"和未来一个时期社会建设的目标、思路、任务和举措。

加强社会建设，创新社会管理，推进社会改革，完善社会保障，优化社会政策，维护社会公平，是推动社会稳定，促进社会和谐的最好办法。我们要对社会建设更新观念，开拓思路，抓住重点，统筹推进。我们不能仅仅从原来科教文卫等狭义的社会事业上来理解和把握社会建设。事实上，社会建设涉及衣食住行、科技教育卫生等社会事业，涉及就业、分配、养老保险等社会保障，涉及协调不同阶层、不同利益群体和城乡关系等社会结构，涉及培育各种自治组织、中间组织等社会组织，涉及维护有序运行、安全稳定的社会管理，涉及合理有效的省和市县、城乡、社会流动等社会体制，涉及各级政府调控社会的公共政策，还涉及社会文化、社会价值、社会风尚等内容。社会建设范围广、内容多。我们尤其要看到，现代化的建设成果是有利于社会和谐稳定的，但是现代化的建设过程，对社会领域来说，往往是充满着矛盾甚至冲突的。特别是进入中等收入阶段之后，社会利益更加多元，社会结构更加不稳定，社会矛盾更加错综复杂，更需要加强社会建设和社会管理。因此，高度重视社会建设，在"十二五"时期和今后相当长时期都作为一项十分重大、十分突出的战略任务，进行谋划和部署，加大工作力度，是十分必要的。

（三）总结创新社会管理经验，完善化解社会矛盾机制

社会管理创新是当前构建和谐社会的又一项重大而紧迫的任务。近年来，各地积极推进社会管理创新，积累了许多行之有效的做法。建议有关部门全面总结社会管理创新的经验，不断完善化解社会矛盾的机制，重点可围绕建立从源头上"减少矛盾"、及时畅通的"诉求表达"、协商和解的"矛盾调解"和"矛盾处置"机制等四个方面进行探索总结，创新社会管理，不断提高预防和化解社会矛盾、促进社会和谐的能力。

（四）建立和完善统筹协调"和谐浙江"建设的领导机制

推进"和谐浙江"建设，离不开强有力的组织保障。改革开放以来，我们党形成了经济、政治、文化、社会和生态"五位一体"的现代化建设格局。社会建设已成为越来越相对独立、涉及内容越来越广泛的系统，需要进一步加强组织协调，统筹推进。建议可以借鉴北京、上海等地的做法，在党委和政府系统分别建立社工委和社会建设办公室，统一组织协调社会建设和社会管理工作。也可以考虑省里建立社会建设和社会管理联席会议制度，由省委省政府领导担任召集人，省政法委、公检法司、信访、民政、人力资源和社会保障、城市管理、科教文卫、安全生产等相关职能部门和工青妇等组织参加，定期不定期地召开联席会议，分析社会建设的形势，提出社会建设的任务，统筹协调解决社会建设和社会管理中的问题，使浙江省的社会建设更具有系统性、整体性。

（五）整合各类相近的考核、评比和创建活动

推进"和谐浙江"建设，离不开行之有效的活动载体。但目前各类相近的创建活动和考核指标较多较散，比如社会事业、和谐社会的考核，生态文明、"平安浙江"的创建等。建议搞一个以"和谐浙江"为综合性的评价、考核指标体系，并以此作为相关创建活动的总载体，把已有的"法治浙江"、"平安浙江"、信访、安全生产、生态文明等综合到"和谐浙江"里，统一布置，统一检查，统一考核。建议基层也以创建和谐社会为主要载体，如广泛开展和谐家庭、和谐企业、和谐社区创建活动，形成社会和谐人人有责、和谐社会人人共享的氛围。

（六）进一步加强新时期的群众工作

建设"和谐浙江"的过程，归根结底是做好群众工作的过程。新时期的社会矛盾，总体上是人民内部矛盾。随着改革开放的不断深化，经济社会的快速发展，城乡格局的重大变化，社会阶层结构的分化演变，

都难以避免地会带来社会成员之间利益关系的重大调整，涉及千家万户老百姓的切身利益。无论是社会热点难点问题，还是社会矛盾、社会冲突，实际上都是群众利益诉求的反映。因此，建议对新时期的群众工作开展专题调研，加强和改进群众工作，以期更多地了解群众的期待，更多地解决群众的困难，更多地反映群众的心声，更多地满足群众的需求，推动浙江不断向着"富民强省、社会和谐"的目标迈进。

关于加快推进低收入群体
增收致富的建议[*]

　　促进城乡低收入群众加快增收是建设物质富裕精神富有现代化浙江的重要战略任务。围绕"促进城乡低收入群体增收"问题开展调研，是中共浙江省委交给省政协的一个重要课题，也是省政协 2011 年的一项重点履职工作。省政协党组和主席会议高度重视，成立了由王永昌副主席牵头领导、冯明光副主席参与领导，农业和农村工作委员会牵头负责，省政协办公厅、社会和法制委员会、民革省委会、致公党省委会、衢州市政协等单位共同参与的课题组。乔传秀主席一直关心本课题调研，3 月 27 日出席省政协课题调研动员会并做重要讲话，9 月 3—4 日又亲赴天台县深入基层调研。半年多来，课题组先后走访了省直有关部门，赴杭州、宁波、温州、嘉兴、金华、舟山、衢州、丽水等地开展调研，召开委员、专家座谈会，充分听取意见建议。省农办（扶贫办）、省民政厅、省财政厅、省人力社保厅、省统计局、国家统计局浙江调查总队等 19 个部门和杭州等 10 个市政协提交了课题研究材料，课题组进行综合分析，形成了课题主报告，就新一轮加快推进城乡低收入群众增收和扶贫帮困工作，提出了决策参考建议。

---

　　* 本文是 2011 年省政协的重点调研课题。王永昌具体负责组织实施和报告设计。2011 年 9 月结题。

一　浙江省低收入群众增收工作成效显著

省委省政府历来高度重视低收入群众增收和扶贫帮困工作。2008 年启动了"低收入群众增收行动计划"①，进一步加大扶贫开发和对困难群众的帮扶工作，并率先开启了统筹推进城乡低收入群众增收工作的新局面。4 年来，这一"行动计划"和全社会帮困工作，取得了积极成效。

（一）低收入群众收入增长有所加快

据扶贫统计监测②，2009 年到 2011 年，全省低收入农户人均纯收入从 3622 元增长到 5298 元，年均增长 20.94%，增幅高出全省农村居民人均纯收入增长率 6.6 个百分点。低收入农户人均纯收入与全省农民人均纯收入之比，由 2009 年的 1∶2.76 演变为 1∶2.47。家庭人均纯收入超过 4000 元的低收入农户占 63.4%，家庭人均纯收入 2500 元以下农户已基本消除。③另据农民人均纯收入抽样调查，26 个欠发达县和台州市黄岩区、金华市婺城区、兰溪市（简称 29 个县），农民人均纯收入达到 9542 元，29 县农民人均纯收入与全省农民人均纯收入之比，从 2009 年的 1∶1.41 演变为 1∶1.37；其中有 10 县农民人均纯收入突破万元，农民人均纯收入 7000 元以下的县已全部消除。据国家统计局浙江调查总队进行的城镇住户调查，2008 年到 2011 年，全省城镇低收入家庭④人均可支配收入从 9097 元增长到 11774 元，年均增长 9.0%。

---

① "低收入群众增收行动计划"包括"低收入农户奔小康工程"和"城镇低收入家庭增收工程"两大部分。低收入农户指 2007 年家庭人均纯收入低于 2500 元的农户，城镇低收入家庭指 2007 年家庭人均可支配收入低于当地城镇最低生活保障标准 2 倍的城镇家庭。

② 省扶贫办、省统计局、省财政厅于 2010 年联合建立扶贫统计监测制度。扶贫统计监测以省扶持的 29 县和低收入农户超过 5000 户的 11 县为调查范围，每县 200 户低收入农户为抽样对象，对低收入农户的收入、消费和各项扶贫举措的实施绩效进行抽样调查。

③ 省委、省政府要求，2011 年所有县农村"低保"标准都要提高到 2500 元以上。

④ 抽样调查中占调查户总数 20% 的最低收入家庭的人均收入。参见国家统计局浙江调查总队殷柏尧《关于我省城镇低收入户划定标准及人数》一文。

（二）低收入群众增收渠道有所拓展

积极实施"低收入农户奔小康工程"，大力发展特色种养业、来料加工业和农家乐休闲旅游业，不断扩大农民就业。4 年来，29 个县累计培育扶贫龙头企业和扶贫专业合作社 8852 家，吸纳社员 45.8 万个；累计来料加工费收入 187.8 亿元，2011 年来料加工经纪人和从业人员分别达到 7349 名和 95 万人；累计发展农家乐经营户 4845 户，2011 年从业人数和营业收入分别达到 3.9 万人和 24 亿元以上；累计培训农村劳动力 149.2 万人次，转移就业 49.8 万人。实施"城镇低收入家庭增收工程"，推进就业创业扶持行动，实行税收优惠、社保补贴、培训补贴等就业促进政策，开展创建"充分就业社区"活动，强化就业帮扶工作。累计社保补贴 116.7 万人次、培训补贴 127.1 万人次、职介补贴 151.6 万人次，80% 以上的城镇社区达到"充分就业社区"标准，44.9 万就业困难人员实现就业再就业，"城镇零就业家庭"基本实现基数归零、动态归零，全省城镇登记失业率控制在 3.3% 以内。

（三）低收入群众公共服务有所改善

大力推进城乡基本公共服务均等化，不断完善社会保障制度，扩大社会保障覆盖面。除了参加并享受城乡基本养老、医疗等社会保险外，针对低收入群众的特惠制度和政策进一步改善。社会救助对象增加、标准提高。2011 年底，全省城乡"低保"对象 70.18 万人，比 2007 年增长 7.7%，其中，城镇"低保"对象 8.78 万人、月人均标准 441.24 元、月人均补差 298.29 元；农村"低保"对象 61.4 万人、月人均标准 307.09 元、月人均补差 185.84 元。医疗救助 81.88 万人次，比 2007 年增长 191.6%，资助困难群众参加新型农村合作医疗和城镇居民基本医疗保险 123.08 万人，比 2007 年增长 56.7%，单独施保重度残疾人 7.02 万人，比 2008 年增长 96.6%，临时救助困难群众 21.33 万人次，支出临时救助资金 1.62 亿元。2008—2011 年先后 11 次对困难群众实行基本生活价格补贴，补贴对象 842.11 万人次，发放补贴款 8.28 亿元。低收入农户生产生活条件不断改善。4 年来，29 个县和海岛市县累计异地搬迁 8.8 万户、

30.9 万人，完成投资 109.2 亿元；通村公路、农村饮水等工程全面完成，联网公路、饮水安全等工程加快建设；重点生态公益林补偿标准提高至每亩每年 19 元，有 1.22 万个村、61.76 万农户直接受惠。

（四）低收入群众帮扶力度有所强化

积极推进金融扶贫。4 年来，29 个县累计发放扶贫小额信贷 16.8 亿元、5.2 万户次；累计发放扶贫企业贴息贷款 10.6 亿元，安排贴息资金 1190 万元，支持各类项目 1380 个；累计组建资金互助组织 412 个，加入组织农户 3.6 万户、股本金 1.03 亿元，借款 8913.2 万元、8927 户次。大力推进科技扶贫，深入实施"科技富民强县计划"，做到村村都有农村工作指导员、乡乡都有科技特派员。深入推进"山海协作"。4 年来，29 个县共落实山海协作项目 3862 个，到位资金 1008.3 亿元。不断加大结对帮扶力量。4 年来，省级 295 个单位为 2000 个低收入农户集中村落实帮扶项目 7900 多个，落实和引进帮扶资金 10.6 亿元。切实加强行业扶贫。4 年来，省级 35 个职能部门每年组织实施 118 个行业扶贫项目。大力推进特别扶持举措。2011 年起省里对 12 个重点欠发达县实施为期 3 年的特别扶持政策，至今开工建设扶贫开发、产业发展、公共服务项目 367 个，完成投资 61.2 亿元，完工 243 个。

（五）低收入群众帮扶格局有所加强

经过长期实践积累，根据中央和省市县扶贫开发和帮困政策，初步形成了既具全国共性又有浙江特色的扶贫开发和帮困格局。主要有：科学理念、目标任务和工作计划的统筹引领；项目扶贫、行业扶贫和社会扶贫的基本思路；制度安排、政策引导和资金投入的基本保障；政府主导、区域合作和社会参与的基本方法，等等。总的来看，已初步走出了一条以经济发展为带动力量，以增强扶贫对象自我发展能力为根本途径，坚持政府主导、社会帮扶与农民主体作用相结合，普惠性政策与特惠性政策相配套，扶贫开发与社会保障相衔接的扶贫开发道路。

（六）城乡低收入群体增收仍面临诸多难题

但是，随着工业化城市化加快转型升级、农业现代化加速推进和城乡居民收入较快增长，浙江省城乡低收入群体增收仍面临诸多难题，主要有：一是随着社会发展进步和扶贫帮困标准提高，城乡低收入困难群体约有500万人，而且更快的持续增收压力大；二是低收入群众平等参与发展进程的素质能力和公平分享发展成果的长效机制尚未形成；三是城乡居民平等共享基本公共服务格局尚未完全形成；四是统筹城乡促进低收入群体增收的体制机制和工作体系尚未真正形成，统筹主管城市低收入家庭增收的牵头部门不明确，促进低收入群体增收工作急需政府规章及立法保障；五是低收入标准确定机制和低收入家庭界定机制尚未完全形成，界定方法也有待探索；六是城镇低收入家庭从2008年到2011年人均可支配收入虽年均增长9.0%，但同期城镇居民人均可支配收入从22727元增长到30971元，年均增长10.9%，前者比后者增幅仍低1.9%①。

二　加快500万城乡低收入群众
增收的重要性和迫切性

随着浙江省经济社会发展已由全面建设小康社会进入基本实现现代化的新阶段，对低收入群众加快增收和扶贫帮困工作也提出了新要求。据初步测算，按新的帮扶标准，浙江省城乡目前仍有约500万的低收入群众。加快低收入群众增收，提高他们的发展能力，改善他们的生活环境，是一项艰巨而意义重大的任务。

（一）加快低收入群众增收是落实科学发展观、执政为民、改善民生的内在要求

坚持以人为本、执政为民是我们党的宗旨和科学发展观的本质要求。

---

① 抽样调查中占调查户总数20%的最低收入家庭的人均收入。参见国家统计局浙江调查总队殷柏尧《关于我省城镇低收入户划定标准及人数》一文。

我们党的根基在人民、血脉在人民、力量在人民。我们的一切发展和所有的工作，归根结底是实现好、维护好、发展好人民群众的根本利益。加快城乡低收入群体脱贫致富，缩小城乡、区域、群体之间的发展差距和收入差距，促进全体公民共享改革发展成果，逐步实现共同富裕，是党和政府义不容辞的责任。帮助城乡低收入群众加快增收致富，让他们过上更殷实的生活，是深入贯彻科学发展观、促进社会和谐、全面建设小康社会和社会主义现代化大局的必然要求。

（二）加快低收入群众增收是建设物质富裕精神富有现代化浙江的应有之义

省第十三次党代会根据浙江省改革开放和经济社会发展的历史进程，提出了建设物质富裕精神富有现代化浙江的奋斗目标，为新一轮扶贫开发和帮困工作指明了方向，提出了新的更高的要求。大力推进省农村特别是山区欠发达地区的发展，加快城乡低收入群众的增收，改善他们的生产生活条件，是浙江省经济社会可持续发展的难题，也是加快改善民生提高人民群众生活水平的重点，更是全面推进物质富裕精神富有现代化浙江建设的紧迫课题。

据不完全统计，目前浙江省城乡低收入群众约有500万人。按照目前世界通行做法，一般以居民收入中位数的50%—60%作为扶贫标准。浙江省2010年城乡居民收入中位数分别为23400元和9996元，按其50%计算分别为11700元和4998元，相对应的城镇低收入户籍人口分别约为155万人（由年人均可支配收入在10944元以下的城镇户籍人口148万[①]估计得出），农村低收入群众约为360万人（由年人均纯收入在4600元以下的农村户籍人口357万估计得出）。因此，按这一标准计算，浙江省目前城乡低收入户籍人口约为515万人。当然，如按城乡常住人口来计算，应超过这个数字。

按照收入比例法，通常把当地居民人均收入40%及以下的确定为低

[①]　参见国家统计局浙江调查总队殷柏尧专为本课题撰写的《关于我省城镇低收入户划定标准及人数》一文。

收入者。2010 年浙江省城镇居民人均 27359 元，按 40% 计算为 10944 元，这一标准及以下的全省城镇低收入户约占总户数的 9.1%，人数约占总人口的 10.1%，相应的常住低收入户为 104 万户，常住低收入人口为 339 万人，但按户籍人口测算，全省城镇非农业低收入人口约为 148 万人。① 2010 年浙江省农村居民人均纯收入 11303 元，其 40% 对应的收入为 4525 元，相应的低收入人口约为 360 万人。这样，按户籍人口统计，省城乡低收入群众约为 508 万人。

从居民收入中位数的 50% 和当地居民人均收入 40% 及以下的确定为低收入者这两种方法来计算，浙江省城乡低收入群众分别约为 515 万人和 508 万人。而上述两种方法测算的结果，城乡低收入人口基本上约占总人口的 10%。

如果同样按 10% 比例推算，则常住人口中的低收入者约为 543 万人（据第六次人口普查结果，2010 年浙江省常住人口为 5442.69 万人，其中城镇 3354.06 万人，农村 2088.63 万人），其中城镇 335 万人，农村 209 万人。

如果按户籍人口和低收入者占总人口 10% 计算，浙江省低收入者约为 475 万人（2010 年底浙江户籍总人口为 4747.95 万人，其中非农业户籍人口为 1469.02 万人，农业户籍人口为 3278.93 万人②），其中，城镇约为 148 万人（省统计调查部门对城镇低收入者的案例调查分析也刚好为 148 万人），而农村，根据国家统计局浙江调查总队的调查资料，2010 年省农村居民人均纯收入 4600 元（新的农村扶贫标准）以下人口，占农村户籍人口的 10.9%（4600 元的扶贫标准也刚好占 2010 年全省农村居民人均收入的 40.7%），据此比重推算全省扶贫对象约为 357 万人（如按 10% 的理论计算约为 328 万人，但如按农村常住人口推算，理论上约为 209 万人）。

浙江省城乡低收入群众约为 505 万人（当然，如果从常住人口或流

① 参见国家统计局浙江调查总队殷柏尧专为本课题撰写的《关于我省城镇低收入户划定标准及人数》一文。

② 依据浙江省统计局《数据浙江》（2012）第 5 页相关数据测算。

动人口来考虑，我省城乡低收入群体则要大于此数字）。这个数字也基本符合国际上通常把扶贫对象的规模控制在总人口的 10%—20% 的做法。

由此可见，浙江省城乡低收入者仍有相当数量，加快增收任务十分艰巨。不解决好约 500 万城乡低收入者加快增收奔小康这个大课题，使他们过上更加富足生活，就很难顺利全面地推进"两富"现代化浙江建设。因此，我们必须更大力度地帮扶城乡困难群众，增强他们的发展能力，提高他们的生活水平，使他们过上小康生活，并为未来过上物质富裕精神富有的现代化生活打实基础。这是事关浙江现代化建设全局的重大任务。

（三）加快低收入群众增收是扶贫开发和帮困事业进入新阶段的现实课题

经过长期努力，我国农村居民生存和温饱问题已经基本解决，扶贫开发事业进入了新阶段。为此，中央确立了今后一个时期我国扶贫开发工作新的目标，提出了新的思路，明确了新的扶贫标准，扩大了新的扶贫对象，出台了新的政策和举措。

浙江省作为经济社会较为发达的沿海省份之一，就发展阶段来说，已开始率先步入由小康社会向社会主义初级现代化迈进的新时期。世界银行将世界各经济体按年人均国民总收入（GNP）划分为三组，即低收入、中等收入和高收入，并每年公布新调整的标准。2010 年世界银行关于高收入国家的划分标准为人均国民收入 12276 美元及以上（按现价美元，下同）。2011 年，浙江省地区生产总值 3.2 万亿元，人均 GDP 为 58665 元人民币，按年平均汇率测算，约合 9083 美元，预计 2012 年可突破 10000 美元大关，这意味着浙江省正进入一个高收入或说基本现代化发展的新阶段。预计到 2017 年，GDP 将达到 5 万亿元以上。就居民收入来说，2011 年省城镇居民可支配收入和农村居民纯收入分别为 30971 元和 13071 元，2017 年将分别达到 50000 元和 22000 元。前不久召开的省党代会，还提出了提升人民生活品质、提高社会文明程度、丰富人民精神文化生活、改善生态环境质量以及低收入农户收入倍增的发展目标。所有这些都表明，浙江省经济社会发展进入了一个新阶段。

与此相应，浙江省低收入群众增收工作和扶贫帮困事业的思路理念、目标任务、政策方法，也同样进入了新的阶段，需要提出新的要求。如果说，一个社会的生活水平，是按照由生存—温饱—小康—富裕（高收入）顺序依次提升的话，那么，浙江当前扶贫帮困的主要目标，已经由消除绝对贫困进入到了减缓相对贫困，重点是巩固温饱成果，解决城乡低收入群体的小康生活，也就是实现加快增收奔小康的新阶段。2006年浙江省统计局发布的《全面小康评价指标体系》，曾对城镇居民人均可支配收入和农村居民人均纯收入这两个指标目标值分别设定为20000元和9000元。如果按2010年城镇低收入10944元和农村扶贫4600元的标准，实现翻番的"倍增计划"，则五年后，省城乡低收入群众的收入绝对值，是完全可以达到小康水平的。笔者认为，确立这一低收入群众增收计划和扶贫帮困目标，体现了我国未来十年要建设全面小康社会的总体要求，与国家的扶贫开发事业由巩固温饱到加快脱贫致富阶段相适应；体现了浙江未来由提升全面小康社会向建设基本现代化迈进的要求，反映了浙江省继续走在扶贫开发事业前列的信心和责任；也符合全省广大低收入群众发展要求，顺应了人民群众对过上更美好生活的新期待；此外，还与省委省政府原先出台的低收入农户奔小康工程相连接，体现了政策的连贯性，又为未来促进低收入群体进入更加殷实富足的全面小康和"两富"现代化阶段打实基础。

当前国内外的经济社会发展形势的复杂性，也对扶贫开发工作提出了新课题。国际金融危机的深层次影响正在不断显现，全球经济增长低迷可能还会持续较长时间，我国经济趋稳的基础尚不稳固，扩大有效需求面临不少制约因素，企业生产经营困难加大，结构调整任务艰巨，财政收入增长乏力，经济下行压力仍然较大。这对欠发达地区经济增长压力更大，低收入群众就业和增收的深层次、结构性矛盾会更突出。毫无疑问，要实现低收入群众迈上小康的目标任务，会面临着许多新情况新问题，我们必须更加深刻地认识这项事业的长期性、紧迫性、复杂性和艰巨性。

三 开展新一轮低收入群众"收入倍增计划"和 扶贫帮困工作的基本要求、目标、思路

浙江省 2008 年启动实施的低收入群众增收行动计划即将结束，2013 年开始，将实施新一轮的扶贫帮困工作。这就需要我们很好回顾总结过去一个时期扶贫开发工作和社会帮困事业取得的成绩、积累的经验，认真分析未来一个时期帮扶工作面临的新形势、新特点，科学谋划新目标，提出新举措。

（一）基本要求

经过 30 多年的努力，省扶贫开发和帮扶事业实现了从消除绝对贫困到减缓相对贫困，从减缓区域贫困到减缓区域贫困与人群贫困并重，从局部的、补缺性的、临时的救助帮扶转入到以制度性保障和提高发展能力为主的历史性跨越，有效解决了扶贫对象的生存和温饱问题，较好保障了扶贫对象的义务教育、基本医疗和住房。今后一个时期，浙江省的扶贫开发和帮困事业，将从以解决温饱为主要任务的阶段转入到加快增收、脱贫致富、改善生态环境、提高发展能力、缩小发展差距、迈上全面小康和走向富裕的新阶段。

这个阶段的扶贫开发和帮困工作面临着新的任务和要求。我们要按照中央扶贫开发工作会议的总体部署，根据浙江省加快推进建设"两富"现代化进程的目标任务，进一步厘清新一轮扶贫开发和帮困工作的理念思路，明确基本要求：高举中国特色社会主义伟大旗帜，以邓小平理论和"三个代表"重要思想为指导，深入贯彻落实科学发展观，全面实施"八八战略"和"创业富民、创新强省"总战略，坚持把扶贫帮困融入工业化、城市化、信息化、农业现代化进程之中，坚持区域扶贫与人群扶贫并重，坚持专项扶贫、行业扶贫、社会扶贫相结合，提高扶贫帮困标准，加大扶贫帮困投入，创新扶贫帮困方式，大力实施城乡低收入群众"收入倍增计划""重点欠发达县特别扶持计划"和"山海协作助推发展计划"，着力推进欠发达地区加快转型发展，着力增强低收入群众自我发

展能力，着力提升基本公共服务均等化水平，着力完善基础设施，着力改善生态环境，着力解决制约发展的突出问题，努力推动欠发达地区加快发展和城乡低收入群众加快增收，不断提高低收入群众的生活水平，逐步迈向小康致富。

（二）基本目标

根据上述总体要求和浙江省经济社会发展、扶贫开发和社会帮困事业进入新阶段的客观进程，笔者认为，今后五年城乡低收入群众的增收工作和扶贫帮困的基本目标，可以概括为"加快增收，迈上小康"。

我们提出这个目标，一是符合中央提出的我国扶贫开发事业进入了新阶段的总体要求。中央领导在 2011 年 11 月 30 日召开的中央扶贫开发工作会议上的讲话中明确指出："当前，我国扶贫开发事业已从解决温饱为主要任务的阶段转入巩固温饱成果、加快脱贫致富、改善生态环境、提高发展能力、缩小发展差距的新阶段。"二是符合省第十三次党代会提出建设物质富裕精神富有的现代化浙江的目标要求。当前，省城乡居民的人均收入和经济社会发展水平都将进入现代化的初级阶段，为此也要求城乡低收入群体在巩固温饱成果的基础上，进入新的更高的小康阶段，缩小收入差距。三是符合省城乡低收入群体收入水平开始迈向小康阶段客观进程的要求。如果按照全面建设小康社会的基本标准和实施倍增计划来测算，2011 年按照五等收入分组的数字，浙江省城镇居民 20% 的低收入组，人均可支配收入是 11774 元，如果实施倍增计划，到 2017 年就是 23548 元。省农村居民 2011 年低收入农户的人均纯收入是 5298 元，如果实施倍增计划，到 2017 年就是 10596 元，除去价格因素，刚好接近小康标准。按照低保的标准，2011 年浙江省城镇居民的低保标准是人均5295 元，农村居民的低保标准是人均 3685 元，如果实施倍增计划，到2017 年也刚好跨入初步小康之门。这就意味着，浙江省的低保收入水平和城乡低收入群体的收入水平都将进入小康的新阶段，即将迈上一个历史性的新台阶。在这个阶段，无论是帮扶的标准、对象、范围，还是内涵、特性、任务都发生了变化，提出了更新更高的要求，相应的扶贫开发和帮困工作的理念、思路、目标、政策、举措，不可避免地需要调整完善。

"加快增收，迈上小康"这一总体目标，有着十分丰富和具体的内容。至少应包括以下几个方面。

（1）发展环境更好。经济社会发展是脱贫致富的基础。因此，扶贫帮困首先要努力使城乡发展环境，尤其是欠发达地区的发展环境更好。我们要着力改善欠发达地区的基础设施建设，着力加快发展方式转变，着力解决制约发展的突出问题，着力推进城乡基本公共服务均等化，着力保护生态环境，着力强化金融服务，着力加大投入扶持力度，使城乡特别是欠发达地区的发展环境更好，为扶贫开发和帮困工作创造更加扎实、良好的条件。

（2）增收速度更快。这是帮扶的基本目标。新一轮帮扶的底线目标，到2017年城乡低收入群众收入比2012年翻一番。同时，要力争增收速度更快一些，使低收入群众的工资性收入、经营性收入、转移性收入、财产性收入，都能协调同步较快增长，低收入群众的人均收入明显与全省城乡居民人均收入的相对差距呈缩小趋势。

（3）社保水平更高。社会保障体系是低收入群众增收的重要保证。今后，城乡最低生活保障、农村"五保"和城市"三无"人员供养、医疗救助、教育救助、住房救助、灾害救助、临时救助等制度更加完善，城乡居民社会养老保险、被征地农民基本生活保障、城镇居民医疗保障和新型农村合作医疗制度更加健全，保障标准应逐步有新的提高。

（4）就业能力更强。提高低收入群众素质、技能和就业能力，是帮扶的根本目标，尤其是有就业能力低收入者增收致富的治本之策。应把促进人的全面发展作为深入推进帮扶的目标取向，把发展型增收作为扶贫帮困工作的主攻方向，着力改善技能培训，提高低收入群体创业、就业能力，使城乡低收入群众的自我发展能力更强。

（5）生活品质更高。城乡低收入群众生活在解决生存、温饱的基础上，应向发展型生活转变，物质生活水平更高，精神文化生活更充实。城乡低收入群众的住房和消费水平有新提升，收支结构更合理，享有良好教育和医疗保健机会，学有所教、劳有所得、病有所医、老有所养、住有所居、难有所助，基本文化权益得到有效保护，文化生活更加丰富，城乡低收入群众的生活品质得到明显提高。

（三）基本思路

在过去的帮扶实践中，浙江省确立了把扶贫开发融入工业化、城市化和农村现代化进程中，将区域扶贫与人群扶贫相结合，形成了专项、行业、社会"三位一体"的大扶贫格局，取得了显著成效。这些都必须继续坚持和完善。同时，面对经济社会发展的新形势和扶贫开发事业的新要求，帮扶工作也要与时俱进，更新理念，充实思路。

（1）更重视相对贫困。经过长期努力，低收入群众的生活状况已经从"吃不饱""穿不暖"转为"没钱花""缺钱花"。要在巩固绝对贫困人口脱贫成果、健全最低生活保障制度的同时，顺应"两富"现代化建设的新要求和低收入群众的新期待，把帮扶工作重心从消除绝对贫困转到减缓相对贫困上来，以增加收入为核心，着力缩小收入差距，让欠发达地区尽快跟上全省发展步伐，让低收入群众尽快增收奔小康，逐步过上物质精神都更加充实更加富足的生活。

（2）更重视城乡统筹。过去，扶贫开发的重点放在贫困面相对集中的农村欠发达地区，这是必要的。但发达地区和城市的相对贫困问题也普遍存在，而且随着城市化快速推进，城镇低收入者会迅速增加，扶贫帮困压力会不断增大。因此，必须把发达地区特别是城镇扶贫帮困纳入整体扶贫开发事业之中，统筹解决城乡低收入群众的增收问题。

（3）更重视标本兼治。扶贫帮困仍需加大项目和资金等投入，输更多的"血"，同时，要更注重开发型、发展型扶贫，把"扶贫"与"治贫"更好地结合起来。要区分无劳动就业能力与有劳动就业能力的低收入者，逐步形成无劳动就业能力的生活主要靠低保等社会保障制度，有劳动就业能力的生活和发展主要靠提高就业能力。

（4）更重视分类施策。帮扶工作要更有成效，应细分对象，因村因户因人施策。根据低收入群众的具体情况分层施保、分类帮扶，该保的保、该扶的扶。从低收入群体的劳动、收支状况来讲，大致可分为无劳动就业能力的"低保户"，有一定劳动就业能力但收入少或开支多的"低保边缘户"，还有是比"低保边缘户"状况好一些但仍处于当地人均收入

40%以下的"困难户"。对"低保户",主要通过以全民共享的国家社会保险制度和最低生活保障制度为基础的社会救助制度,使他们不愁吃穿。对"低保边缘户",主要通过全民共享的国家社会保险制度＋物价、医疗、教育、住房等专项救助,同时辅以就业培训等政策帮扶,确保生活水平有提高,就业能力有提升,增收致富有希望。对"困难户",在参加普惠的社会保险的基础上,重点施以政策性帮扶,通过加大技能培训、产业扶持、创业资金、促进就业等政策力度,帮助其增强发展能力、加快增收步伐、提高收入水平,同时辅以一些必要的专项救助和临时救助。

（5）更重视制度建设。在工业化中后期,公民生活进入中高收入阶段后,社会发展进程中的"阶段性贫困"会逐步缓解,而任何社会和发展阶段都会常态性存在的"常量贫困"问题,则会逐渐凸显出来。浙江省今后帮扶事业,重心应转入缓解"常态性贫困"问题上,深入研究把握帮扶事业的基本规律和特点,尤其要把帮扶事业纳入法制化、制度化的常态轨道,从根本上解决"制度扶贫"。

（6）更重视生活品质。在解决温饱、生存问题后,人们的发展性需求、文化休闲性需求就会逐渐增加。浙江省今后帮扶工作也应适应新的阶段性要求,更加注重丰富低收入群众的生活内容,提高他们的生活品质。注重把扶贫开发与推进城镇化、建设社会主义新农村、加强基层公共文化体系建设相结合,更加关注饮用水、道路等公共基础设施的配套,关注产业开发与生态建设的契合,关注医疗卫生、基础教育、住房等基本公共服务的覆盖面,关注公共文化产品供给和低收入群众精神文化需求的满足,提升低收入群体生活幸福感,确保低收入群众增收工作继续走在全国前列。

四　开展新一轮低收入群众"收入倍增计划"和扶贫帮困工作的基本任务

总结过去几十年全国和全省扶贫开发和帮困工作的基本经验,适应浙江省经济社会发展和人民生活水平提高的新要求,今后一个时期,应重点围绕着经济发展、就业能力、社会保障、扶贫政策、"三大计划"、创新方式、社会合力等七个方面，扎扎实实抓好城乡低收入群众的增收工作和全社会的扶贫帮困事业。

（一）加快经济发展是基本前提

经济发展是社会一切进步的基础，是加快低收入群众增收的根本举措，也是各地有效扶贫的基本经验。

抓经济发展，重点要抓好产业发展，欠发达地区、山区尤其要加快发展特色产业。（1）要进一步大力发展现代农业，构建农产品产加运销体系，发展农业行业协会，加快农业园区、林区道路等建设。鼓励更多的农民专业合作社、农业龙头企业、种养大户等以股份合作、生产流通服务等多种形式，带动低收入群众参与到发展现代农业产业中来。（2）大力发展来料加工业，强化来料加工的扶贫导向，努力实现低收入村、易地搬迁安置小区、妇女和老年人比重大的社区来料加工全覆盖。（3）大力发展科技密集型的高效低碳产业和低污染的劳动密集型制造业，特别是要加大科技扶贫力度，健全农业主导产业技术体系，着重发展农林产品精深加工业，延长产业链，实现传统产业升级，提升产业发展水平。（4）大力鼓励发展家庭工业，积极引导各地依托产业资源优势，围绕区域块状经济和工业功能区布局，把家庭工业培育成为特色富民产业。（5）大力发展绿色生态经济，尤其山区和生态保护区，要按照"绿色发展、生态富民、科学跨越"的要求，突出绿色发展的引领作用。① 大力发展绿色工业，积极发展现代生态农业。（6）大力发展农家乐休闲旅游、森林旅游、古镇古村游、民族风情游、农林采摘游和革命老区红色旅游等特色生态旅游业，形成养生、休闲、度假、养老等多种功能的新型旅游业态，带动低收入群众增收。（7）大力发展城乡服务业和城市经济，在努力发展电子商务、文化创意、金融财会等现代服务业的同时，更要顺应社会发展和城乡群众需要，大力发展养老服务、家政服务、物流配送等就业容量大的服务业，发挥三产服务业带动低收入群体就业创业的作用。（8）探索鼓励有条件的开发区、产业集聚区与重点贫困县合作开

---

① 参见衢州市政协课题组《以绿色发展为引领　促进低收入农户增收》一文。

发定向区块。

加快经济发展离不开良好的基础设施，尤其对山区和欠发达地区更为必要。要加快交通设施建设，加强农村公路建设和养护，有序开展农村联网公路建设；实施"水上康庄工程"，加快乡镇渡航船及配套码头改造，完善海岛交通设施，进一步解决库区、海岛群众出行难问题。加快能源设施建设，推进新一轮农网改造升级和集约农网建设，因地制宜发展生物发电、风电、太阳能、沼气等可再生能源。加快水利设施建设，扶持"强塘"工程、中小河流治理、中小病险水库除险加固、山洪地质灾害防治、农村安全饮用水、水库水源地保护和非工程性预警防灾措施等建设，着力提高防灾减灾能力。推进城乡信息化，加快现代通信网络和城乡信息综合应用服务平台建设，对城乡低收入家庭减免相关费用。

（二）提高就业能力是根本之策

人力资本投资是回报率最高的投资，是提高低收入群众素质和劳动就业能力的基础，往往能够改变一个人、一个家庭的命运，也是促进就业、增加收入的根本所在。

据初步统计，城镇低收入群体当中，有一定劳动能力的占近半数，而在农村低收入群体中，有一定劳动能力的占60%以上。省民政厅曾对全省2012年3月底在册的666830名城乡低保对象（不含农村"五保"对象）进行过初步分析，其年龄结构为：老年人有226998名，占34.04%；成年人348905名，占52.32%；未成年人90927名，占13.64%。从就业结构看，在85530名城市低保对象中，已经就业人员（在职人员和灵活就业人员）共15642名，占18.29%；不具备劳动能力或劳动条件的人员包括老年人、未登记失业人员以及未成年人，共58921名，占68.89%；需要就业帮扶且同时具备劳动条件的低保对象共10967名，占12.82%。在全省666830名低保对象中，残疾人有126116人，占18.91%。由此可见，在低保对象中老的小的占近一半，成年人占一半多；有一定就业能力的占31%左右。在城镇10%的最低收入群体中，老年人和19周岁以下的分别占16.8%和20.5%，因而理论上有劳动就业能力的成年人约占63.2%（尚未扣除因病因残等因素而丧失劳动就业能力的人数）。据对磐安县城镇低收入家庭的调查，该县 2012 年 4 月城镇低收入家庭共有 1970 户 5009 人，占城市总人口的 16%。其中，40—60 岁就业困难家庭 137 户 351 人；60 岁以上年老无劳动能力家庭 734 户 1461 人；文化程度较低且无专业技能家庭 771 户 2322 人；残疾人家庭 146 户 365 人，重病或慢性病患者家庭 153 户 421 人；其他因就学、意外事故等原因致贫家庭 29 户 89 人。[1] 可见，因年老、儿童、病残等无劳动能力的占半数以上。至于收入水平更高一些的相对困难户来说，劳动就业能力自然还要高于低保户和低保边缘户人群。

在农村，全省低收入农户家庭人口中，不足 16 岁的未成人占 10.2%，60 岁以上的老年人占 32.6%，再加上患病、残疾等人群，约近半数属缺乏劳动就业的。[2] 据有关统计，全省低收入农户，有劳动能力或有一定劳动能力的"整半劳动力"占低收入人口的 67.3%。[3] 而根据衢州市政协"促进低收入农户增收"课题组的调研报告，导致低收入农户困难的缺少劳动力占 14.7%、大病或慢性病的占 22%、残疾的占 1.2%，三者相加为 37.9%，是明显属缺乏劳动就业能力的低收入农户，而因缺少生产资金的占 37.6%、缺少耕地林地的占 6%、自然灾害等的占 6.4% 以上。[4] 由此可见，低收入农户中约 60%（包括有一定劳动能力的）是有劳动就业能力的。因此，在扶贫开发和帮困工作中，解决好城乡低收入群众的劳动就业，是加快增收的关键环节，而且面广量多，任务艰巨。

对有劳动能力的低收入家庭，我们要通过教育培训，提高他们的就业能力，从根本上解决他们增收致富的出路问题。要把低收入群众人力资源积累和开发放在更加突出的位置，按照城乡统筹、就业导向、技能为本的思路，加大对农村转移就业人员、低收入家庭新成长劳动力、失业人员、农民工和有就业能力残疾人的就业技能培训力度，完善培训补贴体系，推广政府购买职业培训服务，实施低收入者终身免费培训，努

---

① 参见磐安县的汇报材料。

② 参见浙江省统计局、浙江省农业和农村工作办公室《迈上小康》，第 8 页。

③ 参见浙江省政协课题组《浙江省城乡低收入群众的现状分析》，第 4 页。

④ 参见衢州市政协"促进低收入农户增收"课题组《以绿色发展为引领　促进低收入农户增收》表 3。

力提升他们的就业素质，不断扩大培训受益面。要加快构建统一开放、竞争有序的人力资源市场体系，发挥其在低收入居民就业择业中的基础性作用。要以"农村充分就业行动计划"和"充分就业社区"创建活动为抓手，加强就业公共服务，加大公益性就业岗位建设力度，通过岗位补贴和社保补贴等手段鼓励企业优先录用就业困难人员。建立健全城乡统筹的网上与网下一体的劳动力市场，培育和打造类似杭州96365这种区域性或全省统一的网上劳动就业"超市"。

要把大力发展教育作为促进低收入群体脱贫致富的治本之策，健全义务教育均衡发展保障机制和城乡一体化义务教育发展机制，高标准普及15年基础和中等教育，实施非义务教育扶助政策，促进低收入家庭二代、三代的素质和技能提升，增强他们自我发展的能力，阻断贫困的代际传递，带动整个家庭脱贫增收。

（三）健全社会保障是基本条件

任何社会都会存在一定比例的贫困和低收入者，扶贫帮困是政府长期、常态和制度化的职责。缓解社会贫困现象，提高低收入者生活水平，必须建立健全社会保障制度体系，尤其要建立帮扶低收入者的保障性社会救助制度。那些缺乏或丧失劳动能力的低收入群众，其生活生计就主要靠"制度扶贫"来解决。

要合理分配社会保险、最低生活保障、价格补贴、专项社会救助等保障资源，提高基本公共服务在城乡、区域、人群间的均等化水平，为低收入群众全面发展创造条件。社会保险方面，要通过帮助代缴部分或全部保险费，使养老、医疗等社会保险从制度全覆盖扩展到人群全覆盖，真正实现全民普惠。当前，要根据中央精神，积极推进城乡居民大病保险工作，拓展和延伸基本医疗保障，努力提高大病报销比例，着力解决大病医疗费用个人负担较重问题，使绝大部分人不因疾病而陷入生活困境。最低生活保障方面，要建立科学的最低生活保障线测量方法和正常增长机制，实现低保与物价、社会平均生活水平联动，进一步缩小城乡低保差距。价格补贴方面，把补贴范围扩大到低保标准1.5倍、2倍甚至更广的低保边缘群体，把价格上涨对他们生活带来的压力控制在可承受范围。

专项救助方面，要根据受助者的具体情况，综合采用货币、实物、服务等各种形式，满足多元化的救助需求。具体来说，一是日常生活援助，实施水电气定额补贴和公共交通出行优惠，免收垃圾清运、小区保洁等费用；二是就业援助；三是教育救助，实施免费午餐、免费寄宿等针对义务教育阶段困难家庭孩子的制度，设立各种奖助学金解决非义务教育阶段困难学生学费；四是医疗救助，针对极少数低收入者或发生巨额医疗费用的人面临的个性化困难，在医院、医保和医疗救助机构之间形成信息顺畅、快速应对的工作机制，争取做到发生一例、救助一例、解决一例；五是住房援助，完善保障房制度体系，向无房低收入家庭提供公租房、廉租房或租房补贴，加快农村危旧房改造；六是特殊人群援助，对有高龄和残疾成员的低收入家庭提供医疗、护理等方面的补贴和救助；七是文化援助，赠阅当地报纸，免收数字（有线）电视相关费用，免费办理公园年卡等；八是法律援助；九是灾害等突发情况的临时救助等。

要根据低收入家庭的困难程度和具体需求，综合实施相关社会保障：对没有劳动能力或者虽有劳动能力但家庭人均收入达不到低保标准的特别困难家庭，实施社会保险参保缴费资助、最低生活保障制度、价格补贴制度和专项救助制度共同配套的综合救助体系；对低保以上、但只到低保1.5倍标准以下的低保边缘群体和支出显著大于收入而造成的支出性贫困家庭，可以实施社会保险缴费资助、价格补贴和相应的专项救助；对收入在低保1.5倍标准以上、当地人均收入40%以下的其他困难户，要以就业援助等开发性、发展性政策为主，辅以必要的临时性救助，实现扶持生产、保障生活、促进脱贫致富的目的。要鼓励有条件的地方，根据当地的实际情况，适当扩大救助对象，提高救助标准，充实救助内容。

（四）强化扶贫政策是基本导向

政策是党和政府工作的生命，是扶贫开发和社会帮困工作的基本导向。扶贫政策既体现了执政为民的宗旨，也体现了扶贫开发和帮困的力度。必须着力完善财政税收、金融服务、土地使用、生态建设、人才保障等方面有利于贫困地区、扶贫对象的政策体系。

一是财政税收政策方面，要充分发挥政府财政在促进低收入群众增收中的主导作用，加大财政资金的投入力度，引导和带动全社会增加对低收入群众增收的投入和帮扶。要完善省级财政转移支付制度，提高一般转移支付比重，确保各级财政每年用于低收入群众增收的投入增幅高于财政收入的增幅。进一步加大省级财政对欠发达地区的转移支付力度，减轻欠发达地区公益性建设项目财政资金的配套压力，加快基础设施向农村延伸。大型项目、重点工程、新兴产业凡符合到欠发达地区落户的，要优先予以安排。企业用于扶贫事业的捐赠，符合税法规定条件的，可按规定在所得税税前扣除。

二是金融服务方面，要健全财政支持下的金融服务供给机制，研究符合条件的商业银行发行专项用于小微型企业贷款的金融债，对符合条件的免征营业税和各种行政事业性收费。要研究对金融机构发放贷款的鼓励政策，完善对低收入群体的金融服务，积极推进多种担保形式，着力解决低收入群众创业的小额贷款问题，营造"定额度、定对象、定政策"和"需能贷、贷能用、用能还、还能再贷"的良好环境。财政、银行、相关部门要联手支持低收入农户集中村普遍建立村资金互助合作社，明确非营利性质，收入归入股村民所有。加大对政策性农业保险的支持力度，完善政策性农房保险政策。

三是土地使用政策方面，要按照国家耕地保护和农村土地利用管理有关制度规定，新增建设用地指标优先满足贫困地区易地扶贫搬迁建房需求，合理安排贫困地区小城镇和产业集聚区建设用地。

四是生态建设政策方面，要加大生态补偿力度，建立生态投资建设基金，专项用于生态屏障地区退耕还林、小流域治理、河道整治、生态林建设、污水和垃圾处理设施、农村环境面源整治及生态牧业规模化养殖设施配套等项目建设。积极探索碳汇交易等市场化的生态共建共享机制。

五是人才保障政策方面，要制定大专院校、科研院所、医疗机构为贫困地区培养人才的鼓励政策，组织教育、科技、文化、卫生等行业人员和志愿者到贫困地区服务，引导大中专毕业生到贫困地区就业创业。加大贫困地区干部和农村实用人才的培训力度，对长期在贫困地区工作的干部要制定鼓励政策，对各类专业技术人员在职务、职称等方面实行倾斜政策，充分发挥各类人才在扶贫开发中的重要作用。

（五）推进"三大计划"是基本载体

载体是工作的抓手。过去五年来，通过搭建"低收入群众增收行动计划"等有效载体，凝聚了各方力量，集中了各方资源，调动了各方积极性，取得了良好效果。下一阶段，要重点抓好城乡低收入群众收入倍增计划、重点欠发达县特别扶持计划和山海协作助推发展计划这三大行动计划。

要抓紧启动实施覆盖城乡的低收入群众收入倍增计划，特别是要将城市低收入群众收入倍增计划与农村低收入群众收入倍增计划同步研究、同步出台、同步推进。要对低收入群众增收行动计划的相关政策做一次全面梳理，延续行之有效的现行政策，并根据新形势新情况加以调整和补充，尤其要加大对特色农业发展、来料加工发展、创业就业、农民易地搬迁、公共服务、金融服务、基础设施建设等方面的扶持力度。对山区、贫困县应给予低丘缓坡开发利用试点等。

要继续深入实施12个重点欠发达县的特别扶持计划，打一场扶贫开发的攻坚战。加大投入和支持力度，省里要加强指导和协调，以县为主制定和实施扶贫攻坚规划。要加大统筹协调力度，集中实施一批教育、卫生、文化、就业、社会保障等民生工程，大力改善生产生活条件，培育壮大一批特色优势产业，加快区域性重要基础设施建设步伐，加强生态环境保护，着力解决制约发展的瓶颈问题，促进基本公共服务均等化，从根本上改变重点欠发达县的面貌。

要创新实施山海协作助推发展计划。充分发挥海洋经济发展的辐射带动作用，推动沿海发达地区与欠发达山区的联动发展和全面对接，构建"陆海联动、山海协作"新格局。推进山海协作共建各类产业园区，增强欠发达山区内生发展动力。扩大劳动力转移，结合海洋产业集聚区建设，加强职业技能实训基地建设，推动欠发达山区有一定技能的劳动力在沿海就业安家。搭建"省外浙商故乡行"等合作平台，引导省外浙商到欠发达地区投资创业。

（六）创新帮扶方式是基本动力

探索创新是发展的动力，也是推进帮扶事业发展的基本力量。在新的历史阶段，要不断探索和发展专项扶贫、行业扶贫、社会扶贫有机结合、互为支撑的"三位一体"大扶贫格局。同时，要在原有基础上，创造性地继续推进产业扶贫、就业扶贫、搬迁扶贫、设施扶贫、制度扶贫、金融扶贫、社会扶贫、区域协作、结对帮扶、特别扶持等各项重大扶贫举措，努力走出一条具有浙江特色的帮扶之路。要认真抓好专项扶贫，按照省负总责、县抓落实、工作到村、扶贫到户的要求，组织实施好易地扶贫搬迁、整村推进、以工代赈、产业扶贫、就业促进、扶贫试点、革命老区建设等重要工程。特别要以高山、边远山区、地质灾害危险区、重点水库库区为重点，完善农村人口易地搬迁规划，探索建立宅基地有偿使用、有偿退出和跨（合作）社置换的机制和宅基地置换城镇住房、标准厂房、商业用房的机制，让落户农民平等共享城市公共服务和全面保留农村集体权益。要深入推进农村土地管理制度、集体产权制度、农村金融制度等改革，盘活农村土地、房屋、资金、资源等财产，大力推广股份合作制等经营形式，加大对低收入群众财产权益的保护力度，让农村低收入群众的财产变成资本，实现增值。支持城乡社区组织购置物业，鼓励低收入群众参股发展社区物业经济。大力加强行业扶贫，密切结合各行业的业务职能，把改善贫困地区、贫困人群的发展环境和条件作为本行业发展规划的重要内容，每年在专项预算中安排一定比例用于低收入群众增收项目并按年递增，同时采取公开招标、政府采购、项目补贴、贷款贴息、定向资助等形式，在资金、项目等方面向贫困地区倾斜，扶持发展特色产业、开展科技扶贫、完善基础设施、发展教育文化事业、改善公共卫生和人口服务管理、完善社会保障制度、重视能源和生态环境保护，确保完成本行业扶贫任务。积极推进社会扶贫，特别是加强定点扶贫，推进东部沿海与西部山区的扶贫协作，动员企业和社会各界参与扶贫。积极鼓励、引导、支持、帮助各类非公有制企业、社会组织承担定点扶贫任务，鼓励和引导企业、社会组织和个人通过多种方式参与扶贫开发，积极倡导扶贫志愿者行动。

（七）形成社会合力是基本保证

加快推进低收入群体增收，加大扶贫帮困工作力度，关键是各级党委政府重视，特别是党政"一把手"要带头认真履行领导责任，全力推动决策部署的落实。扶贫工作是一项社会工程，必须加强组织领导，广泛调动社会各界力量参与，形成扶贫开发和社会扶贫帮困的合力。要完善扶贫工作的领导机制和工作体系，各级政府要建立健全城乡扶贫开发和帮困工作领导机制和工作机构，确保城乡扶贫工作有部门管、有人抓。要把低收入群众增收情况纳入建设"两富"现代化浙江的综合考核，建立完善统计监测制度，构建绩效考评指标体系，严格执行评价程序，加大监督力度，确保中央和省委省政府促进低收入群体增收的决策部署和各项政策举措落到实处。广泛动员党政机关、企事业单位、社会团体、爱心人士开展结对帮扶活动。按照"一村一计一部门"和"一户一策一干部"的要求，实施省市县三级单位结对低收入村、市县乡镇三级干部职工结对城乡低收入户的帮扶机制，确保城乡低收入家庭结对帮扶全覆盖。广泛动员和组织国有和民营企业参与结对帮扶，完善企业与低收入家庭结对机制，出台政策支持企业通过开展技能培训、定向招工、来料加工、农产品收购、就学资助等帮助低收入群众增收，鼓励企业设立扶贫帮困专项基金。继续做好特派教师、特派医师工作，积极倡导城市中小学校与欠发达县中小学校、城市中小学生与欠发达县中小学生建立结对关系，倡导城市医院与欠发达县医院和乡镇卫生院、城市医师与村卫生室建立结对关系。发展扶贫志愿服务组织，发挥各级慈善总会、扶贫基金会、青少年发展基金会及其他民间慈善机构的作用，加强对扶贫帮困事业的宣传教育，引导高等院校大学生和社会各界爱心人士为低收入群体增收致富贡献力量。

五 加强新一轮帮扶工作的若干建议

加快低收入群众增收，脱贫致富，既是长期的历史课题，又是非常现实紧迫的任务。建议省委省政府近期着手抓好以下几项工作。

（一）建议尽快启动新一轮帮扶规划工作

党中央于2011年底启动了未来10年扶贫开发事业发展计划，召开了中央扶贫开发工作会议，出台了《中国农村扶贫开发纲要（2011—2020年）》。省第十三次党代会确立了浙江省未来建设物质富裕精神富有的现代化的宏伟蓝图，提出了今后五年发展任务。浙江省的前一轮扶贫开发、低收入群众增收行动计划，将于2012年底结束，从2013年起，进入了新一轮帮扶阶段。鉴于要认真总结过去一个时期扶贫开发和社会帮困工作的经验做法，中央和省里对未来的经济社会发展和扶贫开发工作又提出了新的要求，帮扶工作面临许多阶段性的新特点新情况，任务将更为艰巨。建议尽快着手研究2013年起的新一轮城乡低收入群众帮扶工作的总休思路、目标任务、工作重点和政策举措，并适时召开专题会议，进行动员部署。

（二）建议把"迈上小康"确定为新一轮帮扶工作的总体目标

考虑到浙江省扶贫帮困对象的温饱生存问题已基本解决，省党代会又明确提出浙江进入到了提升全面小康水平、建设"两富"现代化的新阶段，而未来五年城乡实施低收入群众收入倍增计划后，多数低收入群众的收入和生活水平基本上可以达到2006年所确定的小康水平，因此，笔者建议把"加快增收，迈上小康"作为今后一个时期帮扶工作的奋斗目标。这一目标，既体现了扶贫开发和社会帮困事业进入了巩固温饱、迈上小康的新阶段，又可以与"两富"现代化新目标相呼应，说明广大城乡低收入群众生活水平也是不断提高的，也有新的奋斗目标，新的更高期待。

（三）建议进一步明确把城镇低收入群众增收纳入总体帮扶工作之中

随着工业化、城市化水平的不断提高，城镇人口和城镇的低收入群体也会较快增长。尽管在目前阶段农村的贫困人口还占据相对多数，但从常居人口来讲，浙江城乡贫困人口到了基本持平和城镇贫困人口逐渐多于农村的阶段。因此，我们必须以更敏锐的政治眼光和更长远的发展思路来认识城市低收入群体的增收工作，切实把城市低收入群体增收更明确地纳入整体扶贫帮困规划，统一谋划，统一部署，统筹推进。尽管全省各地城镇扶贫帮困工作都在做，也很有成效，但却缺乏统筹安排，存在底子不够清、机制不够全、政策不配套、部门职责不够明确等现象，需要尽快研究解决。

（四）建议全省实施统一的"低收入群众奔小康工程"

未来5—10年，通过全省各级各部门和全省人民的共同努力，城乡低收入群众完全可以达到2006年所确定的小康水平，使贫困和低收入群众的生活水平再迈上一个新台阶。为此，建议城乡统筹实施"低收入群众奔小康工程"，并在城乡分别实施"城镇低收入家庭收入倍增计划"和"低收入农户收入倍增计划"（农村这一倍增计划省委省政府已经明确），制定相应的政策举措，打好浙江省城乡低收入群众"加快增收、迈上小康"的攻坚战。

（五）建议加快推进浙江省帮扶事业的法制化建设

扶贫帮困事业是一项群众关注度高、政策性强、工作难度大、社会影响面广的民生大事，也是党和政府常态性的长期工作。再加上多年来，省委省政府深化扶贫开发战略，逐步提高扶贫标准，适时调整扶贫对象，积极创新扶贫举措，取得了显著成就，积累了不少行之有效的经验，需要认真总结，并把适应省情、能管长远的做法上升为地方性法规，确保城乡扶贫帮困事业有章可循，有法可依。建议加快扶贫立法进程，尽快研究制定《低收入群体帮扶条例》，以法规形式保障扶贫标准确定机制、扶贫对象界定机制、扶贫投入保障机制、扶贫责任落实机制、扶贫绩效评估机制的形成，加强扶贫工作队伍体系建设，推进扶贫工作法制化、科学化水平，显然十分必要而意义重大。

建议建立城乡扶贫工作报告制度，每年"两会"期间由政府相关部门提交城乡低收入群众增收年度工作报告，作为会议参阅材料。

要特别注重低收入群众社会保障工作的制度化和规范化建设，加强居民家庭经济状况调查核对组织力量建设，完善低保和专项救助申请家庭的收入和财产核查机制，建立低保、低保边缘户和困难家庭定期统计制度，以及低保和低收入标准动态调整机制。

要坚持救助对象统一管理、财政资金统一使用的原则，规范各部门、各单位实施的困难群众救助制度和项目，明确享受各类专项救助的低收入群众范围，避免多头、重复救助。

（六）建议区分扶贫对象和低保对象并分类施策

随着相对贫困理念确立和扶贫标准水平提高，城乡低收入群体的数量也较原有标准有了较大幅度增加。在全省500万左右低收入群体中，2011年城乡低保人数有70.18万人，且基本做到了应保尽保。为了提高低收入群众增收工作的有效性，建议把扶贫对象同低保对象区分开来，明确"生存靠低保，发展靠扶贫"的基本思路。在低保提标扩面、专项救助不断完善的基础上，集中力量瞄准收入高于低保标准而低于扶贫标准、有劳动能力和劳动意愿的城乡居民，作为重点，开展更有针对性的帮扶。就低收入群体的贫困程度上来讲，可以分为低保标准及以下的（低保对象）—低保标准以上及相当于低保标准150%、180%或200%（也可以用其他方法划分）的（低保边缘户）—低保边缘标准以上但未达到上年当地人均收入40%的为"困难户"；就致贫原因来讲，可对因病因残、文化技能、家庭负担特别是有无劳动能力等进行分别统计，逐步建立健全由普惠和特惠的制度化帮扶、专项社会救助帮扶和创业发展型政策帮扶这样既相互衔接又有侧重的帮扶举措，不断提高帮扶举措的针对性和实效性。

（七）建议把"精神富有"和"文化扶贫"纳入帮扶总体工作

"扶贫先扶志"，"再穷也不能精神穷"，"再贫也不能文化贫"。促进低收入群众增收，改善低收入群众生活，既有物质层面的内容，又有精神层面的任务。要在采取各种措施加快推进低收入群众增收的同时，更加注重解决低收入群众最关心、最直接、最现实的基本文化权益问题，让低收入群体享受到更多的文化福利。要建立健全公共文化设施网络，积极开展公益性文化活动，充分利用广播电视村村通、全国文化信息资源共享、乡镇综合文化站和基层文化阵地建设、农村电影放映、农家书屋建设等公共文化服务工程建设成果，让城乡低收入群众有能力消费基本公共文化产品，不断提高精神文化素质，努力实现精神富有。

（八）建议继续加大帮扶的投入力度

扶贫帮困是全社会共同的义务，但主要是政府的职责。加大政府性项目、资金、人力物力等政策性投入，是现阶段扶贫开发和帮困的最有效举措，今后5—10年又是浙江省扶贫开发和帮困事业再上新台阶的关键时期，建议省委省政府对现行政策做一次梳理、调整和补充，尽快出台城乡低收入群众收入倍增计划，在原有政策性投入力度不减的基础上，力争有新的更多更大的投入。当然，在对象、范围、内容、方式等结构上可以做必要的调整。

（九）建议建立统筹城乡帮扶工作的组织协调机制

促进城乡低收入群众加快增收，是一项综合性工作，必须创新体制机制，建立强有力的组织保障，形成工作合力。建议建立省城乡低收入群众增收（帮扶）工作领导小组，由省委省政府领导担任组长或召集人，统一领导全省城乡帮扶工作；将扶贫工作办公室作为一个实体运行，扩大职能、明确职责，充实领导和工作力量；也可考虑省委省政府建立城乡帮扶领导小组，由农办和民政部门牵头协调有关部门分别负责农村和城镇的帮扶工作，以改变目前城镇低收入家庭增收工作组织协调机构职责不清、机制不畅的局面。要进一步明确各部门的帮扶职责，将各部门帮扶工作绩效列为政府对部门的年度目标责任制考核内容。

关于加快建设"智慧浙江"的建议[*]

建设"智慧浙江",是 2012 年中共浙江省委交给省政协的重点履职课题之一。省委、省政府主要领导高度重视,多次批示予以关心指导。省政协成立了以乔传秀主席为总指导,副主席王永昌牵头领导,副主席徐辉、姚克参与领导,政协办公厅和科技教育委员会协调,社会法制委员会,研究室,民盟省委会、农工党省委会、九三学社省委会,科协界、科技界、教育界等共同参与的课题组。毛光烈副省长给予很大支持,并为课题组做了辅导报告。课题组深入省内外,开展了为期近一年的考察调研,多次召开委员和专家座谈会深入研讨。在此基础上,省政协二十二次常委会议就加快建设"智慧浙江"进行了协商议政,最终形成了 1 个总报告、4 个分报告和 1 个电视专题片,提出了对策建议。

一 加快建设"智慧浙江"的重大意义

当今世界,正处于一个高新技术、新兴产业加快孕育、融合和变革的时代。以物联网、云计算、移动互联网为主要标志的新一代信息技术风起云涌,日趋成为推动当今世界经济、政治、文化等各个领域发展的强大动力。这一特征,被人们概括为"智慧地球""信息社会""智慧时代"。我国高度重视现代信息技术发展,积极实施工业化和信息化融合战略,提出要全面提高信息化水平。浙江省也提出并实施了"数字浙江"

---

[*] 本文是王永昌牵头负责的浙江省政协 2012 年度的重点课题。2012 年 9 月结题。

战略,信息化建设取得了积极成效。"智慧浙江"就是在这样的背景下提出的。

建设"智慧浙江",主要是指广泛运用现代科技尤其是现代信息技术全面提升浙江发展的过程。建设"智慧浙江",就是要在各行各业更广泛深刻地运用现代信息、通信、网络技术,使浙江的物理系统、经济系统、社会系统更紧密地联结,更系统地集成,更全面地融合,从而构筑起一个物联化、网络化、智能化的浙江。显然,建设"智慧浙江",能使浙江的各种资源要素更优化地整合,更合理地运用;使浙江的社会运行管理更便捷高效;使人们尤其是各级领导更广泛地了解信息,更科学地决策;使全省各个系统以更加智慧的方式运行,推动浙江更科学、更协调、更可持续地发展。因此,建设"智慧浙江",构筑"智慧城市",发展智慧经济,推进智慧管理,提升智慧生活,以智慧化来推进浙江发展方式转变,提升发展优势,具有重大而深远的战略意义。

(一) 建设"智慧浙江",是顺应当今世界发展趋势、迎接知识文明时代的需要

纵观世界文明发展史,人类在经历了 5000 年的农业文明,近 300 年的工业文明后,今天,伴随着现代信息技术革命,一个以物联化、网络化、智能化为基本特征的知识文明,正迎面而来。现代信息网络技术是知识文明、生态文明的核心。现代信息网络技术的崛起,预示着继蒸汽机、电气化之后的第三次科技革命,有可能将人类引入一个崭新的知识文明和生态文明时代。这不仅是一场技术革命,更将是一场广泛而深刻地改变人类生产方式、社会运行方式、人们生活方式和思维方式的变革。无穷繁衍的人类,既要通过农业、工业生产从自然界获取大量资源,又要保护好自身及其他生命的生存发展环境,这就需要依靠理性的、科技的、智慧的力量,使自然的物理世界与人类社会形成和谐的、协调的永续发展。实现智慧化、生态化发展,既是人类解决当前发展中各种矛盾的迫切需要,也是人类文明发展的必然趋势。未来一个时期,我们将迎来以物联网、云计算、移动互联网为代表的第三轮信息技术革命的浪潮,并由此推动一大批新兴高新技术、新兴产业的崛起。

正是在世人思考解决全球经济发展中各种矛盾和问题，以及应对国际金融危机的背景下，美国 IBM 公司看到了这一趋势，提出了"智慧地球"概念，试图通过运用物联网等新一代信息技术的集成运用，将感应器嵌入和装备到电网、铁路、建筑、大坝、油气管道等各种物体中，运用物联网的平台，将物与物相连，运用超级计算机和云计算进行整合，实现物理世界（地球）与人类社会的系统融合，进而实现更透彻的感知、更全面的互联和更深入的智能化，为经济社会发展注入新的动力，创造新的市场需求。美国政府积极回应，将信息技术创新和先进信息基础设施等"智慧地球"建设，作为促进金融危机后经济复苏和国家发展的重大战略性举措。欧盟、日本等纷纷跟进，竞相开展"智慧国"建设。欧盟在执行了 10 年"数字欧洲"战略之后，酝酿提出了面向 2020 年的智慧的、可持续的、融合的增长战略。日本在实施"数字日本""无线日本"战略之后，于 2009 年提出了"智慧日本"目标，积极打造全民共享的"融合和创新的数字社会"。2009 年 7 月，韩国在《绿色增长国家战略五年计划》中，把信息技术发展作为新增长引擎。新加坡早在 2006 年就提出要建设"一个信息化技术应用无处不在的智能国家、一个全球化的智能城市"，2009 年又将信息技术发展和应用作为决定未来发展的重中之重。一时间，以"智慧国"、"智慧城市"和物联网、云计算等信息技术为代表的"智慧增长"浪潮汹涌，席卷全球。加快建设"智慧浙江"，是我们更自觉把握世界经济科技发展趋势和人类文明发展规律，抢占未来发展制高点的战略性选择。

（二）建设"智慧浙江"，是加快转变发展方式、提高智慧化发展水平的需要

"智慧增长"和"包容增长"，是当今人类发展方式转型升级的两个基本特征。"包容增长"侧重经济与社会人文的协调发展，"智慧增长"则侧重于为经济增长注入科技动力。据世界银行测算，一座百万人口城市，在投入不变的前提下，若实施全方位的智慧化管理，将能增加城市的发展红利达到 3 倍以上。通过智慧化增长，发挥信息技术对经济增长"倍增器"、发展方式"转换器"、产业升级"助推器"的作用，可以创

造新的经济增长点。建设"智慧浙江",既是调整经济结构、加快产业升级的重要内容,又是转变发展方式的基础性和先导性举措。当前,浙江的产业结构、经济结构迫切需要转型升级,实现从劳动密集型向技术密集型、知识密集型转变。抢抓以物联网、云计算、移动互联网为代表的新一轮信息技术革命契机,加快建设"智慧浙江",无疑可以成为浙江省实现产业转型升级的战略引擎。首先,广泛运用信息和网络技术去改造提升传统产业,推进企业研发设计、营销服务、物流管理、经营决策智能化,能较快提高传统产业的科技和自动化水平。其次,信息网络技术与新兴产业的融合,能极大地加快培育以信息产业为龙头的战略性新兴产业的崛起。再次,加快发展信息通信网络、软件、传感、RFID(射频识别技术)、云计算等诸多智能技术,能迅速推动智慧产业的发展,使之成为浙江省的战略重点产业。复次,大力推进信息网络技术在经济社会各领域的运用,能有力提升各类发展要素和社会运行效率,创造新的市场需求,提供新的产品和服务。最后,大力发展智慧技术和智慧产业,有利于为国际国内各种资源要素优化组合创造平台,创新生产、经营、管理、营销、服务的新模式。总之,信息网络技术的广泛运用,必将为浙江省经济发展注入更多智慧,加快发展方式的转型升级。

(三)建设"智慧浙江",是创新社会管理、提高智慧化管理服务水平的需要

经济发展和社会进步,都离不开一定的社会体制及其管理。高效有序的社会管理、社会服务和社会建设,既是经济社会发展的重要条件,也是发展的重要目标。当前浙江省已处于人均生产总值由 7000 美元向 10000 美元迈进的重要时期,社会管理领域矛盾更突出,任务更艰巨,迫切需要对社会管理和服务进行探索和创新。加快"智慧浙江"建设,使社会管理服务更迅速、更精确、更智慧,是创新社会管理的重要途径。比如,由于电网效率低下所造成的电能损失高达总电能的 67%,而通过对电网技术的信息化改造和智能化控制,以及对各种用电、用能设备信息化、联网化和智能化整合,可以将能源利用效率提高到 80%。再以世博安保工作为例,通过集身份核查、身份识别、查缉布控、动态管控于

一身的"公安身份核实系统",省公安机关累计共核查各类人员763.5万余人次,核查车辆113万余辆,这在没有信息技术深度应用的时代是不可想象的。同时,信息技术的飞速发展使得当今世界不可逆转地迈入了网络时代,虚拟世界、虚拟社会与现实社会的互动影响正在加剧发酵。移动互联网技术的突破使网络泛在化,微博、社交网站的应用使网络社区化,信息传播的广泛性和交互性出现历史性突破,因而基于信息网络的民主化、智能化社会管理已成大势所趋。运用好新一代信息技术,提高社会管理的智慧化水平,有利于保障广大人民群众的知情权、参与权和监督权,维护公众利益,促进社会公平正义;有利于调动广大人民群众参加社会管理的积极性,反映民情民意,积聚民智民力,促进社会和谐;也有利于加强党和人民群众的血肉联系,推动服务型政府建设,促进社会治理民主化。当然,网络社会也蕴藏着对现实社会管理的冲击和挑战。随着网络社会影响日益扩大,信息安全、舆情冲突、网络袭击等风险压力日渐加大,必须切实提高网络时代的社会管理能力和水平。

建设"智慧浙江",运用信息技术和网络技术,可以极大地改善城乡人们的生活环境,满足群众的生活需求。第一,可以助推以公民为中心的服务型政府建设。政府的公共服务是否全面、及时、有效,直接关系到居民生活质量。建设惠及所有公民,全天候、一站式的网上公共服务体系,使政府公共服务项目在网上集成化提供,公共服务信息在全社会便捷化共享,能够更好地满足居民对公共服务的需求。第二,可以促进社会事业跨越式发展,提高公共服务水平。信息网络能放大地利用和提升教育、文化、医疗卫生和社会保障等有限的公共服务资源,创造更高质量、更易获得的公共服务供给,满足人民群众需求。信息技术的推广应用和数字化资源还有可无限复制的属性,有助于突破公用事业稀缺性的瓶颈。通过推广远程教育、远程医疗、数字化公共文化服务等,实现公共服务资源的复制传播、整合共享和远距离互动,大大提升优质公共资源的可获得性,为居民提供更方便优质的服务。第三,可以为居民生产生活创造更加便捷高效的环境。信息技术的发展使传统制造业工人的工作从直接操作机器转为管理信息为主,白领阶层和知识工人的人数大大增加,人们的工作生活时间结构发生变化,工作时间的柔性和弹性增强,"远离办公室的办公"和"家庭公司"将大量出现。而智能家居则能把人们从繁重的家务劳动中解放出来,人们从事创新活动的自由空间将前所未有地被激发和释放出来。

（四）建设"智慧浙江",是应对新一轮竞争、营造发展新优势的需要

浙江省原来拥有的市场化和多元化经济成分两大核心优势正在弱化,而在做大产业、做强企业、科技创新、人才培养等方面,与广东等省相比还存在着不小差距,甚至差距在扩大,发展后劲不足,迫切需要立足现有基础,营造新的发展优势。近年来,各省尤其是沿海发达省市,都把建设智慧省市作为重大战略举措来谋划和实施。2009 年 8 月 7 日,温家宝总理在无锡视察时指出要"迅速建立中国的传感信息中心或'感知中国'中心"。"感知中国"是顺应新一轮信息技术革命趋势,结合我国实际提出的信息化建设新构想。为此,全国各地纷纷抢抓机遇,大力倡导建设智慧省市,尤其是智慧城市建设成了重要突破口。智慧城市就是通过充分运用现代信息技术去广泛感知城市运行各个方面重要信息,整合形成互联互通的信息网络,进而对经济社会发展各种需求做出智能化响应的过程。智慧城市能为人类创造更美好的城市生活。

据初步统计,目前我国已有北京、上海、天津、重庆、广州、深圳、南京、宁波、昆明、武汉、西安等 20 多个城市,先后提出了建设智慧城市的规划和设想。上海将"建设以数字化、网络化、智能化为主要特征的智慧城市",纳入了经济社会发展"十二五"规划纲要,并以 2010 年世博会为契机,大力推进物联网示范工程和智慧城市建设试点。广东以珠三角城市群为重点,积极推进智慧城市建设试点,打造珠三角无线城市群。近年来,浙江省宁波、杭州等地纷纷利用现代网络与信息技术加强城市管理、改善城市服务、完善城市功能、提高城市竞争力,也取得了积极成效,积累了经验。要使浙江省在新一轮省、市竞争中继续走在前列,必须下大决心加快"智慧浙江"建设,以智慧化为主要杠杆来推进工业化、信息化、城市化、市场化、国际化融合,抢占发展制高点,提升发展优势。

二 加快建设"智慧浙江"的
良好基础及不利因素

随着经济社会的快速发展，浙江省的信息化水平也在不断提高，特别是近年来全面推进"数字浙江"建设，先后实施了"百亿信息化工程"和信息技术"倍增"行动计划、城乡统筹发展信息化行动计划，信息化水平总体上走在全国前列，为加快"智慧浙江"建设奠定了良好基础。

第一，物质基础比较雄厚。经过改革开放 30 多年的发展，浙江省综合实力大幅提升。2010 年全省实现生产总值 27226 亿元，居广东、山东、江苏之后，列各省区第 4 位；人均生产总值 52561 元，居上海、北京、天津、江苏之后，列全国第 5 位；地方财政收入达到 2608 亿元，居广东、上海、江苏、山东之后，列全国第 5 位；人均地方财政收入 5512 元，在各省区中仅次于江苏。2010 年城镇居民人均可支配收入 27359 元，居上海、北京之后，列全国第 3 位；农村居民人均纯收入 11303 元，居上海、北京、天津之后，列全国第 4 位。城乡居民普遍比较富裕，消费水平较高，智慧技术应用和智慧产业市场需求广阔。

第二，基础设施相对完善。高度发达的信息基础设施是"智慧浙江"建设的基石。近年来，浙江省信息网络建设取得跨越式发展，信息基础设施指数达到 0.686，仅次于北京和上海，已成为国民经济和社会发展的重要支撑。现代化的广播电视、综合信息覆盖网络体系已经建成，发展水平居全国前列；第三代通信网络建设加快推进，国产自主创新技术 TD—SCDMA 得到广泛使用，3G 网络基本实现全省覆盖；传输网"光（纤）进铜（缆）退"工程逐步实施，提升了宽带传输和接入的速率和容量，满足了新业务发展需求；广电网络的数字化改造工程快速推进，整体转换率和双向改造率均突破 90%；杭州被列为"三网融合"首批试点城市。以无线传感网、射频识别、信息技术应用等为基础的物联网技术应用快速推进，建成了一批智能电网、综合交通、安防监控、智能楼宇、工业控制等方面的智慧基础设施。在电子商务、物流、安防监控等领域，云计算"运营"和"运维"两大核心管理系统开发取得重大进展。

第三，信息产业发展较快。2010 年，全省电子信息产业完成工业增加值 1614 亿元，占全省 GDP 比重为 6.0%，相比"十一五"初期提高了 2.5 个百分点。电子信息产业共实现主营业务收入 8055 亿元，实现利税总额 781 亿元；完成出口交货值 2129 亿元，规模位居全国前列。电子信息产品升级加快，平板显示、半导体材料等新兴产品增长较快。软件业务收入超过 700 亿元，比 2000 年扩大了近 12 倍，年均增速达 29%。一些龙头骨干企业具有较强竞争力，2010 年全省有 8 家企业入围"全国电子信息百强企业"，11 家入围全国软件百强企业，软件从业人员达 10 万余人。平台建设初见成效，已建成国家级信息产业基地（园区）12 个，省级特色信息产业基地（园区）18 个，形成了一批网络与通信、软件与信息服务业、数字音视频、电子专业材料与元器件等超百亿产业集群，部分基地、园区综合实力位居全国前列，在国内外有较高知名度。

第四，信息化应用比较领先。信息化与工业化融合不断深化，电子商务快速发展，城乡信息化应用水平不断提高，公共信息服务体系不断健全。全省重点骨干企业装备的信息化程度达到 60% 以上，75% 的企业开展了计算机辅助设计，54% 的企业实施了 ERP 工程（企业资源计划工程），信息化带动工业化成效显著。以粮食生产功能区和现代农业园区建设为主平台，以农民信箱、农业地理信息系统、农作物生产过程智能化应用等项目建设为抓手，大力推进农业生产过程精准化、农业资源管理数字化、农业设施装备智能化、农业信息服务网络化，全省的智慧农业建设深入推进。电子商务全国领先，全省形成了千余家电子商务网站集群，中小企业上网比重、行业网站数量、B2B 和 C2C 综合交易平台交易额均居全国第一，并涌现了一批知名电子商务企业。交通物流信息化深入推进，物流公共信息平台建设取得突破性进展。公交出行系统、售票系统、出租车管理系统等交通公共服务系统建设全面展开。教育信息化公共服务体系建设工程、数字校园示范工程等建设成果显著；网上技术市场成为整合集聚创新资源、推动全省科技创新服务体系建设的重要平台；文化信息资源共享工程建设稳步推进，文化市场数字化监管系统初步建成；城乡社区卫生服务信息系统基本建立，县级以上医院全部实现了信息化管理，远程会诊系统覆盖面不断扩大；社保"一卡通"建设取得突破性成果。"金宏工程""金盾工程""金财工程""金税工程""金质工程"等一系列"金"字工程优先推进，覆盖全省、惠及城乡的政府网上服务体系已经基本形成。

第五，技术研发有一定优势。浙江大学、浙江工业大学、杭州电子科技大学等省部属高校集聚了浙江省重要的信息技术研发力量，拥有信息、通信、计算机、软件专业学科和人才资源优势；以大院名校共建载体战略引进的中科院计算所宁波、台州分部，中科院嘉兴无线传感网工程中心，中科院微电子所杭州分支机构等，已成为浙江省乃至全国信息行业的重要基地；省计算所、中国电子科技集团第52研究所、中船重工第715所、广电所等一大批科研院所，中控集团、浙大网新等一大批创新型企业，阿里巴巴电子商务高新技术研发中心等企业研发中心，有线数字电视网络技术重点实验室等11个省级以上重点实验室，在信息技术研发领域异军突起。浙江省高校在测控技术与设备、无线通信、网络算法等方面具有较强专业优势，相关研究院所和企业在传感器节点与网关设备开发、超声/非声探测设备研制、无线传感网自组网技术、安防技术与设备等领域，已拥有多项核心自主知识产权；在RFID（射频识别技术）、无线传感器网络、系统集成技术攻关和标准化研究等关键领域，具备一定主导权；在无线射频集成电路芯片、射频识别标签天线、车号自动识别系统、运输监控和调度系统、特殊人群管理、产品溯源、图书馆管理等方面，也已经有较好的技术积累。

第六，智慧城市建设走在前列。近年来，宁波、杭州等中心城市在数字城市基础上大力开展智慧城市、无线城市等试点，形成了信息化与城市化深度融合的先发优势。宁波市做出了《关于建设智慧城市的决定》，明确了智慧城市建设目标思路，争取通过10年左右的努力，把宁波建设成为智慧应用水平领先、智慧产业集群发展、智慧基础设施比较完善、具有国际港口城市特色的智慧城市，并提出了重点推进十大智慧应用体系和六大新一代信息技术产业基地建设，每年用于智慧城市建设的财政资金不少于10亿元。2011年9月，宁波举办了国内首个以"智慧城市"为主题的"2011中国智慧城市技术与应用产品博览会"。杭州市作为国家"三网融合"和"云计算"首批试点城市，试点开展手机电视、

IPTV 等新业务，积极开发移动互联网资源，大力发展物联网，培育形成了海康威视等一批龙头企业。城市自然地理空间全面数字化，教育、科技、医疗、社会保障等方面的信息化应用水平，城市运行管理等功能的智能化程度不断提高。其他市县也在加快建设智慧城市。

同时，我们也要看到，建设"智慧浙江"还面临不少困难和挑战。首先，认识有待提高，体制和商业模式有待创新。当前，人们对现代信息网络技术、对建设"智慧浙江"的认识，都有待提高。各行业自行其是、条块分割普遍存在，"信息孤岛"现象突出。适合智慧应用和智慧产业发展的商业模式缺乏，市场在智慧省和智慧城市建设中的基础作用不明显。其次，缺乏统筹规划。智慧社会建设离不开政府强有力的领导。当前，还没有一个省级层面的"智慧浙江"建设总体规划，缺乏统一的组织领导，整体推进速度较为迟缓，政策、资金支持也较为缺乏。再次，信息化应用不平衡。地区、行业、企业间的信息化发展程度不平衡，不少传统行业和领域信息技术应用的深度和广度有限，有些中小企业仅仅满足于办公自动化、财会电算化等基本应用。农村信息化发展水平明显滞后，农业信息资源开发利用明显较弱。复次，信息技术和信息产业发展差距拉大。信息技术创新能力不强，国家级大型、骨干研发机构缺乏，政府扶持的公共研发平台发展不快，企业研发能力不强。信息产业发展所需人才总量不足，结构不合理。浙江省电子信息产业与发达省市相比差距拉大。产业规模虽位居全国第 5 位，但仅分别为前 4 名的广东、江苏、上海和山东的 15.4%、20.6%、47.6% 和 63.8%，北京、上海的软件业务收入超过浙江省 3 倍。更值得关注的是，这些省市"十一五"期间产业结构调整取得重大进展，第一大产业均为电子信息产业，并都将新一代信息技术产业列为战略性新兴产业，一批重特大项目陆续开工建设和投产，电子信息产业保持迅猛发展势头。浙江省与前 4 位差距不断拉大，与紧随其后的中西部地区的优势不断缩小，产业发展面临严峻挑战。最后，法规不完善，网络信息安全面临挑战。目前，对网络与信息安全管理尚缺乏较完善的法律法规、统一的安全标准。"垃圾信息""邮件炸弹""电脑病毒""黑客攻击"等行为越来越威胁网络安全。

三　加快建设"智慧浙江"的
战略目标和基本任务

智慧化是时代发展的必然趋势，将引发社会的深刻变革。我们要以更清醒的认识、更高的热情、更自觉的意识，抢抓智慧发展的新机遇，明确"智慧浙江"建设的战略目标和基本任务，推动"智慧浙江"建设迈上新台阶。

（一）"智慧浙江"建设的基本目标

建设"智慧浙江"，要在科学发展观指导下，坚持以人为本，以民生需求为导向，着眼于推动经济社会全面协调可持续发展，以信息化基础设施为支撑，以信息技术、网络技术应用为重点，以智慧城市建设为抓手，全面推动工业化、信息化、城市化、市场化、国际化融合，加快发展方式转变，创新社会管理，提升社会服务水平，营造发展新优势。争取通过5—10年的努力，使浙江的信息产业和信息基础设施得到更快发展，信息技术、网络技术得到更广泛应用，智慧化发展、智慧化管理、智慧化生活水平走在全国前列。具体目标如下。

（1）智慧城市建设全国领先。经过5—10年的努力，基本建成以宁波、杭州等为代表的智慧城市基本框架。建立以新一代物联网、云计算等信息网络技术广泛应用，涵盖市民、企业和政府以及城市运行各个领域，并且国内领先的智慧城市系统，为市民提供更便捷、更低碳的生活和工作环境，为企业创造更便利、更优化的商业发展环境，为政府构建更高效、更节能的城市运营管理环境。

（2）智慧技术应用全国领先。电子商务、智能物流、智能电力、智能交通、智能医疗、智能教育、智能应急管理、智能安全监管、智能环保、智能社会管理等应用体系建设取得突破性进展，服务运营模式形成规范化标准体系。建立覆盖全省的现代网络文化应用平台，提高网上公共文化服务水平，推进网络文化、现代传媒文化、创意文化健康发展。

（3）智慧产业发展全国领先。信息化与工业化融合取得新成效，物联网、云计算、信息通信设备、软件与信息服务、数字文化创意等新一代信息产业增加值年均增长 20% 以上，到"十二五"期末，全省电子信息产业主营业收入总量达 15000 亿元，软件和信息服务业主营业务收入达 2000 亿元，物联网产业主营业务收入突破 2000 亿元；新一代信息技术专利申请量全国领先，智慧技术自主创新大幅增强；依托产业集聚区、高校科技园区等，培育建成一批集聚发展的智慧产业基地，一批智慧产业示范企业，形成特色鲜明的智慧产业体系。

（4）基础设施建设全国领先。广电网、电信网和互联网融合试点全面推进，形成互联互通的泛在信息网络，在全国率先实现"三网融合"发展。力争到"十二五"期末，全省城市光纤到户覆盖率达 50% 以上，互联网城域出口带宽达到 2000G 以上，互联网普及率超过 75%，互联网宽带接入率、无线宽带网人口覆盖率达 95% 以上。人口等基础数据库和经济社会重点领域信息资源综合数据库、专业数据库建设取得重大进展，实现海量数据整合共享和云计算。

（5）智慧技术研发优势显现。继续保持浙江省在新一代信息技术领域的智能监控感知、云计算及其终端、高性能嵌入式 CPUT（内存）和 SOC（系统型芯片）技术、基础软件平台等国内领先地位，进一步培育和引进智慧技术的研发机构、创新平台，完善以企业为主体、市场为导向、产学研相结合的智慧技术创新体系和产业支撑体系，进一步提升自主创新能力，形成国家和省、市三级"3＋X"的国家标准化的创新及集成服务保障机制，建立一批研究创新团队，在智慧设计、智慧制造方面掌握更多专业应用核心技术和通行标准。

（6）推动安全保障法制化。着眼智慧应用效能、智慧技术安全可控、智慧产业规范发展等要求，率先开展智慧城市构建标准、系统集成标准、服务运营标准、安全测控标准等标准体系研究，通过实践建立一批业务流程与信息技术融合的国家标准、行业标准和地方标准；在信息网络系统信息安全、法规制度等层面，加强信息安全防范，建立健全机制严密、责任分明、处置有效的保障体系和应急预案，形成全省智慧网络系统安全建设标准化、法规化，信息安全综合保障能力全面提升。

（二）"智慧浙江"建设的基本要求

加快"智慧浙江"建设，需要我们坚持以下几个方面的基本要求。第一，理念引领，抢抓机遇。全省人民尤其各级领导干部要提高认识，转变观念，把握大势，抢抓机遇，积极推进智慧省建设。第二，应用为主，试点先行。对新一轮信息、通信、网络技术，应重在应用，以应用带动信息技术研发和产业发展。建设"智慧浙江"是一项长期而艰巨的任务，应先行先试。选择基础条件好、示范作用大的重点领域先行推进。第三，重点突破，形成特色。要抓住重点领域，尤其是应用体系中的核心技术和智慧化发展支撑体系加以突破。要突出优势，争取在物联网、软件产业、数字文化产业等领域掌握核心和关键技术，构建硬件、软件、内容"三位一体"的智慧产业体系。第四，资源整合，共建共享。消除地区间、部门间、行业间的"数字鸿沟""信息孤岛"等弊病，坚持资源整合，优势互补，加强"感知、互联、计算、应用"各个领域的集成创新，形成共建共享机制。第五，政府主导，市场推动。充分发挥政府统筹规划、整合资源、制定标准的主导作用。同时，重视市场主体作用，加快商业模式创新，培育龙头企业，推动"智慧浙江"建设从行政推动向市场驱动转变，构建起以政府主导、企业主体、市场需求为导向的"智慧浙江"建设推进体系。

（三）"智慧浙江"建设的基本任务

未来一个时期，"智慧浙江"建设应着重抓好以下几项基本任务。

1. 以传感技术应用为先导，加快提高基础设施智能化水平

物联网技术是现代信息技术的主要标志。物联网就是通过传感技术的应用，以泛在化的传感器节点及网络形成智慧化的基础设施，实现信息数据的实时获取和传递的过程。更具体地说，就是要把新一代 IT 技术（感应器技术）及其设备如传感器、RFID、红外感应器、全球定位系统、激光扫描器等信息传感装置，嵌入和装备到电网、铁路、桥梁、隧道、公路、建筑、供水系统、大坝、油气管道等物体中，并使之与互联网连接起来，实现物理基础设施与信息基础设施的有机融合，从而达到对物

体对象进行智能化识别、定位、跟踪、监控和管理。显然，通过投资各类智慧基础设施，不但会极大地刺激经济增长，创造大量就业岗位，而且更重要还在于，传感技术广泛应用到各行各业，将为未来的科技创新和产业发展开拓广阔的成长空间，其市场规模可达万亿级，并有极强的产业集群带动效应，有助于提高资源利用效率和保护环境，有利于提高综合竞争力。当前要突出抓好三项任务。

（1）强化传感技术研发和产业化力度。要集中力量抓紧研究开发各类嵌入式微控制器的数据转换技术，增强不同传感器之间、人与传感器之间的协同交互能力。推进标准化、低成本、低能耗、高稳定、无辐射危害的传感器研发、制造。研究制定传感技术及其产业发展规划，加快传感网技术的研发、示范应用及其产业化进程。

（2）加快智慧化基础设施建设。要对现有 ICT 基础设施进行扩容升级，加快构建宽带、泛在、融合的智慧信息基础设施，包括融合的高速宽带网络、智慧的感知环境、无所不在的智能计算能力，统筹规划互联网数据中心、云计算中心、物联网的全省布局。一要不断提高宽带网络覆盖水平，使各类有线和无线形式的宽带网络覆盖城乡。以"无线城市"建设为载体，充分运用各种无线传输技术的无线网络连接，提高城乡无线网络覆盖率；提高主要公共场所 WLAN 覆盖率，在大专院校、交通枢纽、商业集中区、公共活动中心等主要公共场所要提高普及应用；提高下一代广播电视网（NGB）覆盖率，加快实现电信网、广电网、互联网互通融合以及相关衍生业务的发展。二要提高宽带网使用效能，提高户均网络接入水平，使城市家庭使用网络的平均带宽达到 30 兆以上；提高平均无线网络接入带宽，大幅提高各种无线网络传输方式的实现，使室外网络连接的平均实际带宽水平达到 5 兆以上。三要提高物联网设施建设水平，建设覆盖城市的身份识别感知网络、位置感知网络、视频监控网络和环境感知网络，实现城市动态实时监控。

（3）提高物理设施感知化水平。"智慧地球""物联网"的实质，在于通过运用传感技术、信息通信技术、网络等技术，提高物理世界的感知化、智能化水平。当前，我们应尽最大可能运用信息网络技术，并突出重点领域，循序渐进地加以推进各类基础设施的智能化水平。要根据需要与可能，选择电缆电网、公路铁路、桥梁隧道、工矿等易发生公共安全的危险物品及场所，分轻重缓急地运用感知技术，从而对这些物体实施动态的、智能的监控和管理。通过长期努力，使浙江的物理基础设施及其整个物理世界达到较高的感知化、智慧化水平。

2. 以信息化和工业化融合为抓手，加快提升经济发展智能化水平

加强"两化融合"，以应用创需求、以需求促产业，是信息化推动经济发展的根本途径。推进"两化融合"，就是以改造提升传统制造业、加快发展新兴产业、优化发展生产性服务业为目标，在农业、制造业、物流业、商务等领域率先构筑智慧技术应用体系，推动研发设计智能化、生产过程智能化和企业管理智能化，实现绿色、低碳、智能化发展。主要任务有：

（1）加快发展智慧农业。支持涉农信息技术和产品的研发及应用推广，加大对共性农业信息技术、信息产品研发及产业化的扶持，促进现代信息技术在农业生产、经营管理各环节的广泛应用。围绕粮食生产功能区、现代农业园区建设，开发应用现代农业地理信息系统，促进农业生产规模化、标准化和生态化。围绕发展现代农业和新农村建设，加快构建现代农业产业的智慧生产技术体系，建设一批国家和省级智慧农业科技园、智慧农业新品种示范转化工程、高效生态农业生产技术转化和农产品安全检测智慧技术转化工程，提高农业生产水平，促进广大农民增收。加大对农产品种植、加工、储运、销售等各环节的智能监管，确保农产品质量安全。建设农产品网上交易市场，大力发展农产品电子商务。

（2）加快发展智慧制造。推进智慧技术广泛运用于工业和生产性服务业，培育发展一批"智慧产业"和"智慧企业"，促进产业链形成"微笑曲线"，实现"浙江制造"向"浙江智造"转型。围绕浙江省产业集群转型升级示范区建设，推广共性智慧技术应用，推进制造过程的信息化和自动化，提升生产经营管理过程的智能化水平，全面提高产业竞争力；在全省146家工业行业骨干企业中加快关键环节信息技术的集成应用，进一步普及数字化设计工具，提高关键工序数控化率，实现骨干企业的业务流程改造和升级，提升装备智能化水平。

（3）加快发展电子商务。发挥浙江电子商务大省优势，推进产业链延伸，引导阿里巴巴等大型电子商务企业向物流、融资、商务数据服务等环节延伸；推进电子商务与专业市场、产业集群融合，建立一批电子商务产业园，吸引电子商务服务企业和金融、物流等配套企业集群发展；推进电子商务与物流快递业融合，促进商源、物流整合发展。搭建商务云计算平台，支持电子商务龙头企业办好私有云计算平台。引导电子商务中小企业与信息化服务商、云计算运营商合作，共同打造云计算公共服务平台，为中小企业提供良好的公共云服务。

（4）加快发展智慧物流。把推进浙江海洋经济发展示范区的"三位一体"港航物流服务体系建设，作为智慧现代服务业发展的中心任务，充分利用物联网、互联网等信息技术，打造港航智慧物流体系。在物流运营管理中大力推广物联网等信息技术应用，实现对货物识别追溯、定位追踪、运输物品监控、在线调度与配送可视化，建立可视化智慧管理网络系统，实现对整个供应链的全程管理监控。整合物流公共信息平台，推进物流与电子商务、电子金融、电子口岸、企业 ERP 等信息系统业务协同、数据共享，提高运行效率。推进宁波、温州、台州、舟山等省内港口信息化应用系统建设，加强"大通关"建设，建立全省统一的港口口岸单位服务平台，为进出口企业提供"一站式"通关服务。大力发展第三方和第四方物流，打造国际港航物流服务中心。

（5）加快发展智慧服务业。现代服务业是经济社会发展的新的增长极，而智慧的新兴服务业则代表整个现代服务业的主流和趋势。要把发展智慧服务业作为经济发展和转型升级的重点，着力加以推进。充分利用新一代信息技术，推进现代新兴服务业与信息产业融合发展，提升服务业发展和管理服务的智能化水平。培育覆盖全省的支撑现代服务行业的公共信息、营销集散、人才集聚等平台，完善公共信息服务体系，促进区域整合、部门整合、全省一体化的智能服务业发展。根据全省生产发展和城乡生活物流需求，结合全省 21 个产业集群示范区和重点城市发展实际，统筹规划建设一批融研发技术、金融保险、品牌营销、广告物流、中介服务、人力资源等为一体的智慧服务业园区。结合浙江省旅游业发展实际，开发应用景区电子门禁、电子导游、景点监管等智慧服务系统建设，促进旅游业数字化管理与服务；创新旅游产品，建设"智慧旅游城市"，推动传统旅游向现代旅游转变。

3. 以物联网为着力点，加快提升智慧产业发展水平

突出重点、发挥优势，围绕技术开发、示范应用和标准体系"三位一体"协同发展目标，着眼新兴市场需求引领，着力核心关键技术创新，大力培育发展物联网、云计算、信息通信设备、软件、数字文化创意等新一代信息产业，构建具有较强竞争力的智慧产业体系。

（1）重视发展物联网产业。据有关研究预测，到2015年中国物联网市场规模将达到7500亿元。浙江物联网产业起步较早，在关键技术攻关、新型标识和传感元器件制造、商业化应用开发等方面具有一定领先优势。要进一步加强物联网感知层和应用层关键技术研发，优化网络层数据处理能力，抢占技术和标准制高点，构建集研发制造、配套集成、示范应用、标准推广于一身的物联网产业体系，打造中国物联网产业发展先行区。大力推动物联网产业链纵向延伸和横向扩展，重点培育发展以芯片、电子标签、系统集成等为特色的物联网终端设备制造，以大容量数据存储传输处理为特色的物联网传输设备制造，以标准化、集成化为特色的物联网应用软件开发，形成一批实力雄厚、竞争力较强的物联网设备制造商和服务供应商。引导物联网企业集聚发展，依托国家电子信息产业基地、国家软件产业基地等国家级产业基地，搭建物联网技术创新公共服务平台、大型科学仪器协作共用平台、物联网数据交换和信息安全平台、物联网产业发展研究与对外交流服务平台等一批物联网公共服务平台，争取构建一批千亿级物联网产业集聚区。

（2）重视发展云计算产业。云计算产业市场发展空间巨大，据预测，到2020年，全球云计算产业产值将高达2410亿美元。要充分发挥杭州云计算创新发展试点示范城市建设、云计算平台服务业发达等优势，大力推进云计算平台建设，完善云计算产业链和服务体系。大力建设云计算中心（平台），重点发展面向中小企业电子商务应用的商用公有云，引导并满足中小企业商务需求；面向特定行业开发云计算服务，建立若干个金融、通信、安防监控等行业云平台；整合政府信息资源和基础数据库，发展全国领先的政务、科教等公共信息服务云。大力扶持阿里巴巴等云

计算龙头企业,推动云计算服务商、电信运营商、第三方数据中心、行业信息中心之间加强合作,组建云计算产业联盟,提升云计算企业集成创新能力和竞争能力。大力推进杭州云计算创新发展试点示范城市建设,先行先试,引领推进云计算法规政策体系、行业标准体系、信用体系建设,率先开展云计算基础设施建设、核心关键技术研发和行业应用服务示范,带动全省云计算产业发展和云计算发展环境优化。

(3)重视发展电子信息制造业。电子信息制造业是浙江信息产业的重要支柱,发展基础较好,但相比江苏等省市,产业自主创新能力薄弱、中高端产品缺乏等问题也较突出。要顺应移动互联网、无线城市建设需求,大力发展平板电脑和大容量、高性能的无线传输设备和个人信息终端产品等,结合第四代移动通信和电信网、广电网、互联网"三网融合"试点建设需求,大力发展以 TD—SCDMA 为重点的 3G 产品系统设备、高性能第四代移动通信终端、高清移动数字电视及其他"三网融合"系列新产品。要抓住遥感、地理信息系统、全球卫星定位系统等 3S 技术创新发展契机,大力发展应急卫星电话、卫星定位产品以及数字视频监控设备等;围绕掌握核心关键技术,大力发展高端服务器以及高性能芯片、集成电路、电子专业材料与元器件等。要高标准建设国家级电子信息制造业基地,集聚发展一批具有自主知识产权专利、品牌和产品的创新型龙头企业,提升全省电子信息产品制造水平。

(4)重视发展软件和信息服务业。要主动适应经济社会发展需求,努力打造具有国内外重要影响力的软件和信息服务业基地。坚持以政策扶持、重大创新项目为引领,加强产业基地建设,创建一两个中国软件名城,建设一批国家级软件产业基地、信息服务基地、电子商务基地、动漫游戏产业基地、数字内容服务基地、信息外包服务基地和新型业态创新示范区,构建创新创意要素集聚的现代化产业集群。要完善产业支撑载体,大力培育龙头骨干企业和著名品牌,做优做强浙江软件名牌,争取到 2015 年年业务收入超 100 亿元的龙头企业达到 6 家以上。围绕软件和信息服务业战略性新兴产业,搭建产业联盟,延伸产业链条,创新商业模式和服务模式,培育发展新兴增值业务,逐步形成新一代软件和信息产业发展的重要增长点。

4. 以文化与科技融合创新为途径，加快提升网络文化发展水平

我国正大力推动文化大发展大繁荣。浙江省在建设"智慧浙江"的过程中，要更加重视文化作用，以发展面向现代化、面向世界、面向未来的，民族的科学的大众的社会主义文化为方针，以建设社会主义核心价值体系、公共文化服务体系、文化产业发展体系等"三大体系"为目标，以文化事业单位、三大通信运营商和华数集团等为依托，着力推进文化与科技的融合创新，大力发展数字内容产业、网络传媒、先进网络文化，为浙江的现代化建设提供强大的精神支撑。

（1）重视推进网络管理。随着互联网的普及，信息传播呈现散点化，社会思潮更趋多元化。网络给社会的作用是双重的。网络传播一方面有利于繁荣文化、凝聚人心，促进社会和谐稳定；另一方面管理不善则易导致不良信息泛滥，引发矛盾，涣散人心。当然，网络传播所带来的负面影响，多是网络管理不科学、不到位所致，不能因为它的存在就抑制网络发展。我们要切实把社会主义核心价值体系融入网络社会建设。社会主义核心价值体系是兴国之魂，是社会主义先进文化的精髓。加强网络社会的管理，首先就要用社会主义核心价值引领网络社会思潮，规范网络参与者行为，引导广大网络参与者增强法律意识和自律意识，养成健康文明的上网习惯。要积极建设网络文化阵地，及时提供人民群众所需要的、喜闻乐见的先进文化服务，引导网络文化健康发展。

（2）大力构建智能公共文化服务体系。新一代信息技术为加强文化遗产保护利用、完善公共文化服务网络、促进公共文化产品生产，提供了新的可能和新的动力。要大力加强历史文化资源的数字化保护和传承，将历史文化资源进行系统化整理、数字化处理和网络化传播，建设数字化博物馆、纪念馆、图书馆、美术馆和文化馆等，加强数字文化资源共享和网络互联。要大力加强数字化公共文化服务网络建设，充分利用"三网融合"契机，使公共文化服务更广泛地惠及城乡居民。利用信息化手段，深入推进广播电视"村村通"、文化信息资源共享、农村电影放映、农家书屋建设等重点农村公共文化服务工程，为农村居民提供优质高效的公共文化服务。要大力增强公共文化产品的生产供给能力，加强数字化精神文化产品创作生产，支持广大网民和文化企业生产质优价廉、

健康适用的公共文化产品，参与公共文化服务。深入开展基于网络的公益性文化活动，举办浙江网络文化艺术节，创新网络公共文化服务发展机制，形成健康向上的网络文化氛围。

（3）大力发展数字文化产业。充分发挥浙江省数字内容和网络游戏提供企业的优势，创造数量多、覆盖广、内容丰富的数字内容，为在线服务平台、手机游戏研发、专业网络博客、数据平台、手机动漫、动漫原创音乐等产业链上各个环节，提供更多的服务产品。大力支持东南卡通等企业做强做大，不断探索信息网络科技与文化产业融合的创新模式。依托杭州高新区国家动漫产业基地、西湖区国家数字娱乐产业基地等文化产业基地，利用浙江大学、中国美术学院、浙江传媒学院等高校的科研资源，推进相关数字文化产品的开发生产。加强数字文化产业创意人才培养，着力数字文化产业发展核心关键技术研发突破，加快抢占数字文化产业发展的创意和技术制高点，努力把浙江打造成为全国领先的以动漫游戏、数字内容服务为特色的数字文化产业示范区。

（4）大力支持新媒体创新发展。深入探索"三网融合"基础上的网络和业务平台建设模式、业务创新机制和商业模式，形成多业务、多网络、多终端的融合，为用户提供更加便捷、丰富、个性化的综合信息服务。支持华数集团用好 IPTV、3G 手机电视集成播控平台和互联网电视集成播控平台等全国最完备的三网融合业务牌照，开展数字电视、互联网、通信网相互融合的全媒体、数字化服务，积极开展技术创新、应用创新、商业模式创新。办好浙江网络广播电视台，提升手机新媒体的商业化运营，推进互联网电视发展，构建全新的数字媒体内容服务体系，增强相关内容提供商的竞争力和影响力。搭建跨电视屏、电脑屏、手机屏、楼宇和车辆的 LCD 屏、户外 LED 大屏等综合信息平台，使数字业务和应用的整合从有线拓展到无线，满足不同客户对数字信息资源的需求。

（5）加大网络文化规范化管理。要研究网络文化的发展规律，加强网络文化法制管理，加快建立法律规范、行政监督、行业自律、技术保障相结合的网络文化管理体制和机制，推动网络文化健康发展。把网络文化管理的立法工作纳入整个信息网络法制建设的框架，对网络违法犯罪做到执法必严、违法必究。进一步加强对网络文化产品的监控与管理，加快研制和开发先进的防范处置软硬件，推进网络安全体系建设，以技术突破带动网络文化管理水平的提高。以行业自律为重点，自觉维护主流思想，传播先进文化，抵制低俗之风，维护公平竞争，构筑网络诚信，巩固网上社会主义先进文化阵地。

5. 以创新管理为要求，加快提升社会管理服务智能化水平

积极推进社会领域系统化的智慧应用、体系化的融合和信息资源的深度开发利用，有效识别、整合、管理和控制各种信息，尤其要重点推进智慧交通、智慧电网、智慧医疗、智慧市政、智慧环保、智慧应急管理、智慧安保、智慧城管、智慧公共服务等方面的应用发展，不断提高各级党委政府公共管理水平，全面提升城乡居民的生活质量。

（1）大力发展智慧政务。要在各级政府构建跨部门跨地区信息互联互通和业务协同、政务处理更加智能的政务平台。推进"政府云"建设和示范应用，整合政务信息资源，建设好政务数据中心，统一数据标准，规范信息采集，建立和完善信息资源目录和数据交换目录体系，提供信息共享基础数据；着力加强政府部门业务协同，推进现代信息技术与政务流程有机结合，实现业务流程规范化、标准化和高效化，依托网上"一站式"行政审批系统等协同办公平台，实现政府部门功能系统集成。在推进政府网站体系建设的基础上，着力推进服务集成，建设和整合"一站式"公共服务网络平台和业务应用系统，形成标准统一、功能完善、安全可靠的政务信息和公共服务网络。

（2）大力发展智慧交通。随着城市化加快推进，交通拥堵问题日益突出。据估计，目前浙江省经济发达城市上下班拥堵成本逐年上升，交通安全压力日增，交通舒适感不断下降。要积极运用物联网、云计算等新一代信息技术，构建"高效、安全、绿色"的智慧交通体系。推广应用传感器等交通信息基础设施，搭建交通云计算平台；整合道路信息管理系统、公交系统、出租车系统、电子收费、电子通信系统、车内导航系统、消防、医疗等部门交通信息系统，加强交通流量监测和模拟预测，实现科学决策、管理、调度指挥。要建立面向交通管理者和广大出行者的一体化信息整合及应用服务平台，为城市交通信号控制系统、交通流诱导系统提供实时动态交通信息，引导公众选择合理的出行线路。要在

高速公路和交通流量较大的桥隧收费路口，全面推进电子不停车收费系统建设，推进城市停车场改造建设，建成具有动态更新发布停车位信息和电子付费等功能的智能停车场，有效减低停车卡口拥堵和无效行车的能耗。要推进交通运输部门移动执法和电子执法系统管理，提高执法效率，节约执法成本。

（3）大力发展智慧环保。充分利用新一代信息技术，促进环境保护向自动化、智能化、网络化方向发展。一是建立和完善智能环境监测预警系统。利用卫星遥感技术、传感技术、无线感应技术，加强污染源自动监控、环境质量自动监测和环境卫星遥感，对区域内地表水、空气、废水、废气、噪声、烟控区等进行实时监控，对数据进行自动采集、处理，超标自动报警，提高环境监察的快速反应能力。二是构建环境保护业务支撑平台。加强省、市、县各环保应用系统之间的信息互联与共享，并运用云计算技术，对环境信息进行智能处理，为制定正确的环境保护决策提供依据。三是大力推进感知技术在节能减排中的应用。以印染、造纸、皮革、化工、冶金、医药、建材等高耗能高污染行业为重点，实现对工业全流程的"泛在感知"，获取传统无法在线监测的重要工业过程参数，实施优化控制。建立健全主要污染物排放监测和资源能源综合利用效率监测和评测体系，实现对重点用能单位用能情况的实时监控。

（4）大力发展智慧电网。缺电已成为制约浙江经济增长的重要因素。要重视加强全省电力系统基础设施的信息化工程建设，充分利用传感器、智能表计、数字化控制装置和先进分析工具，实现对发电、输电、配电、用电等电力系统全流程监测控制，促进电网整个系统运作的优化。加强智能电表推广，构建智能化双向互动体系，满足用户的多元需求。要构建电网管理智能辅助决策系统，采用科学模型对用电需求、电能流情况进行科学预测和判断，为发电、输电、配电、用电各方及监管单位提供科学决策所需信息，实现按需求智能化供电。

（5）大力发展智慧医疗。优质医疗卫生资源的稀缺性与医疗卫生服务的普惠性之间的矛盾，是导致"看病难，看病贵"问题的重要根源之一。要高度重视运用新一代信息技术，推进优质医疗卫生资源整合共享，提高医疗卫生服务效率，推动新一轮医药卫生体制改革。一是推进电子健康档案系统和语义化数据库建设，动态收集与整合居民健康信息，完善数据标准和医疗用语标准，逐步建立统一的语义化数据库，实现各医疗机构之间的信息整合与共享。二是建构智能化临床决策支持系统，根据临床病例信息，依托电子健康档案和语义化数据库，提供医生医学观察、诊断、处治和愈后监理等全程决策参考。三是推进远程挂号和电子收费系统建设，增加居民使用电话与网络进行远程挂号比重，加强医保账户与个人银行账户无缝对接，实行看病远程挂号和电子收费。四是推进远程医疗系统建设，依托语义化数据库和信息数据的远距离传送，实现专家与医务人员、病人之间异地"面对面"的远程会诊。建立远程医学教育网络系统，为基层医生进修提供服务。五是在中心城镇（社区）建立涵盖城乡全民医疗信息、预防保健信息、公共卫生信息等综合性的公共卫生数据中心，构建应急指挥、预防保健、健康教育、计划生育、卫生监督管理等功能一体化的公共卫生信息系统。六是重视建立多媒体医疗保健咨询系统，为公众提供丰富的保健咨询服务。

（6）大力发展智慧教育。发展智慧教育意义重大。第一，创建泛在化的教育公共服务平台。在加快推进教育资源数字化的基础上，利用云计算、移动互联网等技术，实现教育数据中心云计算化，构建在线学习、公共数字图书馆、学习互动交流、虚拟实验、教育资源搜索等全方位的教育资源公共服务平台。第二，创建智慧校园。利用新一代信息技术、RFID、智能终端、视频监控等对学校教学管理、生活服务设施等进行信息采集、传输、整合及智能处理，实现教学、科研资源的整合共享，提升行政办公和教育管理能力。加强对校园交通、安防、环境的智能监控，推进校园综合环境测控、校园饮食安全的食品溯源系统等应用系统建设，维护校园安定和谐。第三，创建校园教研支撑体系。建立集教学科研网、资源网、智能网于一身的校园综合网络环境；建立智慧校园数据存储中心，推进学校教学与科研资源的整合开发，实现信息资源、智力资源的共享，教学科研模式的集成创新，为师生开展教学、科研和创新型探索提供良好环境。

（7）大力加强智慧应急管理。浙江是自然灾害多发地区，加强自然灾害及公共卫生事件、社会安全事件等突发性事件的应急处置，是促进平安和谐的重要保证。推进应急管理智能化，一要建立完善自然灾害及突发性事件监测预警制度。借助物联网技术，对地质灾害易发地点进行常规与动态监测，对监测信息进行深度处理，运用科学模型开展预测与预警。二要搭建自然灾害及突发性事件信息平台。建立完善危险源、应急物资、应急预案等基础信息数据库，实现与地理信息系统、全球定位系统和气象信息系统、交通信息系统等的无缝对接，对突发性事件信息实施动态的快速反应和智能处理。三要建立完善社会治安防治、应急决策与救援处置机制。整合公安指挥调度系统、视频监控系统、警用地理信息系统、卫星定位系统和110接出警系统资源，加快视频图像处理、物联网和射频等技术应用，提高公共安全预警防范能力。加大对虚拟社会的管控力度，构建政府、社会多方参与的互联网管理模式，形成政府自上而下管理、公民自下而上参与的互联网管理体系。加快建立形成全覆盖、动态跟踪、联通共享、功能齐全的社会管理综合信息台，完善政府相关部门的应急指挥平台和处理机制，实现各部门信息整合、业务协同与快速联动，以最快速度寻找最优处置方案。

（8）大力强化智慧安全监管。加强食品安全、药品安全和生产安全等领域的智慧技术应用，建立食品、药品和生产安全实时监控和责任事件追踪系统。一要对食品药品从原料生产、加工、运输、销售到市民消费整个闭合圈，实施全流程监管和质量追溯，防止违法事件发生。对危险作业全流程进行实时监控，确保生产安全，明确安全生产责任。二要在技术应用创新基础上，健全安全管理机制。建立和完善早期预警机制，防范安全隐患于萌芽状态；建立和完善实时监控机制，对相关从业单位和个人实施分段追踪，定点信息对比，打击违规行为；建立和完善处置机制，当安全事件发生时，及时传递信息，快速分析判断，果断处理化解，把安全影响控制在最小范围。

6. 以智慧城市为龙头，加快提高城乡统筹发展智能化水平

加快推进信息化与城市化深度融合，全面提升现代城市综合功能和城乡智能化水平。坚持试点先行，构建智慧城市、智慧社区（农村）并举的城乡智能化管理服务体系。

（1）加快推进"智慧城市"试点工作。建设"智慧城市"，以"数

字化、智能化、网络化、协同化"为导向，加强对城市的全面感知，促进各类信息网络互联互通，提升城市运行效率，打造生活更便捷、环境更友好、资源更节约的可持续发展的城市。构建"3+X"试点工作模式，加强省政府和工信部、国家标准委及国家应用主管部门战略合作，积极有序地推进智慧城市建设试点。杭州、宁波市可开展智慧城市综合试点，温州、嘉兴、湖州、绍兴、金华、衢州、舟山、台州、丽水市可开展智慧交通、智慧制造、智慧社区、智慧旅游、智能公共服务、智慧环保、智能社会管理、智慧水利、智慧港航物流服务和海洋旅游等专项试点，义乌市可开展电子商务综合试点。各市应立足优势，率先推进新一代信息技术开发应用和商业模式、服务模式创新，力求建立起智慧城市建设的组织领导、建设运营、政策等支撑体系。

（2）加快推进智慧社区（农村）建设。建立街道和社区公共信息服务平台，丰富服务内容，提升服务功能，积极推进智慧楼宇建设，完善社区视频安全监控系统，提高城乡街道社区为民服务和安全保障能力。大力推进农村信息化，深入推进农民信箱工程、农村信息化示范基地建设，加快建立专业性涉农信息资源和综合服务平台，构建和完善农村公共信息服务体系；加快电子政务网络向乡镇延伸，与基层行政（政务）服务中心对接，丰富乡镇电子政务应用，提升基层信息管理系统功能。加强城乡公共文化信息资源共享，继续办好党员干部现代远程教育培训网络，加强实施千万农民素质提升工程，积极发展全省农村远程医疗信息平台和乡村网络医院，健全农村医疗卫生服务体系。鼓励和引导发展智慧家庭、智慧消费，推进智慧产品进入千家万户，夯实智慧城市、信息产业发展的基层基础。

7. 以企业为主体、产学研为方向，加快提高信息网络技术研发水平

建设"智慧浙江"，科技创新是基础，人才资源是关键。依靠浙江大学等重点高校、中科集团第52研究所等重点科研院所、中科院嘉兴无线传感网工程中心等大院名校共建单位，以及企业研发中心和重点实验室，加快高端科研人才集聚，加强相关学科建设，大力提高新一代信息网络技术研发水平。

（1）组织实施物联网及相关技术重大专项。围绕新一代信息技术等

重大科技专项的组织实施,重点加强集成电路、通信网络、高端软件和云计算等技术的研究与应用,力争在互联网应用的关键技术与配套软硬件等关键技术上有所突破,形成具有自主知识产权的 IP 核产品产业链,保持浙江省软件产业技术及产品在国内领先,带动信息产业做大做强。

(2)组织实施信息技术的推广应用与转化工程。实施制造业信息化技术成果转化工程,重点转化推广制造业产品设计、生产装备、流程控制、在线检测监控及企业管理、仓储营销等信息化技术,使浙江省产品数字化、智能化与设计、制造和生产过程的自动化水平达到国内领先水平,传统产业的综合竞争力大幅提升。实施服务业数字化技术成果转化工程,加快现代信息网络技术在各个领域的推广应用,建成一批现代服务业示范工程,争取服务业数字化水平达到国内领先。

(3)培育和引进研发机构、创新平台和创新人才。探索完善平台建设和运行的体制机制,新建一批科技创新平台特别是行业平台,为中小企业开展技术创新提供服务,解决一批智慧技术的共性难题。继续推动信息技术企业研究院、研发中心、孵化器等"六个一批"创新载体做大做强,使其成为信息技术开发、成果转化和产业化的基地,带动信息技术创新能力的提高。加大"智慧浙江"建设的人才培养和引进力度,将现代信息技术专业人才,作为高层次人才引进和创新团队培育的重点。

(4)做大做强信息技术产业和高新技术企业。进一步确立高新技术企业在信息产业、智慧技术发展中的主体地位,用足用好国家扶持高新技术企业发展的政策,着力培育一批无线传感器网络技术研发、网络运营和信息增值服务等龙头高新技术企业,培育大企业大集团。支持和鼓励高新技术企业牵头参与"智慧技术"国家和国际标准制定,牵头组建智慧技术公共服务平台和产业技术战略联盟。

(5)建设一批智能化高新技术产业园区。积极推动杭州、宁波、绍兴等国家级高新技术产业开发区、省级高新园区和特色产业基地等信息技术产业集聚区的发展,把它作为"智慧浙江"建设的重要载体和突破口,发挥示范领跑作用,努力提升园区数字化、网络化、智能化水平。省科创基地(青山湖科技城)要在规划编制、基础设施建设和综合管理方面,全面实施智能化建设方案。要重点加强信息技术领域重点科研机构的引进工作，把科技城打造成浙江省乃至全国物联网产业的发展基地。

（6）大力加强国内外科技合作。支持企业"走出去"设立、兼并和收购信息技术研发机构，设立双边互动的国际孵化器和海外创新创业合作基地，购买外国专利、参与国际标准制定。引进国内外一流大学、高科技企业、科研机构和科技园，加强与中科院、清华大学、香港大学等在信息技术领域的全面科技合作。建立一批国际科技合作基地、出口商品基地和国际技术转移机构。继续深化拓展与IBM、思科公司、甲骨文公司等世界知名企业在智慧技术方面的合作，利用全球高端信息、技术、人才资源，提高信息技术创新能力和信息化水平。

8. 以法规和标准化为重点，加快提升信息网络安全保障水平

加强信息网络安全保障，建立促进智慧技术与产业健康发展的法律法规和标准化制度体系，是顺利推进"智慧浙江"建设的重要保证。要高度重视网络信息安全，着力从技术、设备、管理、法律法规等方面，建立起立体的、动态的安全防范体系和监管机制，推进"智慧浙江"建设步入规范化、法制化轨道。

（1）加快建立推进智慧化发展的行业标准化制度。充分发挥标准的引领规范和创新模式的积极作用，大力实施"智慧浙江"品牌和标准化战略，鼓励企业积极参与智慧产业领域国际标准、国家标准和行业标准制定，形成和掌握一批自主知识产权，做大做强自主品牌。加强智慧技术的标准化研制和安全应用，以技术和产业的标准化管理促进信息网络安全建设。要积极借鉴国内外智慧城市建设的经验，加快制定智慧技术和产业研发的法规标准和考评管理制度。包括智慧技术与产业的准入标准规范，智慧技术与产业的激励制度等。建立与国家配套、切合实际的智慧产业与智慧城市发展考核制度，将地区智慧产业与城市发展成本纳入政府绩效评估考核。

（2）进一步加强信息安全防范法规制度建设。切实做好消费者权益保护、网络市场秩序和安全的监管保障工作。加强业务与技术标准、政策法规、制度规则的创新和应用示范工作，使技术手段与法律手段同步推进。一是建立共建共享网络的保密制度。二是建立网络交易服务的实名制度、诚信制度、合同认证和违约、侵权责任追究制度，维护电子商

务活动的正常秩序。三是建立确保网络服务安全的应急保障法律制度。四是加强"智慧浙江"建设的相关法规制度建设，确保网络整合建设，防止"信息孤岛"，加强反垄断、防重复建设。

四 加快"智慧浙江"建设的若干具体建议

建设"智慧浙江"是一项长期艰巨的任务。建议省委、省政府近期着重抓好以下工作。

（一）把"智慧浙江"建设作为事关浙江未来发展的重大战略来谋划部署

要站在发展知识文明的战略高度、加快转变经济发展方式的全局高度、培育经济新增长点构建区域竞争新优势的现实角度，充分认识"智慧浙江"建设的重大意义，把它作为一项事关长远、事关全局的省级战略任务。建议省委、省政府听取专题汇报，做出相关决定，加大工作力度，统筹谋划部署，明确当前和今后 5—10 年"智慧浙江"建设的思路、目标、任务和举措，并着力抓好"智慧浙江"相关试点工作，条件成熟时召开全省"智慧浙江"建设工作会议，进行全面部署，系统加以推进。

（二）制订"智慧浙江"建设总体规划和推进计划

建议组织相关部门和专家，成立专门编制规划小组，在全省国民经济和社会发展总体规划、物联网等战略性新兴产业发展规划的基础上，认真做好顶层设计，明确思路、任务和工作举措，形成"智慧浙江"建设的总体方案，提出可行的系统建设计划和工作任务。

（三）研究出台加快"智慧浙江"建设的政策措施

建议省委、省政府出台推进"智慧浙江"建设的指导性政策意见，完善相关税收、财政、用地等政策，建立新一代信息产业发展指南，鼓励新一代信息技术应用。各地政府加大对信息产品、服务和解决方案的采购，实施智慧基础设施、智慧公共服务和智慧政务建设的千亿投资和采购计划，以政府采购创造市场需求，引导新一代信息产业发展。整合科技创新服务平台资金、电子商务产业发展资金等已有专项资金，建立"智慧浙江"建设的财政专项资金，加大新一代信息技术应用和信息产业发展投入，设立新一代信息技术开发与产业发展基金，特别是对智慧城市建设试点示范工程予以财政支持。

（四）加大借力发展和对外合作力度

发挥市场杠杆作用，以市场换技术、以市场换人才、以市场换资金，不断完善智慧技术创新和产业支撑体系。以省政府、工信部、国家标准委《共同推进浙江省信息化与工业化深度融合和"智慧城市"建设试点战略合作框架协议》签订为契机，高度重视省部合作，创建国家、行业标准，合力推进智慧省、智慧城市相关标准的研制和先行先试，抢占先机、抢占战略制高点。充分运用市场机制，加强与中国电信、中国移动、中国联通等国有大企业的战略合作，全面落实相关战略合作协议，创新商业模式和服务模式，进一步做好"三网融合"及物联网相关机构和项目的引进和实施。加强与IBM等跨国企业的交流合作，在保持中方主导的原则下，尽可能借助跨国企业的先进技术和管理智慧，引进相关解决方案。加强智慧产品和技术应用推广培训，推动新一代信息技术应用普及化大众化。

（五）加大智慧城市建设的试点力度

充分发挥杭州、宁波等城市的示范作用，在各市和信息化基础较好的部分县加快推进智慧城市试点，促进智慧城市创建与信息技术、信息产业创新的互动发展。大力开展智慧应用体系以及居民信息应用能力建设，加快形成产业发展高端化、社会运行管理高效率、居民生活高品质的具有较强辐射力、影响力和带动力的智慧城市。着力探索构建政府、企业、市场等在智慧城市建设和运营中的关系，尤其是要大力推动商业模式、服务模式创新，努力走出可持续的智慧城市建设路径。

（六）全面推进"六个一批"工程

建议结合浙江省目前正在推进的"四大建设"、海洋经济发展示范区和舟山群岛新区建设以及义乌国际贸易综合改革试点，以领军企业为龙头，以基地建设为抓手，以大项目为支撑，组织一批智慧技术与产业研发项目，布局建设一批示范工程，培育一批优势骨干企业，打造一批智慧产业集聚基地，会聚一批智慧高端创新人才，创建一批公共服务平台，提升"智慧浙江"集约发展水平。要把省级产业集聚、省科创基地和海创园、省级以上高新技术开发区作为"智慧浙江"建设主阵地来规划建设，着力培育形成一批创新能力强、创业环境好、特色鲜明、集聚发展的智慧产业示范基地。

（七）把"宁波智博会"上升为省部级的全国知名品牌的博览会

宁波市在国内率先系统推进智慧城市建设，利用现代网络与信息技术加强城市管理、改善城市服务、完善城市功能，取得了智慧城市建设的初步成效，并于 2011 年 9 月举办了国内首个以智慧城市为主题的"2011 中国智慧城市技术与应用产品博览会"，反响大，效果好。建议省委、省政府总结"宁波智博会"的成功经验，力争把"宁波智博会"办成"智慧浙江"建设的标志性年会，使其成为一个具有国际影响的智慧城市技术与应用产品展示交易场所。

（八）总结推广智慧技术应用商业模式创新的典型

智慧技术推广应用，有赖于探索创新商业模式。浙江省在推进数字化、网络化建设和新一代信息技术应用的过程中，形成了一批典型商业模式，值得总结和推广。例如，杭州华数集团通过技术、应用、管理和服务的创新发展，已经成为拥有网络最齐全、经营服务领域最广的广电运营企业，位居中国新媒体和"三网融合"第一阵营；以阿里巴巴为代表的电子商务交易平台，集成了信息、支付、物流、金融和 IT 运营等多种服务，引领了中国电子商务服务业的发展；交通物流运输公共信息共享平台以物流通用软件建设为基础，以物流信息交换为核心，形成了标准化、公益性的物流信息系统，推动了物流企业的信息化进程，提升了核心竞争力，也节约了成本；新一代信息技术应用在投资建设方面，目前已形成用户自建、政府投资和平台租赁等模式，各具优势；等等。及时总结这些商业模式创新的经验，提高技术应用水平，显得十分必要和迫切。

（九）建立健全"智慧浙江"建设考核评估体系

加强"智慧浙江"建设考核评估，首先要建立新一代信息技术应用系统运行的评价指标体系，把考核评估作为系统解决方案验收和改进的重要举措，对应用系统建设项目进行系统全面的运行评估，确保新一代信息技术应用系统高效协调运转。同时，要对各级政府建设"智慧浙江"、智慧城市，以及各行各业的智慧发展进行评估考核，强化领导的责任意识。

（十）加强组织领导和统筹协调

建议在浙江省信息化工作领导小组的基础上，成立"智慧浙江"建设领导小组，由省委、省政府主要领导担任组长，明确分管领导，强化办公室职能，统筹领导推进"智慧浙江"、智慧城市和信息化建设。成立专家咨询委员会，建立辅助"智慧浙江"建设的专家人才库，积极跟踪新科技革命和新兴产业发展动态，对"智慧浙江"建设总体规划、建设方案、实施效果开展咨询指导。成立智慧城市促进会，广泛汇聚政府有关部门、企业、高校、科研院所等各方力量，合力推进智慧城市和"智慧浙江"建设。各级党校要加强对领导干部智慧城市建设、现代网络应用知识的培训，各高校、职院、职校要建立对企业家的培训制度，建立和完善对高层次人才和高技能人才的培养教育制度、职称职业资格培训和考试认定制度等。

关于建设惠及全民现代化的思考和建议

刚刚闭幕不久的中共浙江省党代会（2012年6月），对浙江过去一个时期的发展成就进行了总结，对未来一个时期的发展前景进行了谋划，并郑重提出：浙江省要在全面建设小康社会取得决定性胜利的基础上，"为建设物质富裕精神富有的现代化浙江而奋斗"。这是继江苏省之后，又一个明确提出开始步入建设基本现代化发展新阶段的省份之一。

实现现代化是近现代以来我们中华民族不懈追求的崇高理想。经过几百年尤其改革开放30多年的快速发展，不屈不挠的中华民族，终于在东南沿海一些省市走向了建设现代化的实践。毫无疑问，这是具有划时代意义的，是令中国人欢欣鼓舞和自傲的！当然，我们也应当看到，在今后相当长一个时期，我国绝大多数地区仍然处于全面建设小康社会阶段；实现基本现代化对浙江、江苏等省市来说，也依然不过是未来5—10年的奋斗目标而非今天的现实，现在只是开始进入建设基本现代化的起步阶段；同发达国家当前的现代化水平相比，我们人均经济指标差不多只是人家的1/10左右；同目前世界上中等发达国家相比，我们的发展水平也只是人家的中等程度。然而，我们要建设的现代化，虽然基础薄、起点低，但目标要求高，内容丰富全面。因为，我们建设的现代化是中国特色社会主义的现代化，又是现时代的、同国际上发达国家现代化可比较的动态的现代化，而且还要借鉴发达国家工业化、现代化过程的经验教训。

因此，站在继往开来和中外全球的时空基点上，我们要清醒地认识到，今天浙江、江苏等省市建设的现代化，只是开启了走向现代化进程的万里长城的第一步。由全面小康社会而步入初级阶段的现代化，特别需要忧患意识，正视发展进程中的矛盾和问题，看到与"基本现代化"的差距，扎扎实实打好现代化建设的基础。扬我们现代化建设之长，千万不可回避我们发展中之短，既要做足强项，更要补足弱项。这就涉及现代化建设的内容、路径和目标等问题，也关系到浙江、江苏等先发省市现代化建设的先导性意义，更意味着我们要建设的是应比全面小康社会要求更高、内容更全面、老百姓能得到更多实惠的现代化。

笔者认为，当我们开始步入建设基本现代化历史之门的关键时期，以下 10 个方面尤其值得重视并努力加快"补"齐、"补"强。

第一，既要经济现代化，更要加快社会现代化。经济比较发达，物质比较富裕，生活水平比较高，这是现代化的基础，也是基本内容和主要标志。因此，我们任何时候都不可忽视、放松经济建设。但现代化又是一个整体的社会进步过程。国际现代化经验和教训也明示我们：片面追求物质层面的现代化而忽视社会进步的现代化，会导致畸形的现代化，甚至陷入"中等收入陷阱"而徘徊不前。有的学者研究分析后认为，如果从经济发展、社会进步以及人口素质与环境这三大类的 15 个具体指标，对浙江现代化进程进行量化分析，就可以发现浙江共有 7 个指标差距较大，其中主要集中于社会发展类有 5 个指标，以及第三产业比重和大学生比重不足等指标。因此，目前像浙江等省市的现代化进程，客观上存在以经济发展为主，社会发展相对滞后的问题[①]。比如，目前浙江省的人均受教育年限约为 8.4 年，还低于全国平均水平；高等教育毛入学率虽然达到 47%，但与 60% 以上的基本现代化国家平均水平相比，差距还较大。因此，我们在推进现代化建设实践中，一方面要继续以经济发展为主导，另一方面要更加重视和加快诸如科教文卫、居民收入和社会保障等社会事业的发展。

第二，既要经济发展量（规模）的现代化，更要经济发展质的现代化。现代化无论表现在经济、政治还是社会、人的素质等各个方面，都可以有规模的、量化的指标，因为任何事物都由质和量所构成。从一定

---

① 参见《浙江日报》2012 年 6 月 4 日第 14 版"观点摘编"张菀洺博士的观点。

意义上，质与量具有内在的统一性，但也有落差性。比方说，当前我国经济有了相当的规模和数量，甚至堪称世界的制造大国，但我国经济发展的质并不高，产品质量低，附加值低，科技含量低，耗能高，排放高。制造大国、生产大国并不意味着"制造强国""经济强国"。我国目前的许多行业、产品，都属于需要淘汰的落后产能、过剩产品。我国经济要走向国际化、现代化，主要矛盾有量的提升，更根本的还是质的跃升，是加快经济、产业、产品的结构调整，由粗放型增长方式向集约高效型发展方式的转变。正如香港大学教授许成钢援引有关研究成果表明，由于资本与其他资源不合理配置，目前中国的生产率比美国约低 50%。中国即使不增加新的投资，而只要改变经济结构，改善资源配置方式，经济就能较快增长。有专家根据工业化水平综合指数推测，认为"中国工业化十年后将完成"，如果我们仍然走以铺摊子、上项目、大量消耗资源、严重污染环境为主导的粗放式工业化发展道路，就会越走越窄，甚至走入死胡同。因此，必须加快调整经济结构，大力发展服务业，走内生增长、自主创新发展之路，扭转处于世界低端产品生产的"世界工厂"格局①。同样，浙江的经济结构、产业结构、产品质量、现代产业体系等，即经济结构的现代化水平也亟待提高，发展方式也亟待转型，发展质量也亟待提升。这是我们步入建设基本现代化实践的初始阶段，在经济领域首要的基本任务。

第三，既要实体经济现代化，更要加快金融资本经济的现代化。讲经济发展现代化，不能不讲金融经济、资本证券市场的现代化。但这往往被不少人所忽视。其实，没有金融经济、资本市场的现代化，根本不可能有经济的现代化。要知道，建立在实体产业尤其是工商业基础上的现代金融经济，是现代经济体系及其运行的"血液""灵魂"。一个国家的金融货币经济不发达、资本证券市场不发展，就根本谈不上发达经济体，在国际经济舞台上就不会有多少话语权，在世界经济市场中就谈不上有多少竞争力。我们应清醒地认识到，现代经济主要是由现代产业（主要指实体经济）、现代市场体制（包括相应的法制）、现代科学技术

①　参见《环球时报》2012 年 6 月 19 日第 15 版王元丰文章。

和现代金融（资本证券）经济这四大主体及它们之间的相互融合为基本支撑点的，现代经济发展的基本动力也源于此。因此，我们既要咬住实体经济不放，又要重视发展金融资本经济，加快金融改革和区域金融创新。

第四，既要生产的现代化，更要生活的现代化。现代化是包括人们生活水平、生活品质、生活方式在内的社会进步过程。我们不但要追求生产制造过程现代化，成为生产大国、制造大国和贸易大国，而且还要成为消费大国、市场大国和生活大国。事实上，生产发展了，经济繁荣了，并不完全等同于生活水平就提高了，人们就幸福、和畅了。据美国南加州大学公布的一项研究显示：中国经济虽已欣欣向荣，但人们的幸福感却并未随之上升。改革开放以来，尽管中国的人均收入已上升了四五倍，但幸福指数却并没上升多少，可谓整体改变甚微。幸福学领域的先驱学者理查德·伊斯特林指出，幸福指数的波动首先同失业率相关，其他拉低幸福指数的因素分别是分配不均和社会保障体系的缺失。这说明，增长的财富并不自发地趋向于增加幸福感，人们也常常会与人攀比财富。当然，金钱是幸福感的最重要基础，但金钱本身并不是也不能买到幸福。在中国，最贫穷的人群纷纷表示，尽管自己收入也在增加，但感到越来越不幸福。这是一个很重要的现实，生产发展、经济财富增多，并不是生活就随之会同步感到越来越幸福的①。还有，生产发展了，经济繁荣了，也不完全等同于生活水平就提高了，生活环境就改善了。人们的生活水平和生活品质既取决于生产发展，也取决于社会体制、分配政策、社会保障制度和社会环境，等等。做大蛋糕重要，分好蛋糕更难更重要。中国是一个人口已经超过13亿之多的大国，经济发展离不开国际市场的外需，但更需要依托国内市场的内需。如果居民收入增长还长期跟不上经济增长，国民收入在经济财富占比中还持续下降，收入分配差距还越拉越大，那么，要想更多地启动、依靠国内需求来推动经济发展，都只是空话而已。不能把生产与生活很好结合起来，满足于"制造大国"，止步于"贸易大国"，陶醉于"生产大国"，终将不可能普遍地改

---

① 参见《世界博览》2012年第11期，第10页。

善民生，也不利于建设生活大国、消费大国，不可能使老百姓得到更多的实惠，因而无助于人民生活的现代化。所以，我们既要生产的现代化，更要追求生活的现代化，使老百姓生活越来越富足，越来越幸福。

第五，既要城市现代化，更要加快农村现代化。现代化的过程，必然是伴随着城市化水平不断提高的过程。中国 2011 年城镇人口达到 6.9 亿，乡村人口 6.5 亿，城市化率达到了 51.27%。2011 年，浙江的城市化率达到了 62.3%，城镇建设和新农村建设也取得了显著成绩，但农村发展仍处于相对滞后状态。显然，城乡统筹的现代化是一个艰难的历史过程，再说，我国时至今日无论从体制政策还是生产要素上，无论从政府公共服务还是社会资源配置上，城乡分离的二元结构并未从根本上打破。现在的农村，社会生产力水平、农民的收入水平和增收致富能力、农村基础设施条件、农村社会保障和公共服务水平，以及农民的文明素质等，虽进步很大，但离全面小康社会和基本现代化的要求，还有很大的差距。如果说现在还有穷，主要穷在农民，落后主要落后在农村，尤其山区农村，发展就更加落后。尽管城镇的现代化建设任务十分繁重，但我国农村现代化建设则更为艰难、更为长久，需要付出加倍的努力，才能逐步缩小与城市的发展差距，走向更加统筹、更加协调的中国现代化发展之路。

第六，既要鼓励先富群体，更要激励低收入者增收致富。中国特色社会主义现代化过程，是全体公民共建共创共享的过程，也是先富与共富统一的过程。共同富裕是我国现代化建设的本质特征。这虽然是远大理想、奋斗目标，但也是要逐步实现的现实过程。这就需要我们在推进现代化实践中，处理好一部分人先富起来与共同富裕的关系，把有差异的、逐步推进的共同富裕，作为我们现代化建设的基本目标。共同富裕的核心是在全体公民生活水平都普遍提高的基础上，逐步缩小贫富差距，其中重要的是富裕人群与贫困人群、城市居民与农村居民、先发地区与欠发达区域之间的统筹发展，逐步缩小发展和贫富差距，更多地体现现代化建设的普惠性和可持续性。尤其是先富的人越来越掌握着更多的社会财富，老百姓却囊中羞涩，甚至不少低收入者相对生活更为艰难，那就不是逐步共同富裕、惠及全体人民的现代化。因此，我们推进现代化建设，必须高度关注，从制度、政策等方面根本上解决好低收入群体的增收和提高生活水平问题。有关统计资料显示，2007 年按 2500 元为扶贫标准，当年浙江省农村有 111 万户，271 万人。如按 4600 元（2010 年不变价）为扶贫标准，2010 年尚有 350 万人，占农村总人口的 13.2%，2012 年有 300 万人左右，占农村总人口的 9.2% 左右。如果按国际上通常做法和当前我国现实国情，或者说按较低标准的总人口 10% 作为低收入人群来讲，浙江城镇低收入者和困难群体至少也有 300 万人左右，全省城乡常住人口中还有 600 万人左右，其数量亦相当可观。当今中国的现代化过程，更是一个共建共享的过程。加快提高这些低收入群体增收和生活水平，是我们推进现代化建设时期比小康阶段更为重要、更为突出的任务。

第七，既要丰富私人产品的市场供给，更要加快社会公共产品的供给。所谓"私人产品"，就是人们在市场上、商店里花钱就能买到的商品和服务。现在，市场上的私人产品供给，可以说丰富多彩、琳琅满目了。私人产品市场也早已由当年的短缺经济转变为相对过剩经济。但是，在公共产品的"生产"和"供给"方面，诸如社会保障、教育卫生、公共文化、公益事业、公共设施、社会安全、社会管理、社会体制、社会公平、社会诚信、社会法治、社会环境、政府服务等公共产品，在很大程度上仍然为稀缺或短缺产品，与社会公民需求相比还存在很大差距，需要我们加快生产和创新公共产品，不断提升满足社会需求的能力。现代化是整个社会发展进步的过程，既包括社会成员能花钱买到的私人产品的现代化，也包括社会成员花钱买不到的而只有政府部门才能提供的公共产品的现代化。光有市场上物质产品的富有而缺乏文明进步的公共制度、公共政策和公共环境，也建不成现代化社会。现代化的主体是人，现代化建设要以人为本，但这个"人"，既包括具体的人、"老百姓"的人，即社会有姓有名的公民，也包括抽象的"人"、社会组织的"人"，即政党、政府、社团、各类社会组织的"人"，可以叫"社会人"。他们也是现代化建设的主体，甚至是更重要、更根本的主体。因为，一方面他们自身要提高文明素质，成为现代化主体；另一方面他们更承担着生产、分配、供给社会公共产品的任务。

第八，既要物质富裕，更要精神富有。物质富足、经济繁荣是现代化的基础，精神富有、文化昌盛是现代化的灵魂。现代化应"口袋富"与"脑袋富"相同步、"物质富"与"精神富"相结合。这也就是有形的现代化与无形的现代化的统一。毫无疑问，现代化首先要物质财富相对充裕，但光有物质富裕是远远不够的。人有生理生存的物质需求，也有心理文化生活的精神需求。现代化不只是物质财富的增长，同时还有人的物质文明、精神文明和社会文明生活。现代化进程中往往伴随着对传统社会观念、价值观和伦理范式等的消解，但同时也是新的思想文化的建构过程。在传统社会加快向现代社会的转型阶段，常常会出现物欲盛行，信仰迷失，道德失范，心态失衡，社会思想文化也难免有浮躁和功利化倾向。因此，在抓物质富裕的同时，要抓好思想文化建设，使人们生活更丰富多彩，民有所乐，心灵充实，精神富有。当然，这里的核心是提高人的文明素质。要知道，人的现代化更为根本，也更为艰难。现在，坚定理想信仰，培育社会伦理，倡导高尚价值，健全人格，关爱他人，崇尚社会诚信，弘扬社会正气，提倡人文关怀，发展文化事业，丰富文化生活等，都是需要我们特别加倍努力的。

第九，既要社会繁荣富裕，更要社会有序和谐。人是社会动物和政治动物。人不但有物质的、精神的需求，而且还有人际交往、参与社会共同体生活的社会需求。实现现代化无疑也包括满足人们参与社会生活的需要。现代化的社会，应是富有创造活力的社会，物质精神财富都丰富的社会。但这样的社会，还应该是社会经济、政治、文化生活文明有序的社会。现代社会不是没有矛盾、没有冲突，而是能有法有规则地处理矛盾冲突。现代文明社会，应该是规范有律，运行有序，经纬有法，公正有理，文明有礼，民主宽容，有诉求有协商，有矛盾而少冲突，有冲突而少对抗的社会。现代化过程充满着矛盾，重要的是有法有序合理化解。这就是社会规则、法制、制度、管理、运行的现代化。充满活力而又和谐顺畅，社会繁荣富裕而又规范有序，这是现代化社会的重要内容和基本目标之一，而且社会制度、社会规则层面的现代化，也许更为重要。因为，制度更基础、更根本，制度管全局、管长远。现阶段，我国经济结构加快提升，社会转型加快推进，各种要素加快流动，利益格局加快调整，思想观念更加活跃，信息传播更加快捷，权益意识更加增强，可以说，社会更有活力，也更加繁荣了，但同时也正是社会矛盾的多发期和高发期。长期以来，无论是各类案件还是民间纠纷，无论是上访诉求还是群体性事件，都居高不下。这里原因很多，需要综合施策。但重要的是，在推进现代化建设的实践中，务必加快形成合理的利益分配格局、均等化的社会服务体系、合理保障公民权益的体制，尤其必须切实加强民主法治建设，进一步完善社会矛盾的防控和化解机制，从法制的根本上去努力建设与现代化相适应的和谐社会。

第十，既要社会的现代化，更要环境的生态化。现代化社会不只是我们人的社会的现代化，还应包括社会的生态环境的优化，也就是人类生存发展、生产生活周围自然环境的生态化，实现生产、生活和生态的统一。毋庸讳言，在一定发展阶段，工业化、城镇化、现代化进程中通常会使自然环境遭遇恶化，有时甚至出现反现代化、反人类化的恶果。无论发达国家还是发展中国家，都曾经出现过"以牺牲环境为代价"的现象。如果说这在工业化、城市化的早期、中期多多少少是难以避免的话，那么，到了现代化发展阶段，就要修补生态环境，偿还过去付出的代价，同时要走向集约的、低消耗的、低排放的绿色发展之路。"浙江虽然在国内总体上属于生态环境较好的地区，但与现代化国家普遍的天蓝水清相比，空气、水、土壤等污染都很严重。据世界卫生组织最近公布的以 PM10（悬浮在空气中直径在 10 微米以下的颗粒物）浓度为主要依据的全球 1100 个城市空气质量排名，杭州排在 1002 名。据国家 21 项指标评价结果，浙江地表水八大水系、运河、湖库省控断面受污染比例（Ⅳ-Ⅴ类和劣 Ⅴ 水质）达到 31.6%。"① 据《浙江省环境状况公报》（2011 年）数字，浙江省酸雨污染严重，降水 pH 年均值为 4.54，较 2010 年上升 0.06。平均酸雨率为 82.8%，较上年下降 2.8 个百分点。但 69 个县级以上城市中有 67 个被酸雨覆盖，其中属于轻酸雨区的 7 个，中酸雨区的 39 个，重酸雨区的 21 个。浙江海洋环境污染也十分严重。据 2011

---

① 参见中共浙江省委党校课题组《浙江基本实现现代化的若干重要问题》，《浙江日报》2012 年 6 月 4 日第 14 版。

年对 5.7 万平方公里近岸海域的监测，42.75% 为劣四类海水，15.80% 为四类海水，5.58% 为三类海水，21.52% 为二类海水，14.35% 为一类海水。近岸海域环境功能区水质达标面积 7367 平方公里，只占所监测功能区面积的 16.5%。土壤污染的严重性也十分值得人们关注。因此，浙江在推进经济持续增长、社会现代化过程中，同时又使环境保护和污染治理持续加强，生态环境质量继续保持全国领先，全省各地天更蓝、山更绿、水更清、地更净，是十分迫切和艰巨的任务。

关于浙江实施四大发展战略的建议[*]

  作为我国东部经济发达省份的浙江，如何加速发展，不断推进全面实现小康社会的进程。随着经济全球化和市场经济体制的强化，浙江以市场化改革较早的先发优势正趋弱化，笔者认为，浙江要加快发展，需要实施四大发展战略，构筑发展的新平台。

  （1）做大做强区域特色产业群。目前，特色块状经济已占全省工业的"半壁江山"，有近60块规模型区块的产品，在国内市场占有率超过30%。面对新形势，推进浙江新一轮经济快速发展，根本出路在于进一步做大做强区域特色产业，打造国际先进制造业新高地。区域特色产业是浙江经济发展的基本优势，也是浙江经济未来发展的深厚基石。为此，必须提升创新力，拉长产业链，打造一批"航空母舰"，培育和发展一批顶天立地的规模效益型大集团、大企业，成为区域特色产业的"领头羊"。

  （2）开放带动发展战略。全力推动"开放革命"，"以大开放促进大变革""以大开放带动大发展"是浙江经济发展的潜力所在，机遇所在。在开放理念上，要大彻大悟，内外并重。牢固树立大开放观念，以全球化思维谋划浙江开放型经济的发展。在开放导向上，首先，要在宏观层面把促进产业高度化和强化贸易体制转换能力作为实施新一轮外向带动战略的主线，最大限度地把浙江的商品市场、技术市场与国际市场融为一体。必须以"大进大出"的双向贸易战略代替"重出口、轻进口"的

  * 本文原载《人民日报情况汇编》2003 年 3 月第 122 期。

单向贸易战略，从追求动态的比较优势利益出发，在更大范围和更深层次上参与国际合作与竞争。其次要在微观层面"三外"齐上，把"引进来"与"走出去"结合起来，千方百计引外资。

（3）启动新一轮改革创新。新一轮改革在巩固国有、集体企业改革成果的基础上，进一步把重点转向社会领域和城市领域，增创发展新优势。以此为突破口，着力构建"三张网"。

一是构建"市场主体网"，让市场配置更多的社会资源。当前，大量的国有资产、科技人才等经济要素堆积在城市领域，集聚在文、教、卫等社会领域，不仅没有发挥其应有的生产力效能，而且坐吃"皇粮"，耗费了大量财力。因此，必须痛下决心，尽最大可能把国有资产从一般竞争性行业和企业中退出来，并置换职工身份；按照产业化经营、企业化运作的要求，以生产经营型、中介服务型、技术服务型、行政执法型和公益型事业单位为重点，全力推进社会事业改革。

二是构建"社会安全网"，让老百姓更多地安居乐业。作为"有情"的政府，必须有效地弥补"无情"市场导致的缺陷。政府要坚持"效率优先，兼顾公平"，加强对收入分配的合理调节。进一步完善社会保障制度，健全城乡最低生活保障制度，探索多元化社会救助机制，建立一张稳固的经济社会安全网，确保老百姓更充分地享有改革开放和现代文明成果。

三是构建"政府服务网"，让政府更好地创造发展环境。必须以创建"服务型"政府为导向，加快政府职能转变。深化审批制度改革，完善政务公开制度，形成社会对行政许可的"倒逼"；大力创新政府管理方式，为民众、为企业和社会提供高效、便利、优质服务。

（4）加快推进城市化发展。城市化具有集聚和辐射两大功能。一方面，通过农村人口和生产要素向城市集聚，优化组合各种要素，促进城市发展；另一方面，通过以城带乡，促进城市文明向农村扩散，加快农村发展。在具体思路上，要坚持"两手抓"方针。一手抓"城中村"的改造，逐步将"城中村"改造成为"布局合理、设施配套、功能完备、环境优美、文明有序"的现代城市新社区，实现"分散变集中，村落变社区，农民变市民"的目标，把郊区农村融入大城市的发展之中。另一手抓中心城市建设，实施以城带乡战略。要紧紧围绕提升城市竞争力目标，以世纪的眼光、全球的视野、现代的理念和审美的视角，进一步做大城市规模，做强城市经济，做优城市环境，做美城市街景，高强度推进城市化。在此基础上，充分发挥强大的城市辐射功能，延伸城市管理，推动城乡一体化发展，实现城乡经济的共同繁荣。

关于科学经营城市资源
提高杭州城市竞争力的思考和建议*

世纪之交，城市的发展正发生着前所未有的重要变化，出现了新的运行特点和规律。城市数量、规模不断扩大，城市品位和功能不断提升，城市间竞争日趋加剧，城市经济社会发展中新的矛盾和问题层出不穷。如何在新的形势下，科学经营城市资源，树立城市建设和发展新的理念，提高杭州城市竞争力，这是摆在我们面前的一项重大课题。

一　科学经营城市资源是提高城市品位和
竞争力的重要因素

前不久，联合国召开了"大城市管理"国际研讨会，各国专家提出"21 世纪是一个新的城市世纪"，认为城市是发展的核心、动力和龙头。的确，城市在经济社会发展中的地位和作用日益突出。

第一，城市发展体现了人类社会发展的必然规律。从农村到城市，从农业到工业、服务业，这既是产业发展的趋势，区域经济社会发展的规律，也是人民群众生活水平和生活质量不断提高的必然要求。城市发展是人类文明和进步的重要表现。

第二，全球城市化进程将进一步加速。目前，城市化和工业化加速互动，预计 2006 年世界城市化水平将达到 50%，2030 年达到 60% 左右。

* 本文原载《浙江通讯》2000 年第 10 期。

城市的数量和规模将继续增长，城市的功能将更加完备。每个国家的经济将比现在更大程度上依赖于城市经济。中国的情况也符合上述的推断。经过 20 多年的改革开放和经济社会长期持续快速的发展，我国已经到了城市化快速发展时期。到 20 世纪末全国城市化水平将达到 35%，2010 年达到 45% 左右，到 2030 年有可能超过 50%，联系杭州的实际，根据杭州市制定的《关于加快城市化发展的若干意见》，1998 年，杭州市城市化水平已达到 34.4%，到 2010 年杭州市市区将达到"三个 200"，即人口 200 万，GDP 200 亿美元，建成区 200 平方公里，全市城市化水平将达到 50% 以上。这意味着 21 世纪初，杭州城市化步伐将大大加快。

第三，新一轮竞争将主要在城市间展开。随着城市化步伐的不断加快，城市的功能日益完备，集聚力和辐射力不断增强，城市在区域中的核心地位和极化作用日益突出，区域经济发展日益显示出城市带动农村、中心城市带动城市圈的趋势。与此同时，面向 21 世纪，世界范围以科技力、文化力和人才为核心的综合实力的竞争日趋激烈。而科技力、文化力和人才主要是依托城市产生和集聚的。因此，从某种程度上说，21 世纪的竞争主要将在城市与城市之间展开。如何进一步强化城市的功能，提升城市的形象，提高城市的品位和竞争力，一句话，如何经营、建设好城市，这是城市赢得 21 世纪竞争所必须研究的重大课题。

城市是一个复杂的系统，城市发展中存在的矛盾和问题很多、很复杂。以前我们在研究和考虑城市发展中，往往把城市分成政治、经济、社会、文化等若干领域，针对每个领域存在的矛盾和问题，寻找和实施妥善解决的办法，从而推动城市的发展。这当然仍是十分有效的工作方法。但是，随着政府宏观管理职能的强化，特别是在研究未来城市发展这一宏观问题时，我们更应整体地、多视角地、创新性地研究城市。笔者认为，有一个问题需要引起我们关注和重视，那就是不能把城市仅仅看作是一个难度很大的建设对象，而应把城市作为一个巨大的资源和财富，科学地加以认识，合理地加以经营，从而使城市在整体上得到全面、协调、可持续发展。杭州具有丰富的人文历史、优美的自然环境、较强的经济实力、密集的科技支撑和较好的生活质量，在城市资源的经营中，理应发挥独特的优势。

二 提高对现代城市资源的认识 是经营好城市的必要前提

城市资源是城市经济社会发展的基础和动力。一般来说，城市传统资源包括城市土地、城市企业、城市人口等，由于自然资源的先天不足和后天大量的消耗，杭州城市传统资源的开发和利用已经接近临界值，短期内不可能有突破性的增长。在杭州未来的发展中，必须重新认识和大力开发现代城市资源，为城市的发展注入新的活力。从杭州城市发展的基础和城市拥有的资源特色看，当前有以下一些城市资源需要引起我们足够的重视，并加以大力发掘。

（1）城市的品牌和注意力资源。城市品牌资源主要是指城市内具有较高知名度和影响力的品牌。如杭州"天堂"及杭州西湖的品牌；胡庆余堂、都锦生丝绸、张小泉剪刀等大量的老字号品牌；娃哈哈、青春宝等现代的名优产品品牌。城市的注意力资源主要是指社会公众对城市发生的某个事件的关心和注意。如市民对杭州城市发展的关心、对国际国内重大事件的关注等，这也是一种资源。

（2）政府资源。党委、政府提出的发展思路、目标、口号；政府制定的规划；政府的决策等。如杭州市委、市政府提出的"住在杭州、游在杭州、求学在杭州、创业在杭州""建经济强市、创文化名城"等著名的口号，对城市的发展起到了很好的定位和导向作用。

（3）信息网络资源。包括各种可被利用的信息及其传输网络。杭州发达的通信网络和有线电视网络，是杭州发展信息产业、建设天堂硅谷的重要基础和依托。

（4）历史文化和现代文化资源。主要包括文化内涵、文化场所、文化活动等。如杭州的西湖文化、运河文化、钱塘江文化、良渚文化、吴越文化和明清文化等文化系列；苏东坡、白居易、岳飞、于谦、鲁迅、黄宾虹、马可·波罗等国内外与杭州有关的历史文化名人；西湖国际烟花节以及西湖博览会等大型的城市节庆活动等。

（5）环境资源。良好的自然环境、适宜的气候条件、保护良好的生态环境、清洁的市容市貌等，都能提高杭州城市的品位，带动旅游业和商贸业的发展。此外，良好的城市软环境能为企业和居民创造良好的创业环境和生活条件。

（6）城市空间资源。城市空间是由城市区域中的陆地、水域以及它们之上和之下的一定空间构成。城市空间首先是一种自然资源，它由农村土地转化而来，生长植物、景观等自然物属性是最基本的功能。城市空间也是一种商品，其中包含了人类大量的劳动和资本及技术投入，并可以通过交换实现增值。

（7）科技资源和人才资源。浙江大学、中国美术学院、浙江工业大学等著名的大专院校，杭州外国语学校、杭二中等重点中小学，在杭的科研机构和科技成果等；在杭州的专家、学者、科技工作者以及各行各业的能工巧匠、技术能手等，这些都是杭州可以开发和利用的重要资源。另外，在省、杭州工作的党政领导和各类知名人士（还包括已调任和离退休的老同志），这些名人、要人的效应也不能低估。

三　需要把握和处理好的几个关系

根据城市发展趋势和现代城市资源的特点，在经营城市资源中，需要把握和处理好以下四个关系。

（1）既要重视已被经营的城市资源，更要重视还未经营的城市资源。我们一般对已被经营的城市资源比较重视。如在城市资源经营中，国有企业是重要的城市资源，必须按照从整体上搞活的要求，盘活国有资产，实现国有资产的保值增值。但是，必须看到，城市国有企业仅仅是城市资源的一部分，还有诸如城市的空间资源、文化资源、社区资源和社会公用事业资源等大量的城市资源，也需要我们下功夫进行开发和运营。以实现其最大的经济和社会效益。尤其是从新经济的角度看，网络、品牌等都可以作为城市资源。随着新经济的发展，未来仍将有许多目前还未被认识的资源出现，需要我们加以关注。

（2）既要重视有形的物质资源的经营，更要重视无形的社会资源的经营。在未来经济发展中，土地、水、矿产等有形的自然资源的利用仍然是必需的。然而，随着知识经济时代的来临，人类对无形资源的开发和利用的需求越来越大，如信息网络资源、城市品牌资源、历史文化资源、环境资源、城市的优美的空间轮廓和建设风格等，这些城市资源在未来城市发展中的地位和作用日益突出，必须进一步重视和充分开发利用这些无形的城市资源。

（3）在城市资源经营中，既要发挥政府的主体作用，又要充分发挥民间组织的积极作用。在城市资源经营中，政府占主体地位，政府是城市绝大部分自然资源的所有者，以及很大部分社会资源的拥有者，城市政府代表国家享有经营城市资源的权力。政府要通过制定相应的政策，采取宏观调控手段，引导和管理城市资源的合理开发和流动。在发挥政府在城市资源经营中主体作用的同时，还应积极鼓励各种民间组织和企业，按照市场经济的思路和运作模式，参与城市资源的具体经营，实现其增值和合理流动，获取最大的经济效益和社会效益，促进城市经济社会的持续发展。

（4）既要重视城市资源的局部开发，更要重视城市资源的整体运作。在开发利用城市资源中，既要针对城市建设中某一局部的问题，对症下药，逐个予以解决，更要采取资源整体组合的方式，发挥城市资源组合效应。一是实行产业资源重组，就是发展联动性强的支柱产业带动相关产业的发展。比如杭州可以通过发展旅游业，带动交通、商贸、服务、餐饮、旅馆等行业的发展；还可以通过发展会展业，综合开发场馆、旅游、通信、交通、服务等各种资源储备。二是实现区域空间资源互补。如在品牌资源上与上海互补，充分利用上海这个全国最大的经济中心的品牌，依托上海，求得发展；又如加强西湖景点与千岛湖旅游景点的组合。同时，还可以加强西湖与黄山、普陀山等外地旅游线路的合理组合，发挥旅游资源的组合效应。

四　政府当前需要做的几项工作

第一，对城市的性质和发展目标要有一个高起点和科学准确的定位。城市的性质和发展目标决定城市发展的方向。这既是经营城市资源的目标，同时，它又是最根本的城市品牌资源。经过长期的发展，杭州城市性质已经基本明确，就是现在我们常说的"三顶帽子"，下一步城市的发展已基本确定了"强市、名城"，率先实现现代化的总目标。但是，根据城市发展的实际情况和未来形势发展的要求，必须进一步丰富、充实杭州城市的性质，及时地调整和明确城市未来发展更高、更准确的定位和目标。

第二，必须高标准、高起点、大手笔、有特色地搞好城市规划。规划是对城市资源的一种强制性配置，好的规则有利于城市资源的合理配置，提高城市的品位和竞争力。因此，规划本身也是一项重大的城市资源，甚至可以说是城市的第一资源。在经营城市过程中，必须高度重视城市整体规划与各类详规和分区规划的编制，进一步开放杭州城市规划设计的市场，聘请国内外高水平的规划设计专家参与规划的制订，提高规划的档次和水平。同时，要强化规划的法治意识，坚决杜绝规划执行上的随意性。

第三，要加强城市基础设施和公用事业的建设和经营。城市道路、桥梁、广场、公园、城雕、公共交通、供水、供电、通信等城市基础设施和公用事业，既是城市建设和运行的基础，也是可供经营的城市资源。城市政府可以通过授权国有独资企业如城市建设投资公司，对国家拥有的存量和投入的增量进行市场化经营，并平等地吸纳各种投资主体，建设经营可以面向市场经营的城市基础设施和公用事业项目，促使城市基础设施和公用事业的资产重新配置和优化，扩大资金来源。如对城市基础设施的所有权与经营权实行有效分离，采用有偿使用、拍卖、出租、租赁、抵押、合股经营、资本评价、结构评价和调整等形式。又如对城市公交线路经营权、桥梁命名权等无形资产进行拍卖等。

第四，高度重视城市建筑风格特色的形成和标志性建筑的建设。城市的建筑风格和城市标志性建筑，是城市形象主要的外在表现。现在，很多人都对俄罗斯莫斯科建筑、意大利威尼斯建筑、北京故宫建筑等留下深刻的印象。人们一提起埃菲尔铁塔和香榭丽舍大街，就能想到法国的巴黎；一提起自由女神就能想起美国的纽约；一看到悉尼歌剧院独特的建筑，就能想起悉尼；一提起东方明珠电视塔，就能想起上海，可见城市的建筑风格和城市的标志性建筑，对于城市的识别和城市知名度的提高都具有极为重要的作用。杭州也应在建造标志性建筑和形成鲜明的建筑特色上下功夫。标志性建筑不需很多，但一定要是精品，而且要有特色。

第五，杭州每年还应搞1—2个富有特色的重大文化节庆活动或会展活动。深圳的高交会、广州的广交会、大连和宁波的服装节、山东潍坊的风筝节、昆明的世博会，都引起了大量公众的注意力，吸引了大量的游客和商人，对提高城市的知名度和品位，带动城市的发展起到了很好的作用。杭州应当举办推出几个在全国乃至全世界有重大影响的融文化、旅游、商贸为一体的活动。当前应着力做好西博会的各项准备工作，办好西博会，力争使西博会成为杭州的一个著名的经济活动品牌。

第六，搞好城市环境建设，提升城市形象，实现城市增值。一个城市的环境越好，其吸引力就越大，其承载能力就越强，要素流动就越频繁，城市经济社会发展的动力和活力就越强，城市发展的步伐也就越快。因此，环境作为生产力的重要组成部分，已成为新一轮城市竞争的"第一竞争力"。如大连市，通过加强城市环境建设，六年来城市资产总量增加了1倍多。杭州市通过前段时间市容市貌的综合整治，使得城市的品位有了很大的提高，为打响"住在杭州、游在杭州、求学在杭州、创业在杭州"这个牌子创造了好的条件。这方面，我们已经初步尝到了甜头。

第七，加强社区建设，提高社会管理和服务的水平和档次。随着经济社会发展"四个多样化"趋势的加剧，城市社区作为城市的基本细胞，在城市管理和城市建设中的地位和作用不断提高。城市社区建设必须在搞好居住环境、就业服务、社会治安等方面下功夫，营造居民安居乐业的综合环境，打响"住在杭州"的品牌，这也是提高城市品位和竞争力的基本着力点之一。

第八，充分利用名人、名校、名厂、名店、名品等名牌无形资源，发挥这些品牌资源的效应，使之在产业联动、产品开发与营销中起到节点和推动作用。

第九，根据杭州的资源特色，以建设"两港三区"为龙头，大力发展以旅游业为重点的第三产业和以信息、生物医药为重点的高新技术产业，力争形成杭州的产业特色和优势，实现产业结构的优化和升级。

第十，加大宣传力度，提高城市的知名度，增强城市的凝聚力、向心力和吸引力。一个城市形象的树立、知名度的提高，必须依靠各种传媒的支持与配合。前段时间，中央 10 多家新闻媒体对杭州创建全国文明城市的工作同时进行连续集中报道，对于提高杭州在全国的知名度，起到了很好的作用。今后我们还应充分利用各种媒体、各种渠道和各种方式，介绍杭州，宣传杭州，并加强与国内外同类城市的经济、文化的交流与合作，进一步扩大杭州在国内外的影响力，增强杭州市民的荣誉感和自信心，增强对国内外各类人才到杭州发展的吸引力，使城市有更大的发展内聚力，推进城市向更高层次发展。

关于加快建设生活大国步伐的建议[*]

2008 年以来，由美国次贷危机引发的国际金融危机在全球迅速蔓延，给我国经济造成了严重影响。中央审时度势，及时采取了一系列重大政策措施，为有效应对国际金融危机冲击，促进我国经济平稳较快发展发挥了重要作用。值此全国上下齐心协力保增长、保民生、保稳定的关键时刻，全国政协召开常委会议对这一重大问题进行协商讨论、建言献策，充分体现了人民政协围绕中心、服务大局的工作原则，既有必要也很有意义。

关于当前我国经济发展所面临的严峻形势及其背后的深层原因，2009 年以来从中央到地方，从政府部门到企业和学术界，进行了比较广泛而深入的讨论。从这些讨论和浙江的实际情况来看，笔者认为，当前我国经济发展面临的问题，既是国际金融危机冲击的结果，更是我国经济素质性、结构性矛盾长期累积的结果，国际金融危机只是外因，国内经济社会结构的不合理才是问题的根源，即使没有这次危机，今天我国经济发展遇到的问题也迟早要出现。

这次国际金融危机给了我们一个重要启示，就是像中国这样一个拥有 13 亿多人口的大国，要实现国民经济的持续稳定增长，不可能长期走出口导向型发展道路，而必须立足国内需求，以内需为主，坚持内需与

* 在 2008 年国际金融危机背景下，如何保持我国经济长期持续健康发展，是一个十分重大的课题。2009 年 6 月，为准备在全国政协十一届六次常委会议上的发言，我和浙江省政协调研室有关同志讨论后形成了此报告，后新华社《国内动态清样》、中央政策研究室《送阅件》（分两期）以内参方式报送中央参阅，《人民日报》《经济参考报》等多家媒体刊发报道。

外需相结合，推动经济增长主要由投资、出口拉动向主要由消费和科技进步拉动转变，促进投资、消费、出口协调发展。当前我国经济发展遇到的问题，表面看是产能过剩、出口受阻，实质是国民消费能力不强，内需长期启动不了，而这背后的重要根源则在于国民收入分配结构不尽合理。这次金融危机同时还告诉我们，长期以来我国那种以过高的储蓄率、过低的消费率、过度的外向度为特征的发展方式已经难以为继。应对国际金融危机冲击，保持国民经济持续平稳较快增长，根本出路之一是加快推进国民收入分配体制改革，提高国民消费能力，扩大国内消费需求，实现中国从"生产大国"向"生活大国"、"制造大国"向"消费大国"的跨越。

一　中国建设生活大国是大势所趋、出路所在

建设生活大国，就是在一国国民经济发展到一定水平后，国家着眼于实现国民经济持续发展、国民生活质量不断提高的需要，通过加强政府公共服务，扩大公共产品供给，提高国民福利水平，促进国民经济与居民收入、生活水平协调并进，经济建设、政治建设、文化建设、社会建设和生态文明建设共同进步，真正实现科学发展、和谐发展、可持续发展。

（一）建设生活大国是全面贯彻落实科学发展观的内在要求

科学发展观，第一要义是发展，核心是以人为本，基本要求是全面协调可持续，根本方法是统筹兼顾。建设生活大国，就是要通过改革国民收入分配制度，提高国民消费能力，从根本上解决内需长期不振的问题，为我国的发展提供强大而持久的动力；就是要通过大幅改善国民生活条件，提高生活质量，真正实现好、维护好、发展好最广大人民的根本利益，充分体现我们党全心全意为人民服务的宗旨，充分体现立党为公、执政为民的科学发展观要求；就是要通过大力发展社会主义市场经济、民主政治、先进文化、和谐社会和生态文明等各项建设事业，增强发展的协调性、可持续性，实现全面协调可持续发展；就是要加强城市与农村、发达地区与欠发达地区、经济与社会、人与自然、国内与对外

开放统筹兼顾，和谐发展。建设生活大国，符合科学发展观要求，是学习实践科学发展观的具体体现。

（二）建设生活大国是实现经济持续健康发展的必要条件

经济学的基本原理告诉我们，生产、流通、消费是经济系统实现循环发展必不可少的三个环节。没有生产，就没有流通和消费；反过来，没有消费，也不可能有再生产、再流通。消费既是实现生产、流通的目的，是经济活动的终点，同时又是实现再生产的前提条件，是新一轮经济活动的起点。马克思在《〈政治经济学批判〉导言》中指出，消费从"两方面生产着生产"：一是通过消费过程把生产出来的产品消灭，使生产过程得以最终实现，"因为产品只是在消费中才成为现实的产品"；二是消费为生产创造出动力，因为没有需要，就没有生产，而消费则把需要再生产出来。因此，保持足够的消费水平，是实现国家经济持续平稳较快发展的必要条件。尤其是在进入工业化中后期阶段以后，国民的温饱问题已经解决，供给不再成为发展的主要矛盾，而需求尤其是消费需求在促进经济持续快速增长中的作用大大增强。根据美国经济史学家罗斯托提出的经济增长阶段理论，一国社会经济的发展可分为传统社会阶段、为"起飞"创造条件的阶段、"起飞"阶段、向技术成熟过渡阶段、大众高消费阶段和后工业社会六个阶段。大众高消费阶段的突出特征，一个是独立住宅、汽车、各种家用电器等耐用消费品的普及化，另一个就是社会结构的变化，包括新的中产阶级的形成、专业人员及白领职业队伍迅速扩大、加速城市化和城市人口居住郊区化等。罗斯托分析认为，一个经济体一旦进入大众高消费阶段，"社会的主要注意力就从供给转到需求，从生产问题转到消费问题和最广义的福利问题"，"资源越来越倾向于被引导到耐用消费品的生产和大众化服务的普及"方面。据研究，西方各主要国家在由向技术成熟过渡阶段向大众高消费阶段转换时，正好处在人均 GDP 3000—6000 美元时期，也就是我国目前经济发展所处的阶段。[①] 这就是说，我国已经进入大众高消费阶段的门

---

① 赵伟：《浙江经济：人均 6000 美元的深层涵义》，《浙江经济》2009 年第 6 期。

槛。因此，建设生活大国正逢其时，这将为我国经济长时间发展增添无穷动力。

（三）建设生活大国是西方国家实现成功转型的普遍经验

罗斯托进一步考察分析后提出，先行国家在进入大众高消费阶段之后，"福利国家"理念骤然强化，这包括：增加社会保障、强化收入再分配机制、缩短工作日、软化刺激生产或供给的政策目标、强化环境资源保护等。① 我国有学者提出，一个社会进入耐用消费品阶段至少需要五大条件：程度很高的城市化、起码的基础设施、健全的消费信用制度、比较完善的社会保障制度以及贫富差距不是太大。② 从西方多数发达国家实际历程来看，当一国经济发展到工业化中后期后，各国均采取扩大消费、增加福利、加强公共服务等政策措施，以加速推进从生活必需品时代转入耐用消费品时代，并取得了普遍成功。美国在 20 世纪大萧条时期，经济发展出现耐用消费品过剩、销售不畅，经济陷入严重危机，最后通过罗斯福新政，提高社会救济、调整劳资关系、扩大内需，成功摆脱困境。这期间，美国政府支持和参与修建了近 70% 的新校舍，65% 的地方政府办公楼、市政厅和污水处理设施，35% 的医院和公共卫生设施，10% 的道路、桥梁、地铁等公共工程建设等。③ "二战"后，西方国家相继采取类似措施，大幅提高公民福利，改善居民生活，走上了"福利国家"或"半福利国家"道路，实现了国家的成功转型和国民经济的持续稳步发展。日本在 20 世纪六七十年代，通过实施出口导向战略，经济得到了极大发展，但随之而来的是国际贸易摩擦加剧、日元被迫大幅升值、出口导向战略难以为继，为此转而扩大内需，于 90 年代初相继提出了"国民收入倍增计划""日本列岛改造计划""田园都市计划"和"生活大国计划"，促进经济平稳增长。日本为建设"生活大国"采取的措施主要包括：建立高质量的生活空间，降低住房价格；完善生活基础设施，如排

---

① 赵伟：《浙江经济：人均 6000 美元的深层涵义》，《浙江经济》2009 年第 6 期。
② 孙立平：《中国需要一场罗斯福式的社会改革》，《领导文萃》2009 年第 17 期。
③ 丁元竹：《有选择地实施进一步刺激计划》，《浙江经济》2009 年第 9 期。

水设施、公园绿地、交通设施等；设立 1 万个综合服务设施，提高福利水平；推行新生活方式，如保护环境、推进资源再利用、缩短年劳动时间等。最典型的当数北欧诸国，它们凭借良好的自然资源禀赋和制度设计，建成了名副其实的高福利国家。

（四）建设生活大国是避免陷入"拉美陷阱"的必然选择

以巴西、阿根廷、智利等为代表的拉美国家，在 20 世纪 90 年代进入中等收入国家行列，人均 GDP 相继达到或接近 5000 美元，但此后经济长期停滞不前，甚至出现大幅倒退。其中巴西、阿根廷人均 GDP 分别从1997 年的 4760 美元和 8150 美元降至 2006 年的 4730 美元和 5150 美元。拉美国家过度依赖外资和出口，国民收入结构不合理，贫富差距过大，内需不足，社会矛盾增多，被称为"拉美陷阱"。"拉美陷阱"之所以出现，就在于拉美国家在人均 GDP 达到 3000—6000 美元后普遍采取了一些超乎国情、违背经济发展规律的做法，这包括：第一，过度对外开放。大幅度削减关税，无限制地开放国内市场，导致外资垄断了经济部门尤其是盈利较好的一些新兴部门，民族工业陷入困境，自主经济遭受重创，金融危机频发。第二，轻视民生问题。在初次分配中片面强调效益，形成大量失业贫困人群。政府公共服务意识淡薄，对社会保障无所作为，一些国家推行养老金保障私有化制度，社保覆盖面窄。第三，忽略贫富差距。过度追求经济增长，而忽视城乡之间、区域之间、阶层之间、人与自然之间发展的协调性，导致贫富差距悬殊，生态环境遭到破坏。巴西人均 GDP 达到 5000 美元时，基尼系数达到 0.6。第四，城市化路径失当。过分重视大城市的发展，忽视中小城市的协调推进，城郊出现大量失地农民，涌入城市的农民无法得到充分就业，在城市形成大量贫民窟，社会动荡加剧。[①] 当前我国的情况既与大萧条时期的美国和 20 世纪六七十年代的日本类似，也与 90 年代拉美国家的情况在许多方面有相似之处。建设生活大国，既是借鉴西方发达国家的成功经验，同时更是吸取

---

① 浙江省委政策研究室课题组：《人均 GDP 5000—10000 美元发展阶段有关国家发展经验借鉴研究》，2009。

拉美国家的惨痛教训，成功实现发展方式和社会结构的转型升级，避免陷入"拉美陷阱"的正确选择。

二 建设生活大国必须着力解决国民收入分配结构不合理问题

新中国成立以来，我国国民收入分配制度大体经历了三个阶段。第一阶段（1949—1977 年）为计划经济阶段。这一时期，我国出于赶超战略的考虑，国家实施"高积累、高速度、低消费"政策，在落后的民族经济基础上迅速建立起了比较完整的国民经济和工业体系，但高积累导致了国民生活水平的低下。第二阶段（1978—1991 年）为改革开放前期阶段。这一时期，国家通过实施改革开放，社会生产力得到极大解放，经济快速发展，国民收入实行以按劳分配为主体的分配体制，城乡居民人均年收入分别增长了 1.12 倍和 2.17 倍，居民收入差距缩小。第三阶段（1992—2006 年）为市场经济加速发展阶段。这一时期，国家实行分税制，较为广泛地推进包括一些公共服务事业在内的市场化改革，并在居民收入快速增长的同时，鼓励要素参与分配，且其比重不断提高并逐渐在初次分配中处于主导地位，居民收入差距、城乡差别、地区差距拉大，国民社会福利待遇降低，消费预期下降，储蓄倾向趋于加强。2007 年党的十七大提出要深化收入分配制度改革，增加居民收入，强调要处理好效率与公平的关系，再分配更加注重公平，逐步扭转收入分配差距扩大趋势，从而开始进入第四个阶段，即构建社会主义和谐社会阶段。目前国务院正在研究讨论制订收入分配制度改革方案，标志着党的十七大确定的上述方针政策即将成为现实。

改革开放以来，我国国民收入分配结构等呈现出许多新的特点。深入分析和研究这些特点，既对当前我们研究应对国际金融危机冲击策略十分必要，更对研究制定促进我国经济社会长期持续健康发展的政策措施具有重要意义。

（一）从国民收入分配分析

1. 居民收入占国民总收入比重不断下降，政府、企业比重不断上升

1992—2005 年，在初次分配中，居民部门收入在国民收入中的比重由 68.23% 降至 59.59%；政府部门由 15.53% 升至 17.48%；企业部门由 15.78% 升至 22.93%。再次分配中，居民部门收入在国民收入中的比重由 69.23% 降至 59.41%；政府部门由 19.22% 升至 20.55%；企业部门由 11.55% 升至 20.04%。① 可见，居民部门在初次分配中比重下降趋势在再分配中仍然没有得到校正。2007 年，我国财政总收入超过 GDP 的 20% 以上，约为全体国民可支配收入的 50%，而当年美国联邦政府收入只有美国民间可支配收入的 28.6%。②

2. 居民收入增长速度明显低于 GDP 增长速度

1979—2003 年，我国 GDP 年均增长 9.4%，同期城镇居民人均年收入增长 6.8%，农村居民年人均纯收入增长 7.1%，分别比 GDP 增速低 2.6 个和 2.3 个百分点。③ 2004—2008 年，我国 GDP 增长率分别为 10.1%、10.4%、11.6%、13.0%、9.1%，同期城镇居民人均可支配收入增长率 7.7%、9.6%、10.4%、12.2%、8.4%，农村居民人均纯收入增长率 6.8%、6.2%、7.4%、9.5%、8.0%，④ 城乡居民收入增长率均明显低于当年 GDP 增长率。

3. 劳动报酬占 GDP 比重偏低，并呈不断下降趋势

1978—2002 年，我国劳动报酬占 GNP 的比重年平均为 56.97%，比美、法、加、韩、日、泰等国低 10—27 个百分点。⑤ 1990—2006 年，我国劳动者报酬占 GDP 比重从 53.4% 下降为 2006 年的 40.6%，16 年下降了 12.8 个百分点，与此同时企业利润占 GDP 比重却从 21.9% 增加到 29.6%。⑥ 1995 年以来，我国国民收入中劳动报酬所占比重呈快速下降趋

① 根据《中国统计年鉴》1992—2008 年资金流量表计算得出。
② 吴志鹏：《关键是要处理好投资与消费的关系》，《浙江经济》2009 年第 2 期。
③ 丁兆庆：《通过"一降一升"促进经济持续增长》，《中国国情国力》2007 年第 3 期。
④ 国家统计局：《中华人民共和国 2008 年国民经济和社会发展统计公报》，2009 年。
⑤ 丁兆庆：《通过"一降一升"促进经济持续增长》，《中国国情国力》2007 年第 3 期。
⑥ 辜胜阻：《让劳动者平等分享经济快速发展成果》，《农村工作通讯》2008 年第 9 期。

势，全国 31 个省（市、区）除了上海大体不变外，其他 30 个省（市、区）均大幅下降。①

4. 居民收入差距不断扩大

首先是城乡收入差距拉大。城乡居民年人均收入差距从 1986 年的 1.86:1 扩大到 2008 年的 3.31:1。② 其次是基尼系数持续扩大。全国基尼系数从 1982 年的 0.30 上升到 2002 年的 0.454。同时，农村居民的基尼系数从 1978 年的 0.22 扩大到 2002 年的 0.37，城镇居民的基尼系数从 1986 年前的 0.20 以下扩大到 2002 年的 0.33。③

（二）从国民收入支出分析

1. 投资率持续攀升

1978—2005 年，全球年均投资率为 22.1%，历史上人均 GDP 1000—2000 美元国家的投资率平均为 20%—35%，最高的泰国 1989—1996 年投资率达到 39%。④ 而我国投资率，"六五"期间为 34.5%，"七五"期间为 36.7%，"八五"期间为 40.3%，"九五"期间为 37.6%，"十五"期间达到 41.2%，高出世界平均水平 1 倍，也高出同等发展中国家约 10 个百分点。⑤

2. 消费率持续下降并严重偏低

消费率从 1981 年的 67.5% 下降至 2005 年的 52.1%，大大低于同期世界平均 70%—80% 的水平。其中，居民消费率从"六五"时期的 52.2% 降至"九五"时期的 47.2%，2005 年更降至 38.2%。⑥ 2007 年我国消费率为 48.8%，显著低于同年美国的 85.8%、英国的 85.4%、意大利的 81.0%、法国的 79.1%、德国的 74.1%、日本的 71.4%、巴西的

---

① 田秋生：《劳动价格和劳动使用量并非纯市场行为》，《南方日报》2009 年 5 月 20 日）。

② 据国家统计局我国国民经济和社会发展统计年报计算得出。

③ 中国网：《收入差距变化的趋势特征摘自中国海南改革发展研究院》，《2006 中国改革评估报告》。

④ 吴志鹏：《关键是要处理好投资与消费的关系》，《浙江经济》2009 年第 2 期。

⑤ 丁兆庆：《通过"一降一升"促进经济持续增长》，《中国国情国力》2007 年第 3 期。

⑥ 同上。

77.8%、俄罗斯的70.2%、印度的62.8%、韩国的70.0%、新加坡的67.3%和我国香港地区的64.8%。①

3. 国民消费结构中居民消费比例下降,政府消费比例上升

1978年,居民年消费1759.1亿元,其中农村居民消费1092.4亿元、城镇居民消费666.7亿元,政府年消费480亿元,最终消费支出占比为:居民78.6%、政府21.4%;居民消费比重中农村居民62.1%、城镇居民37.9%。到2007年,居民年消费93317.2亿元,其中农村居民消费23913.7亿元、城镇居民消费69403.5亿元,政府年消费35127.4亿元,最终消费支出占比为:居民72.7%、政府27.3%;居民消费比重中农村居民25.6%、城镇居民74.4%。② 可见,改革开放30年来,居民消费比重下降,政府消费比重上升,居民收入差距拉大,消费水平逐步下降,尤其农村居民消费由改革前比重大头变为小头,城乡消费差距逐步拉大。

4. 对国民经济的贡献率,投资逐年下降,出口增速最小,消费持平

1978年底,国民最终消费支出贡献率为39.4%,对经济拉动点为4.6;投资资本总额贡献率为66%,对经济拉动点为7.7;出口贡献率为-5.4%,对经济拉动点为-0.6。到2007年底,国民最终消费支出贡献率为39.4%,对经济拉动点为4.7;投资资本总额贡献率40.9%,对经济拉动点为4.9;出口贡献率19.7%,对经济拉动点为2.3。1978年社会投资率为38.2%、国民消费率为62.1%,而到2007年底社会投资率42.3%、国民消费率为48.8%。③ 可见,近30年来随着投资不断扩大,贡献率逐年下降;国民消费水平下降,贡献率持平;出口拉动扭亏增盈,但增速最小。外贸依存度持续上升,1980—2001年,美、日、印、德等国为14%—20%,而我国从20世纪80年代初的15%一路攀升到2006年的接近70%。④

---

① 田秋生:《劳动价格和劳动使用量并非纯市场行为》,《南方日报》2009年5月20日。
② 根据《2008中国统计年鉴》计算得出。
③ 《2008中国统计年鉴》。
④ 丁兆庆:《通过"一降一升"促进经济持续增长》,《中国国情国力》2007年第3期。

5. 政府没有很好发挥在再分配中的国民收入调节功能

政府在再分配中的收入来源主要是社会保险缴款和收入税，而政府在再分配中的支出主要是社会福利支出。在再分配中，1992—2005 年，政府收入占比分别是 5.19%、4.05%、3.17%、2.98%、3.60%、3.74%、3.80%、4.95%、5.84%、6.44%、7.48%、7.91%、6.60%、7.27%，支出占比分别是 2.69%、2.47%、2.35%、2.38%、2.47%、3.05%、3.46%、3.26%、2.91%、3.59%、4.29%、3.83%、3.85%、3.95%。[1] 可见，政府再分配收入在任何一年都高于再分配支出，其中有的年份高 1 倍以上，表明政府没有发挥再分配功能调节全社会收入分配结构的作用，政府在再分配中筹集的收入，有近一半与社会福利无关。数据也显示，国家用于社会保障的支出近年来呈下降趋势，国家 2003—2007 年用于保障年老、伤残、低收入、失业等困难弱势群体的综合保障支出分别是 290705 亿元、296688 亿元、297434 亿元、294204 亿元、285773 亿元，即从 2005 年开始，保障水平逐年降低，用于保障低收入人口的支出从 2005 年的 18237 亿元，降低到 2007 年的 16872 亿元，减少了 1365 亿元；失业人员支出从 2003 年的 48450 亿元，降低到 2007 年的 31702 亿元，减少了 16748 亿元。[2]

（三）从中央与地方财政收支占比分析

1978 年，中央财政收入 175.77 亿元，在财政总收入中占比 15.5%；地方财政收入 956.49 亿元，占比 84.5%。同年，中央支出 532.12 亿元，占比 47.4%；地方支出 589.97 亿元，占比 52.6%。到 2007 年，中央财政收入 27749.16 亿元，占比 54.1%；地方财政收入 23572.62 亿元，占比 45.9%。同年，中央支出 11442.06 亿元，占比 23%；地方支出 38339.29 亿元，占比 77%。[3] 可见，中央财政收入占比越来越大，支出却越来越少；地方财政收入占比越来越小，而支出却越来越多，日趋背离中央与

[1] 《2008 中国统计年鉴》。

[2] 同上。

[3] 同上。

地方财权与事权对等原则。

由上述分析我们可以看出，国民收入分配结构的不合理，是导致居民消费能力和消费预期下降，内需不振，经济增长长期依赖投资、出口拉动的根本原因。建设生活大国，扩大居民消费，提高人民生活水平，迫切需要改革不合理的国民收入分配体制。

三　建设生活大国的几点建议

建设生活大国，要以党的十七大精神和科学发展观为重要指导，以启动国民消费需求、促进经济持续平稳健康发展为基本目标，以改革国民收入分配体制、完善国民收入分配结构为根本手段，以扩大中等收入群体、形成橄榄形社会结构为关键环节，以提高人民生活品质、实现和维护最广大人民的根本利益为出发点和落脚点。

（一）全面贯彻落实科学发展观，着力确立生活大国理念

科学发展观是指导我国经济社会发展的重要方针。全面贯彻落实科学发展观，推动科学发展，促进社会和谐，归根到底要体现在广大人民生活水平的逐步改善上，体现在不断促进人的全面发展上。邓小平同志讲，贫穷不是社会主义。建设富裕文明的生活大国，就是要通过增强人民的消费能力，扩大社会消费需求，不断提高人民群众的生活水平和生活品质，走上强国富民道路。要创新理念，对生活与消费的理解不应停留于消极的旧思维，而应以积极的新思维进行客观的评价，鼓励和支持居民消费，扩大社会消费规模，改善群众生活条件，提升人民生活品质。要深刻认识到，结构合理的消费不仅是拉动当前经济增长的最主要动力，而且也是我们发展经济的根本目的。我们讲经济发展，不能只讲生产和流通，只强调生产和流通的重要性，而不讲消费，忽视消费对经济拉动的重要作用；讲优化经济结构，不能只讲优化产业结构甚至工业结构，而要进一步处理好生产与生活、投资与消费、内需与外需等经济关系，既要优化产业结构，也要优化国民收入分配结构。要深刻认识到，当前影响我国扩大内需和居民生活的原因，既是体制性的，即收入分配体制

的不合理造成了收入差距扩大，影响了国民整体消费能力，同时也是结构性的，即基本公共服务资源分布不合理使相当一部分人口没有充分的机会发展，进而造成了消费能力的下降。因此，必须优化国民收入分配结构，推动生活大国建设，使中国不仅仅成为生产大国、制造大国，更要成为生活大国、消费大国。

（二）将扩大消费作为调控新重点，着力扩大即期消费需求

应进一步认识到，当前我国经济发展遇到的问题，主要是消费不足尤其是居民消费能力不强、有效需求不足的问题，而不是生产不足的问题。2008 年至今，国家在应对国际金融危机冲击中采取的政策，一是实施积极的财政政策和适度宽松的货币政策，大力加强基础设施投资，包括国家推出的 4 万亿元经济刺激计划；二是积极稳定外需，促进出口；三是兼顾消费、市场、民生、社保等，但相对而言规模、力度要小，而且尚未从国民收入分配格局上、体制上做出重大安排。应该说，在当前严峻的经济形势下，中央采取的上述政策是必要的、正确的。同时也应当认识到，基础设施投资对经济的即期带动是有限的，其效果往往要等到 3—5 年后才能充分显现。目前越来越多的专家学者认为，这次金融危机后，美国等发达国家的经济复苏很可能需要一个漫长的过程，有的学者提出至少 3 年，即使复苏也很可能是和缓的，我国将面临外需长期低迷的现实。如果我国目前过于强调扩大投资，而不及时痛下决心扩大消费，极有可能引发下一轮更大规模的生产过剩。所以，无论是从当前应对国际金融危机冲击来讲，还是从长远发展来看，都应在接下来的国家宏观调控中，把扩大居民消费作为工作重中之重来抓。要借鉴国外应对危机的有益做法，通过实施减税、加强职工培训、创造就业机会等措施，扩大消费。要倡导现代消费理念，引导和鼓励居民适当超前消费，积极培育消费热点。要继续搞活流通，完善农村生产生活基础设施，加大农机、家电下乡力度，稳定城市房地产市场，促进汽车等耐用消费品消费，扩大居民即期消费。要大力发展社区商业、物业、家政等便民消费，加快发展旅游休闲消费，扩大文化娱乐、体育健身等服务消费。鼓励各级政府通过采取发放消费券等各种方式刺激消费需求。在今后内需达到一

定水平后，要逐步降低出口退税率，将用于支持出口、补贴外国消费者的钱用于支持消费、补贴国内消费者，刺激国内消费需求。

（三）调整国民收入分配结构，着力优化社会结构

我国目前正在从生活必需品时代进入耐用消费品时代，但要真正转型为大众高消费国家，就必须改革国民收入分配体制，完善国民收入分配结构，扩大中等收入者阶层规模，优化社会结构。因为中等收入者阶层也就是耐用消费品消费者阶层，扩大了中等收入者阶层规模，也就等于扩大了耐用消费品的需求规模，为建成大众高消费国家奠定了坚实基础。为此，一要使国民收入初次分配更趋合理。要努力提高劳动者报酬占国民收入的比例，近年内争取提高到50%以上，适当减少政府和企业收入所占比例，以遏制劳动者报酬在国民收入中比例逐年下降的趋势。对行业垄断和部门垄断行为造成的不规范收入进行限制和调节，实行阳光工资制度。继续减轻企业税费负担，缩小银行存贷款利率差，降低企业融资和经营成本，为进一步提高企业职工工资创造必要条件。全面推行工资集体协商制度，保障职工权益。二要加强国民收入再分配中的调节作用。大幅度提高个人所得税起征点，积极培育和壮大社会中间阶层，为扩大消费、增强社会消费能力、维护社会和谐稳定提供持久动力和牢固基础。加强对高收入阶层的税收调节和征管，缩小居民收入差距。提高对低收入群体的转移支付，重点加大对欠发达地区农村居民以及城市中低技能劳动者、失业人员、无养老金和养老金偏低人员的支持。建立健全全民社会保障体系。三要大力发展社会慈善事业，鼓励社会捐助，建立健全扶贫济困长效机制，更好地发挥三次分配的作用。

（四）完善社会福利与保障制度，着力改善国民消费预期

居民社会福利待遇低、保障体系不全、保障水平偏低是影响我国居民消费预期、储蓄率长期居高不下的根本原因。建立基本福利制度，完善社会保障体系，能够缩小收入分配差距，减少因收入差距和贫富分化而导致的社会对立，还有助于提高居民消费倾向，提升有效需求，实现宏观经济的均衡。为此，要加快公共财政体系建设，积极推进基本公共

服务均等化。要逐步增加民生财政支出，并建立与物价和财政收入变动紧密结合的保障基金体系。要处理好投资与消费的比例关系，争取近年来把以社会保障体系建设为核心的各项民生支出比重提高到财政支出总额的40%以上，并继续不断提高。深化教育体制改革，在全面实行义务教育基础上，进一步加大政府对学前教育、中等职业教育、高中教育的投入，加大对各教育阶段贫困家庭学生的资助力度，全面建立贫困大学生助学贷款制度，加大财政补助力度，减少和避免因学致贫、返贫现象的发生。深化住房制度改革，严格监控商品房市场价格，完善廉租房政策，探索建立民工廉租房供应体系。深化医疗卫生体制改革，强化公立医院的公益性质，建立全民医保制度。健全社会保障制度，扩大失业保险、医疗保险、工伤保险、城镇养老保险、生育保险等覆盖面，不断提高低保费、离退休费、优抚人员抚恤标准，健全社会救助体系等。

（五）加强公共服务与社会管理，着力维护社会和谐稳定

社会和谐稳定既是促进社会消费的重要条件，同时也是建设生活大国的重要内容。就业是民生之本，在国际金融危机肆虐的严峻形势下更应高度重视扩大就业问题。要建立健全各级劳动者就业培训体系，提高就业能力。建立和完善统一、开放的劳动力就业市场网络。引导大专院校毕业生到农村、社区等基层就业，鼓励以创业带动就业。根据企业解决就业岗位的多少给予财政补贴等办法以支持企业减少裁员。继续深化农村土地制度改革，建立健全土地承包经营权流转市场，改革土地征用制度，提高农村集体土地征地费标准，增加农民从土地中获取的收益。抓住城市化加速发展契机，把统筹城乡发展、加快推进城市化建设、构筑城乡一体化发展新格局作为扩大内需、建设生活大国的重要举措来抓，鼓励农民就近进入中小城镇购房定居，大力发展中小城市，有条件地引导和支持进城务工农民有序转为城市正式居民，坚决防止出现城市或城郊贫民区。加强基层民主政治建设，充分发挥农村村民委员会和城镇社区居委会自治组织作用，扩大基层民主。畅通社情民意和群众利益表达渠道，扩大公民有序政治参与，完善信访制度，注意处理好日趋复杂的

人民内部矛盾。加强社会主义法制建设，建设法治政府，提高依法治国水平。积极稳妥地发展社会中介机构、民间团体等非政府组织，促进公民社会建设。加强公共卫生防控体系建设，完善突发事件应急处理机制，健全社会治安防控体系，维护社会公共安全。

关于提高我国经济增长
容忍度的思考和建议[*]

中国经济发展在创造了持续 30 多年较高速增长的奇迹之后，正步入增长速度放缓，更需要转型升级、提质增效的新阶段。这越来越成为国内外各界的共识。但是，当现实经济增长出现高低快慢时，却又往往出现各种不同声音，甚至是错误解读，影响或干扰施政决策。

一 中国经济增幅波动说明了什么？

虽然我国 2013 年第一季度经济增长 7.7%，第二季度增速 7.6%，6 月底金融部门也出现过短暂的市场流动性紧缺风波，但总体上看，2013 年经济开局稳中有进，市场预期也是平稳有信心的。

但是，对中国经济增长小幅放缓，各界都释放出大量信息，各种解读"版本"纷至沓来。一时间，认为中国即将发生金融、经济危机的悲观论调，也不乏其人。

国内外各界所以对 2013 年第一、第二季度低于去年 GDP 增长 7.8% 的速度高度关注，有的做了过度解读，主要是因为，人们曾一度普遍认为中国经济 2012 年末已探底，开始步入企稳回升态势，尤其是 2012 年第

＊ 随着我国经济结构的变化和 2008 年国际金融危机的爆发，我国经济发展进入了新常态，增长速度必然有所减缓。但不少人的认识仍停留在高增长的视野之中，比如对 2013 年上半年我国经济增长的波动，国内外议论颇多。本文是根据笔者在一个企业家座谈会上的发言整理的，后新华社以《国内动态清样》专报方式上送中央参阅，诸多报刊刊发。

四季度经济增速已经高于第二、第三季度（2012年国内生产总值519322亿元，按可比价格计算，比上年增长7.8%。第一季度同比增长8.1%，第二季度增长7.6%，第三季度增长7.4%，第四季度增长7.9%），各界都普遍预测2013年中国经济增速总体上应保持2012年回升态势，至少不会低于2012年的增速。

然而，从2013年上半年经济增速看，去年第四季度经济回升态势刚刚探头就跌了回去，而且从发电量、工业增加值、消费增速、外贸出口等具体数据看，也都明显有所趋缓。中国制造业—采购经理人指数PMI3、4月、5月、6月都下降，工业企业亏损面已上升到20.7%，财政收入增长也大幅下降。

问题还在于，2013年上半年我国的货币增速、信贷规模却仍在扩张之中。2013年6月末，广义货币供应量M2余额达到105.45万亿元，同比增长14%（超过2013年13%的控制目标）。货币信贷存量也处于持续高位状态。应该说，总体上货币供应仍处于比较宽松状态。但是，在货币供应、信贷规模和社会融资明显扩大的背景下，非但没有产生多少经济增长的刺激作用，反而实体经济仍处低迷疲软状况，甚至还短暂出现了银行间货币市场流动性高度紧张和资本市场大幅跌落的不正常现象。

经过国家近2个月来适时的宏观调控，我国经济7月、8月又回暖企升，发展走势趋强。规模以上工业增加值同比增长速度，由6月的8.9%升到7月的9.7%，8月又再攀至10.4%。1—8月，全国固定资产投资（不含农户）262578亿元，同比名义增长20.3%。社会消费品零售总额增长由6月的13.3%升到8月的13.4%。在6月份出口降3.1%，进口降0.7%的情况下，7月份进出口增长迅速升至7.8%，8月份进出口总值2.18万亿元人民币，同比增长7.1%。8月末，广义货币M2余额106.12万亿元，同比增长14.7%，分别比上月末和上年同期高0.2个和1.2个百分点。

于是，国内外又有不少预测，对中国未来经济增长趋势做出较为客观的乐观判断，对中国经济发展趋势充满信心。但也出现了一些过于乐观的论点。比如，有的认为中国经济增长空间广阔，潜力巨大，前景喜人，完全有可能支撑中高速甚至延续以往的高速增长。这一主张有一定道理，但如果在导向上仍然提倡高速度的唯 GDP 主义，以及无视我国经济现阶段的主要矛盾和未来发展的基本走势，那是不负责任的。用于指导经济宏观调控政策，必将带来不良后果。在我国目前经济结构、行政体制和干部思想观念条件下，可以说要经济增长升易下难，喜快忧慢。甚至不少地方领导口上讲不以 GDP 论英雄，但实际上还是投资为主、增长数字第一。当然，更根本的在于，我国目前阶段经济发展的主要矛盾，是粗放式增长，是增长质量效益低，是资源劣配错配严重，是结构效能差，而不是增长速度。一定的增长速度是加长结构调整的基础和有利条件，但忽视甚至牺牲结构优化调整而去追求速度"保增长"，那就会本末倒置，贻误长远。事实上，我们现阶段需要也是最难决断的，是以短期速度换质量、换结构、换长远，需要凝聚共识、痛下狠心，哪怕可能牺牲一时的增长速度，去赢得长期向好发展的实效。

毫无疑问，我们不能简单地断定经济增长速度是低好还是高好，一切要看增长速度是否建立在国民经济整体结构是否均衡合理、是否优化高效基础上。如果是建立在均衡合理、优化高效基础上的，则增长速度快比慢好。当然，这还要考虑当前与未来中长期发展走势相结合。对今天中国经济发展来说，重要的在于，既要保持经济相应的增长速度，更应着力追求扎扎实实的、没有水分的、有质量有效益的经济增长。

我们要说的是：对我国经济发展千万不应该把重心过多地盯在增长速度上，而应该更多地把着力点放在转型升级、优化结构、提质增效上，千万不要以半年一载甚至一两个月的增速小幅波动来判断施策，而要充分认识到，一定范围的上下波动本身是正常的，而不应过于疑虑躁动。对正常的增幅波动，应该提高容忍度，增强定力。我们"实现经济长期持续健康发展，要善于运用经济运行合理区间和宏观经济政策框架的总体思路。经济运行合理区间要有一个下限和上限，下限是稳增长、保就业，上限是防通胀。在这个合理区间内，要坚持主线是转变经济发展方式、主动力是改革攻坚、着力点是调整经济结构。当经济运行滑向下限或逼近上限时，也要按照既稳当前、更利长远的原则，坚持用改革的办法、调整结构的措施，统筹施策、精准发力，使经济避免大的波动，保持平稳运行和持续健康发展"。我们"要的不是一两年、三五年的发展，而是要通过保持长期持续健康发展，全面建成小康社会。这就需要发挥好政府调控宏观经济的作用，让经济运行保持在合理区间"。

笔者认为，中国经济发展正开始步入应减少刺激政策而通过更大力度地提升结构调整来注入增长动力的新阶段；经济增速波动的容忍度也应随之提高，适度减速和小幅波动今后将可能成为"常态"；从过去较高速增长逐步转入中速增长，恰恰意味着中国经济开始进入了一个新的发展阶段，在这个转型发展过渡期，难免要经历"拐点性""换挡性"的"阵痛"。

二　中国经济会发生危机吗？

对中国经济发展小幅放缓现象，国内外有不少机构和人士做出了中国将会发生金融危机进而引发经济危机的警世预测。这是缺乏客观分析、不严肃的臆断。

笔者认为，说中国经济将要发生"危机"，这虽然有警示性意义，但未免过于悲观，危言耸听。在可预测的时期，中国经济发展的基本面向好，仍具有较大的发展潜力，不太可能发生金融或经济危机，主要理由如下。

（1）中国经济总体上仍处于工业化、城镇化、信息化（科技红利）和资本化、金融化的较快增长发展阶段，仍有相当发展潜力。尽管原有增长模式不可持续，发展增速难免渐趋下降，但仍可以中速平稳增长相当长的时期。从发展时序上讲，中国经济离成熟的后工业化的现代化社会，还相当遥远；从发展空间上讲，中国由东部到中部再到西部的梯度发展，才刚刚开始。从宏观整体的基本面来说，中国具有长期较快增长的潜力。

（2）中国增长归根到底首先取决于国内的市场需求。中国有 13 亿多人口，正处于由温饱小康向全面小康和中高收入迈进阶段，内需消费市场有着巨大潜力，随着人民收入水平的提高，将会持续地释放。除了消费市场外，中国的经济结构还存在着明显的不平衡、不协调、不可持续的问题，经济发展存量结构优化既是发展难题，也是发展潜力所在；随着城市化、科技创新的进展加快，经济发展增量需求也十分巨大。这些都将为中国经济的中长期发展提供巨大的需求与动力。

（3）中国经济全球化水平虽然不低，不少中国产品的国际竞争优势也开始弱化，但在相当时期内，中国产品仍有较强的国际竞争力。巨大的熟练劳动力、较好的基础设施、较强的制造能力和比较厚实的经济实力，是新兴国家、东南亚以及南美、非洲等国家短期内所无法替代的。同时，中国企业千方百计拓展国际市场的能力不可小觑，中国资本、中国企业"走出去"发展的态势也将日趋强化。

（4）中国经济经过30多年较快发展，经济实力大为提升，已跃居全球经济第二大经济体，积累了3.4万亿美元（按当前汇率计，相当于20万亿元人民币）的外汇，加上尚未完全放开资本项下可自由兑换，国际流动资本影响有限，因而中国经济具有相当强的抗风险力量。特别是从政府到普通老百姓，都积蓄了大量财富，即便扣除各种负债，中国的财富也是巨量的。这些存量财富的盘活、优化，无疑会成为创造新的财富的巨大资源。

（5）中国经济市场化水平大为提升，市场本身具有一定的抗风险免疫力，加上中国目前强效制度和强势政府，再加上社会经济核心实力和主导资源由政府掌控和主导，且执政党将长期实行科学发展的方略和积累更成熟的治国理政经验，中国有能力防控并遏制危机的爆发，建设更成熟的市场经济体制。

（6）中国仍将全面深化改革，释放出巨大的"改革红利"。今后中国的改革将在中国特色社会主义基本制度下，加快向市场起资源配置的基础性、决定性作用方面全面拓展。无论在经济体制、政治体制、文化体制还是社会管理体制、城乡结构、生态环境保护体制等方面，都将积极稳妥地推进。不合理的固化利益将得到调整性。中国政府职能也将加大调整和改革力度，将会大大减小、简化和调整审批管控职能，等等。这些都将为中国经济未来发展注入巨大的"体制活力"。

（7）中国经济增长波动是有"底线"的。近来，中央决策层多次提高颇有新意的"底线思维"和"底线要求"。如果从2020年经济总量和居民收入翻倍目标（6.8%）、发展连续性和发展走势、经济结构和就业状况、国际市场等综合因素来考量，今后国家宏观经济政策取向应以加快结构调整和保增长"低线"相结合为主，改变过去一度侧重"保增长"做法，可转为"稳增长、保低线"或者说"稳增长、保低线，调结构、促转型"。笔者认为，未来两三年，经济增长7.5%是相对理想的，7%是相对可以容忍的。但如果明显低于7%的增速，则可出台相应的经济刺激的"托底"措施。当然，难度在于把握时间节点和调控力度。应该既解决眼前问题，又咬定长远发展目标，从侧重短期和总量，进一步过渡到重长远和结构上来。

（8）中国经济会不会发生较大的经济危机，最主要的还取决于货币金融市场。世界近现代史上发生的经济危机，几乎都首先爆发于金融。实体经济是产生经济危机的"土壤"，金融市场是导致经济危机的"引信"，货币市场则是制造经济危机的"推手"。根据目前中国金融体制和金融业态看，政府不但牢牢掌握货币发行和调控主导权，而且几乎所有大型的中资金融机构（特别是几大银行），多由国家持股或控股。雷曼式的崩盘在中国几乎不可能出现，因为一旦需要，中国央行可动员足够多银行间资金来缓解金融界的流动性危机；同时，由于中国金融资本市场要达到足够庞大实力也尚需相当时日，而且国有资本又占据着相当大的比重，因而也不足以兴起大风大浪；至于国际投资者大规模集中流进或抽逃资本，由于中国目前还实行较严格的资本管制，跨境资本流动较为困难，而且有多达3.4万亿美元左右的外汇储备，当资本外流集中发生时，也足以维护自己的汇率水平和金融体系。那么，会不会发生公众集中挤兑的危机呢？这种概率也十分有限，因为中国实行资本管制并主要银行均由国家控股，只要公众对政府有足够信心，就不会发生系统性、全局性的集中挤兑危机。再说，中国还实行世界上最严最高的20%的存款保证金制度，也足以应对集中式的局部挤兑风险。

因此，笔者认为，中国在近期和未来一个时期，发生大面积大范围的金融危机和经济危机的概率不大。但是，个别区域、个别行业（银行）、个别时段的局部的危机风险，是需要高度关注、监控防范的。

三 中国经济会经历"拐点性阵痛"吗?

我们说中国经济不太可能会发生金融和经济危机,是否过于乐观了呢?总体上我们持乐观态度,但各种风险是存在的,起码,我们要清醒地看到,中国经济在"转型升级""提质增效"的转变过程中,难免要经历一个"拐点性阵痛期"。所以,我们对中国未来经济走势持冷静的乐观态度。

中国经济虽然不至于发生全局性的金融危机和经济危机,但未来两三年面临调整结构的较大困难"阵痛期"是完全有可能的。笔者认为,中国经济增长方式真的到了一个"转型换挡"的"历史拐点":这是一个经济社会发展方式转型升级的关键时期;这也是一个需要付出代价必然要经历阵痛的时期。可以说,这是一道跨越发展阶段性的"门槛"和"山岙"。我们的确需要付出短期"阵痛"去换取长期的向好发展。说短期"阵痛",意味着要在未来若干年内牺牲一些增长速度,以调理好"筋骨";这个"阵痛"不应过短过长,更不应用"急风暴雨"式的"休克疗法",但也不应该不痛不痒、不温不火地"慢性调理"。因为,中国目前经济发展的"转型换挡"的"拐点性阵痛",既是周期性的,又是结构性的,确实需要"壮士断腕""刮骨疗伤"。中国经济既不应该过急地"硬着陆",也不应该过慢地"软着陆",而应该是"断腕式"的"稳着陆"。

笔者认为,当前及今后一个时期中国经济的"拐点性阵痛",主要有以下几方面。

(1)经济增长速度趋缓的"阵痛"。过去30多年来,中国创造了年均经济增速近10%的奇迹。从经济发展客观规律和目前中国经济发展面临的问题来看,尽管中国仍有极大的发展动力和条件,但总体上已开始进入增长趋缓的中速发展阶段。未来中国经济增长7%左右甚至更低一些,可能是一种常态。对此,我们应持尊重经济发展规律的科学态度,以平常心去看待。这种增速利大于弊,长远来说是好事,千万不要去人为推高增速,吊高胃口,我们要有理性定力和自信。

（2）经济结构转型的"阵痛"。中国经济依靠低成本、高投入、大出口推动发展的粗放型增长方式已难以为继。一、二、三产业结构、能源结构、消费需求结构、劳动力就业结构、城乡结构、收入分配结构、社会阶层结构以及国内外市场结构，等等，正处于迫切需要转型升级阶段，尤其是大面积的产能过剩、投资过剩，都充分反映出我国经济结构需要大的调整。

（3）后发优势弱化的"阵痛"，也就是经营收益薄利化的"阵痛"。由于中国早已告别短缺经济时代而进入结构性过剩；劳动力、生态环境、土地、资金、社会保障等发展成本越来越高；多数行业投入产出效益递减；引进模仿吸收国际市场的科技、经营、管理、人才的低成本阶段也已经告一段落；等等，使得中国经济发展的后发优势和低成本时代行将结束。发达国家实施再工业化战略，更加严格控制高技术出口，一些中高端制造企业回流发达国家，使我国引进高端技术发挥后发优势空间更为缩小，我国产业向价值链高端提升的难度也将加大。我们将日趋面临企业经营和社会经济运行成本大为增加而利率水平则下滑的"阵痛"。当前中国实体经济低迷、企业投资和经营实体经济积极性不高，直接的原因就在于其日趋下降的利润。我国沿海发达地区产业发展近年来处于"高不成、低不就"的状态，就反映了这种变化，也说明了我国经济发展急需转型升级，以形成新的发展优势。

（4）盘活货币资源的"阵痛"。现在及今后两三年，中国经济面临的又一个更为明显的"拐点"，就是改变以往过多依赖"以货币保增长"的模式。央行统计数据显示，截至 2013 年 8 月末，中国广义货币 M2 余额已高达 106.12 万亿元。我国货币供应总量和信贷存量都处于高位，从宏观来看，如果经济增速同比放缓或市场流动性紧张，并不是由货币供应量造成，而是资金错配和使用效率低下造成的。如果继续像以往那样货币供应"开闸放水"，整个中国经济将有可能被货币之水大面积"稀释"。中国的确到了应该摒弃"以货币保增长""以信贷保增长"的旧模式的时候了。目前中国货币总量和信贷及融资总量，不仅高居世界之巅，而且已远远超出正常的供给水平，也就是说超出了经济增长正常的需求水平。问题的根本，不是没钱，而是钱错配了地方。因此，适应并推动经济发展方式转型升级的需要，作为调控宏观经济运行"总开关"的货币政策，重心应向控制总量、用好增量、盘活存量、优化金融资源配置转变，而在这一转变过程中，我们必然要经历"阵痛"代价。

（5）消化政府债务风险的"阵痛"。有资料表明，在现代国家里，资产债务性风险是常态性存在的。倘若债务越过占 GDP 总量 60% 的警戒线标准（国际通行），风险就开始形成并加大。中国自改革开放以来，已经出现过四次较大规模的债务风险问题。1978 年后的债务问题，主要是中央财政赤字；1988 年后的债务问题，主要是企业间"三角债"；1998 年后的债务问题，主要是国企经营问题造成的金融机构坏账；而 2008 年后，中国的政府债务风险、企业债务风险在不断累积中。到目前，中国政府性债务大致有四个 10 万亿元，即中央政府国债余额近 10 万亿元（2012/77566 亿元）左右，地方政府债务余额 15 万亿元左右，政府国际外债到年底 6 万多亿元①，铁路交通等国企债务约 10 万亿。以此来计算，政府的显性债务大约占 GDP 的 80%，已经超过了政府债务安全阈值 60% 以上。如果考虑到不少尚未统计和难以统计的"隐性负债"，这个比率肯定还要更高。如果按整个社会债务率来计算，即企业 + 家庭 + 政府债务与 GDP 的比例，那要超过 200% 了。显然，这个比例的风险应该说已经比较高了，而且现在的政府性债务还在继续增长中。因此，未来一个时期，我们不得不面临一个偿还政府性债务的高峰期。要消化这些债务以及过去几年大规模政府性、低效益、高负债投资的后遗症，我们同样不得不付出"阵痛"代价。

（6）深化改革的"阵痛"。未来一个时期的改革，既要调理消化过去经济社会发展积累的矛盾，尤其是由政府性大剂量刺激经济增长而延后的结构性问题，又要调理消化过去几十年来改革开放实践中积累的"疲劳性"和"利益格局"。现在和未来的改革开放当然有"红利"，但已不太可能像过去那样靠"放开"就能"放出大红利"了；今后的改革开放也不可能是"大面积"的、原则性的"体制安排"；同样也不太可能仅仅是"增量型"改革。也就是说，今后的改革开放将会是深度性的、行业

---

① 参见《参考消息》2013 年 7 月 2 日第 5 版。

性的，尤其是利益结构调整性的。改革开放中的"存量"或"增量"的利益调整，在带来长期"红利"的同时，也难免会产生短期的"磨合阵痛"。

（7）国际市场挤压加大的"阵痛"。随着中国经济实力增大、人民币和中国资本的国际化步伐加快、发达国家经济的再平衡、新兴经济体的崛起、以货币超发和国际金融秩序变革为主要标志的"货币战争"的持续"发酵"，等等，不但使中国加入世贸组织和低价产品的"红利"日趋弱化，而且将使未来中国经济发展的国际环境面临更多的新挑战，受国际市场挤压更为明显，国际竞争压力也会更大。这也是我们所要面临的"阵痛"。

（8）加大宏观调控政策带来的"阵痛"。基于上述国内外发展环境，笔者认为，未来若干年内，中国经济在保持7%左右增速的前提下，为使中国经济更科学健康、协调有效发展，国家应相对密集、相对系统、相对有力地出台较多的改革开放、宏观调控的政策举措。这些举措的出台和实施，必然要对不少市场主体和企业产生这样那样的"阵痛"。

痛则不通，通则不痛。化痛为通，活血化瘀。中国经济要实现"转型升级、提质增效"，是必然要经历一个"阵痛期"的。

关于开创金融发展新时代的
思考和建议[*]

　　近年来，我国金融改革步伐明显加快。围绕着处理好金融经济和实体经济的关系，盘活货币存量、用好货币增量，实施贷款利率市场化，推进外资民资进入金融业，尤其是以资产利率市场化、金融业对外开放、人民币资本项目、汇率改革、跨境融资自由化等方面为重要改革试点的上海自由贸易区的建立，不但展示出我国新的金融政策频频出台，而且更意味着金融体制改革正快马加鞭，使人们深切地感受到一个金融新时代正扑面而来。

一　金融化也是市场机制的内在特性

　　人类经济发展有着自己内在的客观规律。从经济运行的市场机制讲，经济的商品化、货币化和金融化既是市场机制的基本条件，也是市场体系的内在内容和基本特性，更是市场机制发挥作用的必然结果和基本舞台。

　　一部人类经济文明进步史，实质上就是用什么样的途径、方式去更高效地组织、促进各种经济发展要素（资源）的优化配置的历史。在人

---

　　* 本报告评述中国金融改革和发展的重大意义，鲜明提出了要进入一个新阶段、新时代，并探讨了未来改革和发展的重点。人民日报参阅件全文刊发、新华社《国内动态清样》摘发，报送中央和有关方面参阅。

类经济几千年的文明演化进程中，终于逐步形成了以市场机制为主导配置经济发展资源的基本方式。说是"主导"，当然还有其他"非主导"的配置方式。我们知道，市场机制的最根本、最关键的功能，就是各种经济发展要素的价值（价格）由市场发现、形成并实现，并以此调动各类资源向更优质高效领域集聚并使用，进而推动经济更好更快发展。

然而，我们同样可以清楚地看到，市场的定价机制又主要通过经济要素的商品化及其各类商品市场、货币化及其各类货币市场、金融化及其各类资本市场或金融来实现的。没有经济的商品化、货币化和金融化，就谈不上有市场的定价机制，也谈不上有现代成熟的市场经济。当然，财产所有权归属（产权）的明晰化、主体化（但不等同于个人化、私有化），是市场机制的逻辑基础。因为产权不明晰，其财产就无法以商品形态到市场上自主交易买卖，也无法让渡转移。所以，产权明晰化是我们讨论市场机制作用和经济商品化、货币化、金融化的前提，而不再做更具体的分析。还有，经济的科技化、知识化也是当代世界经济的重要发展趋势，但科技知识只有转化为产权明晰的资产，才能成为可交易的商品进入市场，进而才能进一步转化为货币、金融形态的资产，从而广泛地渗入到各个经济领域，成为现实的生产力和经济社会发展的推动力。

所谓经济的商品化，就是经济发展资源、要素、物产品等可以进入市场去流通、交换、买卖的过程。经济商品化程度越高，说明不能流通买卖的资源转化为可交换流通的资源就越多，离非商品化的自然经济、"计划经济"形态就越远。经济商品化程度高，意味着一个社会的经济发展资源、要素、物产品以及经济运行的市场化水平也相应更高。但这并不是说，一个国家、一个社会的一切发展资源都能商品化。比如，对自然资源、生态资源、社会公共产品、军事安全产品、国家重大科研项目等，尽管各个国家的商品化程度不一，但都不可能完全商品化和市场化。即使经济活动领域，恐怕也难以实现彻底的商品化和市场化。因此，经济的商品化程度是高是低及其达到什么程度更有利于经济社会发展，除了取决于社会经济政治制度、历史文化、经济发展阶段等条件外，从市场机制运行效率角度来讲，恐怕也难有明确的边界。

而经济的货币化使得各种经济发展资源、要素、物产品等，可以舍弃掉其千差万别的形状和使用功能，抽取出它们的共同价值，形成可以统一度量、相互交换的价值，即一般等价物，这就是货币。经济的货币化，就是经济发展资源、要素、物产品等可以用货币来度量、交换的过程。一般来说，经济的商品化程度与货币化程度是相伴而行，基本一致的，但是，货币作为各种实体商品的一般等价物，源于和依附于实体商品，又独立于实体商品，功能和优势也多于实体商品，因而货币完全有可能脱离实体商品（实体经济）而自我膨胀或说高发虚发，比如，过高的通货膨胀，通常是货币"多于"实体商品。这种意义上的货币化水平越高，如同货币化程度过低一样，都是十分有危害的。

经济的金融化是经济商品化、货币化的必然延伸和拓展，也是人类深刻把握市场机制、完善市场体系的伟大创造。随着人类创造能力的不断提升和社会生产能力、科学技术的不断发展，个人、家庭和社会创造、拥有和积累的财富不断增加。这些财富除了人们消费掉外，大量积累、保存下来。由于货币天然具有广泛的通用性、便捷的流动性和保存、使用的方便性等优点，人们除了拥有一些固定物化的财富外，大量的是以货币形态来持有、传承"活化"的财富。财富越多的人就越多地持有货币化财富。财富积累起来了，就普遍面临着财富如何保值增值问题。这就使得财富尤其是货币财富以及财富多的人，去"运作"这些财富，去寻找更高回报的地方。因而在以储存、融资为基本功能的传统银行的基础上，又出现了大量投资性、信托类、资产经管等千姿百态的金融产品和金融市场，以满足市场上资产供方与求方的需要。经济的金融化，就是各类经济发展资源、要素（经济财富）在商品化、货币化基础上，进一步转化为可以保值增值、可以再经营、可以再投资的资产。这种"资产"的价值（价格），就是利率。而这种"利率"由市场来定价，就是利率的市场化。这就是货币、金融市场的功能，尤其是股票、债券、保险、信托、投资基金、商业银行、期权期货等各类资本市场的基本作用。因此，经济金融化的实质，就是各类经济要素和社会绝大多数财富的资产化、资本化过程，尤其是对货币资产和财富的资本化。正是通过更具流动性、更加敏捷高效的金融资本市场，使得社会一切可以商品化、货币化和投资经营的资源、财富，都充分地调动运用起来去创造新的财富，都快速地流动起来去高效地优化配置资源。当然，经济的金融化也有个"度"的问题，过度的金融化会脱离实体经济和基础资产（本），制造虚化资产，即资产泡沫，严重的会引发金融危机和经济危机。

因此，尽管经济的过度商品化、货币化和金融化也会带来这样那样的问题，但它们毕竟是人类经济发展的必然现象，是市场机制的基本特性。商品流通市场、货币流通市场和资产流通市场（金融资本市场），是现代市场体系的基本内容。我们要推进市场经济体制改革，就必须加快形成由上述三类市场组成的相互促进、相互配套的现代市场体系。

二　金融是现代经济发展的主导者

在现代经济生活中，金融越来越占有"中枢调控"地位，扮演着"总导演"角色，起着主导性作用。

首先，金融已成为现代经济的主导性产业。综观全球，现代经济的金融化程度越来越高，金融业在国民经济中的地位大幅上升。据有关资料，20 世纪 70 年代，美国金融部门所获得的利润仅仅是非金融部门的 1/5，但到了 20 世纪末，这一比例已上升到了 70%。再如，实体经济部门也日趋金融化。美国非金融部门的金融资产与实业资产的比例，在 70 年代是 40% 左右，到了 90 年代就接近 90%，实体经济金融化水平如此之高，经济结构难免失衡。如今，经济大国的金融资产普遍高于实体资产。如资本市场上的资产、债务资产以及汇率市场上的资产交易量等，不知要超过实体经济 GDP 的多少倍。据国际货币基金组织统计，1980 年全球金融资产只有 12 万亿美元，与当年全球 GDP 规模大体相当。到了 1993 年，全球金融资产为 53 万亿美元，达到当年 GDP 的 2 倍。2003 年全球金融资产则达到 124 万亿美元，超过当年 GDP 的 3 倍。2007 年全球金融体系内的商业银行资产余额、未偿债券余额和股票市值就高达 230 万亿美元，是当年 GDP 的 4.21 倍。从七八十年代起，发达国家原本以工业商业为基础的实业资本的主导地位，逐步被金融资本取而代之了。

其次，金融在现代经济运行中起着越来越重要的主导性作用。这不仅表现在金融业的资产规模大于实体经济，成为主导性产业，而且更重要的还在于金融的垄断性地位和"总导演""总开关"的作用上。金融高居现代经济"王国"的"总统领"地位。我们知道，资金、货币的组合配置，本质上就是各种生产要素、经济资源的组合配置，而且货币、资金的组合流动又要比实体资源的物流在时空上高效方便千万倍。特别是金融资本市场具有把社会资产广泛集聚化和资本化、资本公众化程度高、资源配置效率高、优胜劣汰竞争机制强、市场基础定价灵敏、资产流动性和杠杆化高、利益传导快捷而公平透明以及社会财富创新能力强、品种多等优势功能，使得金融资本财富迅速增大，金融资本市场日趋庞杂，金融资本产品不断丰富，而且金融资本对实体经济的渗透力、调控力越来越强，对社会经济和人们日常生活的影响力、引导力也越来越高。现在，国家调控经济运行，通常的基本手段就是金融、货币工具，通过金融、货币的"龙头开关"去调控"经济之池"，正是庞大的"金融货币之手"，在调控着整个国民经济的运行。政府运用信贷、债务、利率、汇率等金融货币杠杆进行宏观管控，以求实现经济增长、就业物价稳定、市场供需和国际收支基本平衡的调控目标。就微观而言，金融可以为生产经营者提供资金，促进发展，创造财富；可以为社会个人资本投资、理财增值创造平台，提供产品和渠道，激活资产，增加财产性收入，参与社会财富创造，分享社会发展成果。

再次，金融也是一把无比锋利的"双刃剑"，它在现代经济发展中既起着积极推动作用，又无时无刻不在制造着风险。可以说，现代金融是酿造现代经济发展风险的"酵母"。现在，金融资本不但越来越"身大体胖"，膨胀很快，而且能量大，作用强，具有躁动不安、信用要求高等天生的脆弱性。金融业利润多，风雨也多。在现代经济发展中，通常先起金融风险，再闹金融危机，而后波及实体经济，引爆整个经济危机。西方发达国家大约20世纪70年代起，经济结构形态发生了一系列深刻变化，其中最主要的是经济日益虚拟化和金融化。也正是从这个时候起，人们对一个国家经济发展健康状况的看法发生了变化，逐渐形成了这样的共识：市场需求不振，出口增长下滑，企业倒闭加剧，甚或经济增长下降，以及人为或自然灾害，都不足以给经济整体本身造成致命的破坏性影响。但是，如果金融出了大问题，不论是金融动荡还是金融危机，整个经济必然遭受重创。大家知道，在国际金融市场中，美国次级抵押贷款无论就业态品种还是规模数量，都是很小很小的一部分，但它的风险却引发了全球范围如此之大的动荡。美国次级抵押贷款高拖欠率，最早是在 2006 年底显露出来的。美国政府当时估计，次级贷款的损失将只有 500 亿至 1000 亿美元，而这相对于美国或西方银行的总资本以及全球投资基金持有的资产而言，简直是沧海一粟。然而，美国小小次贷危机引发的全球金融风险和世界经济危害，是银行家和决策者们都全然不曾预见到和估算出来的。事到如今，我们对这次危机的危害程度及其深刻教训，才有了"金融世界不同了"的认识。金融资本市场的高风险性，一方面它自身产生了许多分散风险、对冲风险、化解风险的产品和机制，另一方面政府监管部门也形成了许多防范和化解风险的制度。

总之，无论从推动经济社会发展还是风险性高来看，都说明金融在现代经济发展中的"主导者"作用。金融的确是现代经济的核心。我们要完善现代市场体系，建设现代经济强国，都迫切需要了解并积极健康有序地加快发展现代金融。没有现代金融就没有现代经济，经济的现代化离不开现代金融文明建设。当代世界大国的经济等利益的竞争，最主要的也表现在金融货币方面的竞争。

三 利率市场化是又一场新的经济体制变革

随着改革开放、经济现代化和社会主义市场经济的发展，中国的金融体制、金融发展也取得了重大进步。中国经济的货币化、金融化程度不断提高，在服务于实体经济发展的同时，一个相对独立的货币经济、金融经济正在迅速崛起，但中国还远远没有形成发达的现代货币经济、金融经济，更谈不上货币强国、金融强国。

根据笔者的初步研究成果，一个独立的经济体（国家）是分别由既相互独立又相互联系的实体经济、货币经济和金融（资本）经济所组成的。实体经济是货币、金融经济的根基，货币经济既度量、调控实体和金融经济，又可以自我独立创造"货币王国"，它的一部分可以市场化，但相当部分只是国家手中的"调控工具"而不能市场化。金融经济就是把实体经济的相对优质的资产和可以流动交易的货币转化为金融资本，通过金融资本市场（也包括货币市场）去更高效、更合理、更优化地组合配置经济发展资源，创造新的社会财富。尽管经济的货币化、金融化程度主要取决于实体经济的发展水平，但是，如何更积极、更主动地加快经济货币化、金融化步伐，使三大经济体更好地相互适应、相互促进，对一个国家的经济高效发展和经济结构的转型升级，具有极大的战略意义。如果没有金融货币市场，经济发展就只能停留在一般商品经济的低级形态。中国要建立比较成熟的现代市场经济体制，实现产业的升级、经济的转型，提高经济的国际竞争力，成为现代经济强国，就必须统筹协调地加快发展实体经济、货币经济和金融经济。

从微观角度讲，构成一个生产经营活动的基本要素：一是通常以货币形态存在的资金资本；二是人的体力、智力（包括经营管理、工艺技能、科技知识）形态存在的人力资本；三是机器设备、土地、厂房等生产资料资本。从这三大要素来说，随着我国市场经济体制变革的推进，都已经不同程度地商品化、货币化和金融化了，它们的市场化水平也有了很大提高，尤其是一般实体商品和服务，基本上都实现了市场化定价，人力资本也有了极高的市场化水平，但资金等核心要素的价格，总体上仍然是以管制为主的，市场化水平最低。

然而，资金是生产经营活动的最基础、最重要的要素；金融货币资源是规模最大、流动性最快的经济发展资源；金融资本市场是资源配置最高效、最灵敏的市场，也是组织动员集聚社会发展资产最广泛的载体和途径，更是激活存量资产、投资创造新财富、期待未来收益的最有效机制。如果说中国的市场经济改革前一阶段完成了实物商品的市场化改革，绝大部分实物商品已经由市场定价的话，那么新一轮的经济体制改革，在已有的基础上，加快了金融货币资源要素的市场化改革，在风险可控的前提下，积极稳妥地推进金融货币市场的利率市场化步伐，这将是又一次重大的飞跃和突破。

四 迎接中国金融发展的新时代

近来，我国新的金融政策频频出台，金融改革步子疾速迈进。从金融"国十条"出台、取消贷款利率下限到扩大信贷资产证券化试点和国债期货正式上市交易，尤其允许上海自贸试验区实现金融机构资产方价格实行市场化定价，推动金融服务业对符合条件的民营资本和外资金融机构全面开放，允许金融市场在试验区内建立面向国际的交易平台，逐步允许境外企业参与商品期货交易，在试验区内对人民币资本项目可兑换、为人民币跨境使用创造条件，探索面向国际的外汇管理改革试点，建立与自由贸易试验区相适应的外汇管理体制，全面实现贸易投资便利化等金融制度的创新，大力推进了金融市场利率市场化进程。如此密集、如此强度的金融新政策和"金改"大举措，无疑具有标志性意义。

这不能不让我们期待：中国金融将迎来一个崭新的时代，我们热切地去拥抱、参与这个时代。

对于这个金融新时代，笔者认为，以下几个方面内容、特点或者说趋势，很值得大家思考。

（1）在市场作用和政府管制的关系问题上，金融体制将由现在政府管制下的市场发挥作用，而转变为市场起基础作用条件下的政府管制。这是中国特色的市场经济，或者是中国特色金融体制的重要标志和内容。完全的金融自由化在中国不太可能出现。如果现在完全放开，不仅极不成熟，而且非常风险极大。世界上多数实施利率完全市场化、自由化国家，或半途而废或引发经济灾难，能坚持下去的发达国家也不得不付出沉重代价后才得以成型，而且也不可能没有一定的政府管控。有研究表明，60%的新兴市场国家在资本账户开放时，就曾出现过金融危机。这是经过世界金融、经济发展实践反复证明了的事实。当然，我们仍然有足够理由希望，市场机制对金融资源配置的基础性作用应发挥得更大、更广、更深刻，这也许需要漫长时间，但我们别无选择。

（2）中国金融的主体结构有可能转变为"一行、半商、多元、泛化"。"一行"即央行，"半商"即政策性银行。商业性银行主体将多元化，社会各类金融机构、金融业态将广为泛化。今后，金融主体类型、数量将非常之多。但是，中国金融的主导力量将仍以国有成分或国有控股为核心。我们不应从负面意义上来看待国有金融的作用。笔者也不太赞成把从事资产投资和资产经营的公司、基金统统称为"银行"。在中国，总体上还是银行就银行，其他从事投资业务的公司、企业不要都成为银行。美国为什么银行那么多？除了我国传统意义上的银行外，美国把各种各样经营与金融相关业务的公司都叫银行。所以，美国银行满街都是。这很容易埋下金融风险，监管难度很高。在"一行、半商、多元、泛化"结构的前提下，我国将迎来金融主体真正竞争的时代。有人提出金融业将迎来"战国时代"，不无道理。今后，的确将是一个百花齐放、百舸争流的金融时代。

（3）金融自身将成为更加独立的经济形态，功能也将得到极大提升。对金融功能的认识不能只局限于融资，只局限于为实体经济服务上。这虽然是金融的基本功能，但今后的金融业（包括银行业），融资仅仅是功能之一。未来，金融将在我国宏观经济运行中发挥更大的资源配置作用。更重要的是，中国将崛起、形成一个越来越强大的金融产业，将会形成一个相对独立的巨量经济体，除服务、从属于实体经济外，它将形成越来越强大的自生功能，即金融资本及其市场自我发展、自我创新、自我生成的能力。此外，我国的金融还将成为参与国际竞争的重要力量。对金融的作用功能应有一个全新的认识，要看到今后金融本身就是一个独立的经济体，需要加快发展，做强做大。

（4）中国的金融资本市场将会得到快速发展和提升。看一国的金融发展得如何，最主要的是看资本市场的状况。资本市场类型繁多，业态各异。要搞市场经济、要推进利率市场化，就必须发展货币、金融资本市场。资本市场最具有把各种各样经济发展资源进行优质高效配置的机制。金融改革要深化，经济发展要优质高效，市场体制要健全成熟，国际竞争要全面提升，都绕不开发展金融资本市场。如果没有资本市场，利率市场化、人民币国际化等，都是不可想象的，因为无法进行合理市场定价和有效交易。今后，资本市场中的股票、证券、公募、私募、外汇、期货等，将会非常之多。我国的资本市场结构也将进一步完善和发展。当前，我国的股票市场结构是倒"三角形"的，成熟企业大量集中在资本市场，而面对成长型、科技型企业的创业板非常少，尤其本来应该数量规模最大的面向中小型企业的"新三板市场"还尚未起步，刚好与国际成熟资本市场相反。最近，我国新三板市场有可能扬帆启航。未来，在一级、二级资本市场加快发展的同时，有可能在一级、二级资本市场之间产生大量泛化的"准市场"，各类"混业"经营的金融机构也会更多。资本市场将会风起云涌，会向规模化、专业化、规范化方向发展，机遇很多。

（5）中国金融产品创新将大为加快，金融产品会更加丰富多样。中国经济的货币化程度现在已经非常之高，不少人认为货币已严重"超发"。笔者对此不去置评。但中国经济的金融化、资本化还远远不够，却是明摆着的事实。因此，金融产品的创新应大大加快，资本市场也应细化分层。包括近年推出的资产证券化、信贷证券化、中小企业私募债，经过修改规范的国债期货，以及有可能引入市场的个股权证等衍生品，介于股权和企业债之间相互融合的优先股，等等，都是金融产品的创新和结构的完善。

（6）中国的债券市场、债务将在规范中得到更快发展。债券市场是资本市场的重要组成部分，但有必要专门做些探讨。我们知道，金融危机大多与债务危机相关。但现代经济发展又离不开"债的发展"。中国尚未形成比较科学合理的"债务"结构和债券市场。但目前一方面地方政府债务太多，具有较大的风险，这是一个重大的现实风险隐患；另一方面，要想经济结构有较大升级、现代金融有较快发展、市场调控机制有明显改善、政府治理模式有所转变，就必须有"债"，有各类"债品"，有债券市场。现代经济没有发债是不可想象的，没有债的经济体是非常落后的经济体。中国未来债券市场十分看好，前途无量。美国的发债机制和债券市场很有"妙理"，过去我们并不完全了解它的"机理"。其实，美国的财政赤字、国债和美联储美元发行是一个有机整体，它的国债甚至可以说是"第二美元"。一定程度上说，过去货币是"金本位"，现在美元是"债本位"。当然，也可以说，美元与美国国债是互为"锚定"的。笔者认为，现代经济是离不开合理的债务的。合理的债务是一种巨大的财富，债务不仅仅是一种融资的手段，它也是利率市场化形成的一个重要平台，还是国家调控经济的一个重要手段。更重要的是，它是未来经济发展的一种趋势和信心的航标。因此，建立在市场机制基础上的各类债务债权，也就是经济的债务化，将会进一步规范并得到新的发展。随着我国以外汇收支为主渠道的货币被动投放的淡出，以国债为主的国家债务有可能成为货币投放的一个重要渠道和工具。

中国的金融发展和改革有两大方向：利率市场化和人民币国际化。这两大方向都需要国债期货开山辟路、保驾护航。因为国债期货，意味着利率期货。而由此形成的国债收益曲线，就等于给存贷款利率定价，通过市场配置资源进而实现全部资金利率的市场化，并最终通过金融之手将资金投放到回报率最高的地区、产业、企业和个人，以实现推动经济转型升级、持续健康优质高效发展的目标。由于国债期货形成了市场利率期货，这种期货利率是市场上最指向未来收益，而且国债又是以国家信用为基础的，国内外客户完全有可能比其他金融产品的规模要大得多，因而国债期货形成的利率期货，是形成整个利率市场化的基础和"航标"，其他存贷款和资金利益都要以此为"锚"。同样，实现人民币国际化也必须以利率市场化作为配套措施，因为这样才有可能进行市场自由交易，才能规避因外汇市场、资本市场利率波动而引发的风险。人民币国际化还必然带来人民币储备需求的增加，会有大量资本流入，而对储备货币的需求，其实就是对收益性债券的需求。国债又恰恰是流动性好、收益稳定、信用性和安全性高的债券。另外，人民币要实现完全可兑换目标，也必须有一个规模大又规范的国债市场，以便在可兑换实现后，那些愿意以人民币作为储备货币的国家，可以找到一个有效的低风险投资场所。因此，人民币国际化会促使国债发行规模扩大，国债发行品种丰富，国债发行频率提高，进而形成长短各异、品种丰富的中国国债市场[①]。因此，对国债、债券市场问题要有新的认识，很值得我们深入研究，理解其中"奥秘"，做足做好国债发展这篇大文章。

（7）中国百姓的个人财富将真正步入保值增值时代。中央提出的要

---

① 参见锦秋《赶走金融改革的"拦路虎"》，《人民日报》2013年9月6日第10版。

让老百姓有更多的财产性收入，随着利率市场化和资本市场的有序繁荣发展，相信会有实质性进展。今后个人投资理财渠道将会大大增加，而不会像现在除了存银行、买房产等不多的途径外，就没有多少投资渠道，缺乏获得财产性收入的更多办法。可以想象，未来各种基金将会如雨后春笋般冒出，百姓投资机会将会显著增加。中国老百姓有望实现小康并跨越"中等收入陷阱"而步入现代富裕社会。

（8）各类金融活动将逐步走向透明化、规范化。在金融体制加快改革、利率市场化得到实质性提升、资本国际化大幅开放时期，难免会出现一些"金融乱象"。所以我们要以稳步渐进、小步快进的方式推进金融改革。但随着直接融资占比继续增加，间接融资持续下降，尤其今后投资类、股权类、债权类等社会融资快速发展，民间融资、地下钱庄、高利贷等现象将会显著减少，各类金融活动也将日趋公开透明、规范合法。正因如此，规范、提升、发展草根金融、民间金融，使其朝着相对规范、适应现代金融业态方向发展，是面临的一个大课题，也是一个好机会。

（9）人民币国际化速度将大为加快。人民币资本项目逐步放开、人民币可自由兑换、汇率可自由浮动以及外资银行的进入，中国资本和国际资本的对接搏动，也将更加明显。中国经济、中国金融资本与世界经济、世界金融资本更加相互渗透和影响。我们期望中国资本像"中国制造""中国产品"一样走向世界，与国际资本合作交融，共同发展，造福人类。中国奉行和平崛起战略，用互利的经济推进全球化。和平崛起，利行天下。不但要让中国商品走向世界各地，更重要的还要使中国金融、中国资本遍布全球各地，用"义利并行"的中国特色之盾，去消融人家遍布世界各地的军事之矛。伴随着人民币国际化进程的不断加快，中国在国际金融秩序变革中也将会有更多的话语权。中国金融，是中国和平崛起、实现"中国梦"、跻身世界强国之林的"阳光大道"。

（10）金融风险也将可能多发高发。金融天生具有高风险的脆弱性。金融产品的实质就是风险定价。金融秩序的关键是信用信誉。一部金融发展史，就是一部金融风险史，也是一部人类了解认识、总结教训、防范化解金融风险的历史。因此，在加快金融改革和发展的同时，我国的金融监管将得到加强和改进，并逐步规范完善起来。

总之，我们乐观地期待这个金融新时代的到来。但是，这个金融新时代，是一个资源重新整合的时代。通过金融改革，把国内资源、国际资源、实体经济资源、金融货币资源、现有财富、未来财富进行资源大整合，进而更高效优质地创造新财富。与此同时，这个金融新时代，也是金融业主体充分竞争的时代。这是不言而喻的。资源整合，市场竞争，就意味着优化配置，优胜劣汰，实现社会资源的高效合理配置。这才是市场规律。因此，资源整合、优胜劣汰，也是金融改革的机遇和挑战。

关于加快发展普惠金融的建议

人类经济社会发展到近现代，金融异军突起，高歌猛进，成为推动现代经济快速发展和社会文明进步的重要杠杆。今天的金融，既是一个大产业，也是一种市场体制；既是一种经济行为，也是事关公平的社会现象。金融的普惠制，就集中体现和代表了现代金融的这种特性。当今中国，不加快建设普惠制金融体系，老百姓是很难由温饱小康跃升到富裕水平的。

一　一个意想不到又在情理之中的重大决策

像金融这么大一个产业、这么重要的经济行业、这么涉足千家万户的经济制度安排，如果不能起到有效合理地整合配置经济资源、很好地造福百姓的作用，那必将会极大地制约经济社会的持续健康发展。

前不久召开的党的十八届三中全会通过的《全面深化改革若干重大问题的决定》中明确指出：要"发展普惠金融。鼓励金融创新，丰富金融市场层次和产品"。这是一个事关我国金融业发展方向的重大战略决策。由党中央最高决策层来决定，实在有些出乎人们的意想，但又属情理之中。因为，市场化、普惠化、国际化也是金融业发展的基本潮流。当然，更重要的原因还在于，我国金融业在取得快速发展的同时，已经越来越不适应经济社会整体发展和完善市场经济体制的需要，而且矛盾十分集中和突出。如果再不重视和逐步解决，将严重影响我国的改革开放和现代化建设进程，也严重收窄广大百姓的致富之路。

二 什么是普惠金融?

什么是金融普惠制或者说普惠金融呢?

"普惠金融体系"是个诞生时间并不长的概念,它来源于英文"inclusive financial system",是联合国在宣传2005年小额信贷年时率先使用进而得到广泛认同的新词汇。

这个概念的基本含义是:能有效、全方位地为社会所有阶层和群体提供服务的金融体系。也就是说,金融应该成为造福社会所有人、为所有人服务、让所有人普遍得到实惠的制度体系。用我们今天时髦的话说,就是金融应该是便民利民、为民惠民的金融。

为什么会提出"普惠金融"呢?笔者以为原因无非是:金融地位、作用重要和特殊:它是现代经济的血脉、核心、主导者,它既是一个产业又是经济社会的制度性体系,它几乎把所有人都卷入了金融之海又不一定人人公平受益;现在金融体系存在非普惠的种种弊端,已成为严重制约经济社会持续健康发展甚至制造新的不公平的缘由之一。

当然,强调金融的普惠制,除了意味着金融应为社会所有人提供金融服务的同时,更突出强调了金融的包容性、公平性特征,强化金融要更多地为城乡低收入群体、贫困人口和小微企业提供服务。

三 我国金融非普惠性的诸多表现

中国金融为中国经济快速发展提供了巨大的金融资源和杠杆动力,但从普惠制要求来分析,无可否认,还存在许多弊病。简要地讲,主要有以下几方面。

(1)由于利率没有完全市场化,存贷利差是商业银行维持高额利润的主要原因,但中国的老百姓一直承受的是"负利率",也就是存款利率往往低于通货膨胀率。这是中国金融最缺乏利民惠民性的集中表现。中国老百姓好不容易辛辛苦苦劳动积累的几个钱,不但没有保值增值,反而由于存款利息赶不上膨胀率而处于贬值窘境。

（2）由于商业银行坐收存贷利率差，又掌握着垄断性的融资准入和货币金融资源，进而形成垄断性贷款利润，从而在实体经济与银行金融之间，出现了前者为后者"打工"的现象，经济部门之间的利润分配严重失衡错位。

（3）由于金融缺乏市场竞争而处于垄断状态，再加上银行内部考核评价体系，贷款主要投向有政府信誉担保的国有企业、地方政府融资平台项目，以及规模较大和熟人关系较多的大企业（包括房地产企业）。这样一来，实际上金融资源及其收益主要集中在这些优势、强势部门和企业，对于改善民生、扩大就业，对资金如饥似渴的广大中小企业、困难弱势群体，却是可望而不可即的"海市蜃楼"。

（4）由于广大老百姓承担的是存款"负利率"，又由于广大中小企业急需资金，还由于商业银行本身也有规避信贷管制的需求，这就不可避免地出现了许许多多理财产品，也使民间借贷、地下非法集资"一片火热"，"影子银行"迅速膨胀。影子银行是正规渠道之外的银行中介业务，是现在金融体制下"半市场化"的"副产品"。

这种行政垄断又有商业市场色彩的畸形金融体系，必然会催生出一个"富人俱乐部"，包括商业银行、地方政府、房地产公司等能低价拿到金融资源的群体，而广大弱势困难群体和民营小微企业，通常被排斥在金融服务体系之外，难以获得发展资源，更难以分享发展成果。

更令人忧虑的是，这种金融体系事实上对辛苦劳动积累的普通民众和实体企业、小微企业很为不利，甚至要用他们的"汗水"去养育"富人俱乐部"。想想看，在这种金融体制下，普通老百姓能获取什么样的财产性收入呢？老百姓或者只好老老实实把钱存入银行，或者买房产，或者买股票，或者冒更大风险参与民间借贷。而存银行近似"贬值"，买股票又屡屡"抽血"，民间借贷风险更大。这样一来，最佳投资产品就只有房产和理财产品了。这是房价居高不下或理财产品迅猛膨胀的重要原因所在。

中国现阶段的金融体系，显然不利于高效合理地配置发展资源，不利于经济结构的调整优化，不利于公平调节分配社会利益，不利于困难弱势群体和社会和谐，多少偏离了为民利民惠民、造福于民的金融普惠原则。

四　建设普惠金融体系的重要意义

由此看来，建设普惠金融体系，对促进经济结构调整，完善市场体系，更多地惠及百姓，让更多的人真正分享发展成果，是很迫切和有重要意义的。

（1）建设普惠金融体系，有利于让广大百姓得到发展实惠，增加财富保值增值机会，提高财产性收入的现实可能。尤其处于由温饱小康向全面小康、中等收入转变的发展阶段，如何把广大百姓手中已有财富保值增值，既成为社会发展的巨大资源，又成为广大百姓致富和创造新的财富的巨大动力，是"中等收入陷阱"的一个重大课题。金融普惠制是跨越这个"陷阱"的重要法宝之一。

（2）建设普惠金融体系，有利于加快完善现代市场经济体系。金融是现代经济发展的基本要素，也是现代市场体系的重要组成部分。要建设普惠金融体系，首先必须打破行政垄断，形成有多主体充分竞争的有活力有创新动力的金融体制，这样才能有足够的市场动力去为社会所有人提供金融服务。而且，金融资本市场是灵敏度最高、流动性最快、配置经济资源最优化，比商品市场和其他要素市场更高形态的市场平台。因此，发展普惠金融，显然有助于加快我国形成现代市场经济体系。

（3）建设普惠金融体系，有利于加快转变经济增长方式。目前，支撑中国经济高速增长的人口红利、资源（资金、能源等）红利、外贸出口的红利正在逐渐消失，过去粗放的、以投资和外贸拉动经济增长的模式走到了尽头。毫无疑问，经济增长模式与金融发展模式是息息相关的。比如，垄断性的金融体系可以集中力量办大事，使央企、国企项目和政府基础设施建设快速推进，可以通过大规模、高强度投资拉动经济和就业，可以使那些强势部门、熟人群体获得低价的金融资源。而这样的结果，实际上是通过对家庭部门的金融抑制和阻塞百姓更多的财产性收入来推动投资及出口的。如果我们要转变增长模式，更多地通过扩大内需、消费来拉动经济增长，就需要加快建设普惠金融体系，切实提高普通民众的可支配收入和财产性收入。

（4）建设普惠金融体系，有利于加快化解我国当前经济风险。当今中国，由于经济增长方式粗放、偏重投资和出口拉动增长，尤其是市场经济体制不成熟、金融等要素市场公平竞争不充分等原因，使得我国当前经济结构严重失衡，出现了严重的资产高杠杆、高风险现象，集中表现为房地产泡沫大、政府和企业债务高、金融资产错配和影子银行膨胀、产能过剩严重等。如果金融市场化和惠民化程度高、百姓资产增值机会多和财产性收入高，就不至于形成如此高的经济风险。

（5）建设普惠金融体系，有利于缩减贫富差距，促进社会公平和谐。美国著名经济学家罗伯特·希勒在新著《金融与好的社会》（中信出版社2012 年版）中，着重分析论证：要想让金融创造一个更平等、和谐的好的社会，就必须促进金融民主化和金融公平，让更多的人参与金融，分享金融发展和金融创新带来的好处。普惠金融实质上就是一种金融公平、金融民主、金融惠民的体现。当今中国的贫富差距是一个令人揪心的大问题，而贫富差距产生的原因，在很大程度上与金融资源配置不合理有直接关系。央企、国企、政府、熟人关系户等强势群体，一直是金融资源优先配置的既得者，而困难群体、农村、落后地区、偏远山区、民营企业或小微企业，却得不到有效公平的金融服务，广大存款百姓，更成了"负利率""零增值"的"贡献者"。这都加剧了贫富差距。

五　如何加快建设普惠金融体系

要让带有"嫌贫爱富"特性的金融体系转变为普惠金融体系，是一个世界性难题，解决它也需要一个长期的过程。我国要加快建设普惠金融体系，可从以下几个方面着手。

（1）创造条件加快推进利率市场化进程，包括存款利率的市场化，让市场机制在金融资源配置中起决定性作用，从而通过充分的金融市场竞争，使金融服务更广泛、更公平地走进千家万户。

（2）创造条件加快培育各种类型的多主体的金融组织机构，发展互联网金融，设立中小型银行和农村、社区银行，打破固有的行政性、垄断性的金融格局，形成多层次、网络化的金融竞争主体。

（3）创造条件加快健全多层次资本市场体系，推进股票发行注册制改革，多渠道推动股权融资，发展并规范债券市场，改善金融结构，提高企业和供需方直接融资比重。

（4）创造条件加快金融产品创新，丰富金融市场层次和产品，尤其要加快发展面向广大民众的带有公权信用的基金产品。这种金融产品专为老百姓服务，带有一定政府背景但又是以市场化方式运作的。像一些发达国家的养老基金，带有公益性、风险低、利率又高于同期银行存款。创新多种金融产品，让老百姓资产有更多的投资、增值机会。

（5）创造条件加快建设促进普惠金融的制度体系，包括普惠金融的法律支持、信用制度、政策激励、风险监管体制等。在建设普惠金融体系进程中，既要充分发挥市场机制的基础性作用，又要充分发挥政府的积极作用。

（6）创造条件加快提高金融市场开放和人民币国际化水平，推动资本市场双向开放，有序提高跨境资本和金融交易可兑换程度，健全宏观审慎管理框架下的外债和资本流动管理体系，积极推进人民币资本项目可兑换步伐，在开放中不断提升我国金融的普惠化水平。

关于缓解中小企业融资难的思考[*]

长期以来，中小企业融资难一直困扰着我们的经济发展。要推动其有所缓解，首先需要了解国内外宏观经济发展走势和国家的宏观政策。

2011年是"十二五"的开局之年，也将是国际国内经济形势复杂多变之年。前两年，为应对国际金融危机冲击，我国实施的是积极的财政政策和适度宽松的货币政策。中央根据国际经济缓慢复苏以及美国等"量化宽松"政策，尤其是根据我国的经济运行已经由经济大幅度下滑，转向了总体回升向好，并初步呈现出进入新一轮稳定增长阶段这一发展态势，对2011年宏观经济政策做出了"积极稳健、审慎灵活"的决策。大家知道，财政政策和货币政策是实施经济宏观调控的两大主要政策杠杆。与前两年不同，随着经济运行态势的变化，2011年的积极财政政策基调与2010年基本一致，但规模和重点则有所调整，力度也有变化。2011年的货币政策已明确由"适度宽松"调整为"稳健"。

这表明，我国的宏观政策导向已由应对国际金融危机时的"非常状态"，向经济稳定增长时的正常状态回归。由"适度宽松"调整为"稳健"，这就意味着：一方面要适当收紧货币信贷，改变依靠银行大量扩张资产、创造货币的做法，以应对国际流动性过剩和国内物价上涨压力，抑制资产价格泡沫，稳定通胀预期；另一方面，"稳健"是一种"中性"的政策取向，而不是转为"紧缩"，货币政策仍将会根据经济增长的需要，保持货币总量的合理增长，同时将着力调整和优化信贷结构，"把信

---

* 本文原载《浙江经济》2011年第9期。

贷资金更多投向实体经济特别是'三农'和中小企业"。此外，还将会着力进一步建立健全多层次资本市场体系，以提高直接融资比重，进一步激活金融资源。我们还要看到，国际上货币资金是充足乃至于过剩的，而我国的广义货币余额已超过美国，达到了69.64万亿元人民币，资金总量巨大，广义货币与GDP的比值已经超过1.8倍，大大高于美国的0.6倍和日本、韩国的1倍左右。再加上未来一个时期，我国的金融、债券资本市场将进入一个加快改革创新的时期，因而从总体和长远上看，这些都为解决我国中小企业融资难问题，创造了许多机遇和条件。

下面，笔者围绕缓解中小企业融资难问题，做些探讨和思考，以期待有更多的人来关注它，共同为缓解这一难题而努力。

一　中小企业融资难是一个应解之题

中小企业量大面广，覆盖国民经济各个领域，是我国经济发展的基本力量，更是支撑浙江经济的"定海神针"。据统计，2009年底，我国中小企业达到1023万户，此外，还有个体工商户近3000万户。目前，中小企业占中国企业总数的99%以上，对GDP的贡献超过60%，对税收的贡献超过50%，提供了近70%的进出口贸易额，创造了80%左右的城镇就业岗位。

在浙江，经过改革开放30多年的发展，中小企业在经济社会发展中的地位和作用越来越突出。截至2009年底，浙江省大型工业企业仅为191家，而中小工业企业达209377家，占全部工业企业的99.9%。截至2010年11月底，浙江各类中小企业达270多万家，占全省企业总数的99.7%。从2010年1—11月的情况来看，浙江省中小工业企业实现总产值38878.83亿元，占全部工业总产值的84.1%；实现出口交货值7908.32亿元，占全部工业企业的82.5%；实现利税2848.82亿元，占全部工业企业的78.3%；从业人员750.11万人，占全部工业企业的90.9%。可以毫不夸张地说，浙江是经济大省，更是中小企业大省；浙江经济大省的地位，首先是由面广量大的中小企业所决定的。

实践证明，中小企业的作用是不可替代的。先发国家的经验也告诉我们，一个国家的经济要发展、要强大，不仅要有能走向世界的大企业，而且也要有面广量大的中小企业。我们需要太阳和月亮，也需要满天星斗。中小企业不仅为制造业大企业提供配套和相关服务，而且对满足社会多样性需求、提供创业就业岗位、减少收入差距等，都有着举足轻重的意义。因此，对中小企业给予政策上的扶持和帮助，既是发展经济的需要，也是社会和谐的重要基础。

资金是企业经营活动的基本要素和保证。当前，融资难依然是广大中小企业发展过程中遇到的主要难题。许多极具成长性的中小企业，特别是一些处于种子期、初创期的小企业，因为融资能力不足、外部支持欠缺而受困于资金难题。对这些企业面临的问题，我们必须给予高度重视，采取各种有力措施，努力加以缓解。

二 中小企业融资难是一个难解之题

事实上，中小企业融资难不只是我们中国，也是一个世界性的普遍难题。世界银行发表的大量有关中小企业发展的调查报告表明，多数国家的中小企业普遍存在融资缺口。

造成中小企业融资难的原因是多方面的。从企业自身角度来讲，不少中小企业存在法人治理结构不完善、经营管理能力不强、产品技术含量偏低、抗风险能力弱、负债水平偏高等问题，这些都影响金融机构放贷的积极性。据有关调查，20 世纪 90 年代，浙江省 70% 左右的小企业在开业后的 1—3 年就倒闭破产。中小企业生命周期的短暂和经营的不确定性，对金融机构的风险防范威胁很大。2009 年人民银行对部分中小企业集中地区的调查表明，50% 以上的中小企业财务管理制度不健全，60%以上中小企业的信用等级在 3B 或 3B 以下。

金融体系缺陷也是导致中小企业融资难的主要原因之一。我国金融资源的配置具有典型的政府主导性特征，使得中小企业融资问题呈现出普遍的整体放大态势。在我国目前融资格局下，银行贷款在企业融资来源中占有绝对的比重。除国有控股银行和商业银行外，边缘中小金融机构能够获得的金融资源十分有限，导致它们为中小企业服务的能力严重不足。而大银行从 20 世纪 90 年代中后期开始，曾经一度为追求经济效益以及国际标准的实行和海外上市的准备，不但不愿意创新金融产品体系为中小企业提供贷款，反而大规模收缩战线而进行结构性市场退出，导致金融机构分布密度减小。有的银行还对中小企业贷款进一步上浮利率并附加条件，收取保证金或财务费，从而加大了中小企业融资成本，加剧了中小企业贷款难度。由于从银行贷不到款，不少企业被迫转向互保或民间高利借贷。从直接融资渠道上来看，由于我国资本市场发展较晚、发育不全，企业通过股票市场和债券市场直接融资所占比重较小。从发行债券融资的情况看，由于国家对企业发行债券筹资的要求十分严格，目前只有少数经营状况好、经济效益佳、信誉良好的国有大型企业能通过债券市场融资；在股票市场上，虽然中小企业板市场和创业板市场的上市公司已分别达到 532 家和 168 家，但对于数量众多的中小企业来说，上市融资的门槛高、成本大，可望而不可即。

政府对中小企业融资支持薄弱也影响了这个难题的解决。为中小企业服务的特殊融资机制还没有建立，融资渠道还不通畅，资金的融通和使用得不到更多的便利和优惠，政府的支持政策尚未系统化、制度化。担保机构总体规模较小，抵御风险能力不强，信用担保放大系数低，功能不完善，管理亟待加强。社会征信系统建设滞后，信用信息传输渠道不畅，导致银企双方信息不对称，也严重影响了中小企业的融资。

总而言之，中小企业融资难，主要不是因为缺资金，而是难在缺少金融支持中小企业发展的体制机制，是政策欠缺、体制欠缺、产品欠缺、环境欠缺等诸多因素的产物。

三　中小企业融资难是一个可解之题

中小企业融资是个难解之题，但不等于是个不解之题、无解之题。事实上，这个难题也在逐步缓解之中。

近年来，中央和各地通过多种途径，努力缓解这一难题。2003 年《中小企业促进法》开始实施，2005 年国务院发布《关于鼓励支持和引导个体私营等非公有制经济发展的若干意见》，特别是为应对国际金融危机的冲击，又及时出台了《国务院关于进一步促进中小企业发展的若干意见》和《国务院关于鼓励和引导民间投资健康发展的若干意见》等多项支持中小企业发展的政策措施，为中小企业排忧解难，发挥了积极作用。党的十七届五中全会通过的中央"十二五"规划建议，又再次强调了中小企业在经济社会发展全局中的地位和作用，这将为我们解决中小企业融资难问题提供政策导向。

多年来，浙江的中小企业金融创新实践走在了全国前列。在国有控股和商业银行方面，进一步建立和健全了为中小企业服务的金融组织网络，超过50%的银行机构设立了中小企业信贷专营机构，2/3的银行机构出台了中小企业信贷管理办法，普遍组建了中小企业营销团队，制定了专门的考核办法。作为服务县域小企业生力军的农村信用合作社，已经全面完成两级法人联社的改革工作。同时，新型中小金融机构也不断加快发展，村镇银行已开业9家，小额借款公司开业107家，贷款余额180多亿元，位居全国之首。在为中小企业服务的金融产品创新方面，实现了从单纯不动产抵押到多元化动产抵押、从公司有限责任担保向个人无限责任担保、从单一债务人向上下游供应链关系人、从单一保证向抱团增信和多户联保等方式突破。网络联保贷款、桥隧模式担保贷款、中小企业集合债券信托基金等新型融资模式，也产生了广泛影响。在为中小企业服务提供金融服务的保障体系建设方面，也取得了积极进展。中小企业贷款风险补偿机制不断完善，运行良好，已有55个市（县）建立风险补偿机制，省级财政累计补偿资金2亿多元，引导金融机构累计增加贷款近400亿元。各地还积极推进中小企业信用体系和信用担保体系建设，2006年以来已累计为全省14.7万户未与银行发生信贷关系的中小企业建立信用档案，其中1.7万户因此而获得了银行授信。截至2009年末，全省已有中小企业信用担保机构360多家，累计向11万家中小企业提供1900亿元贷款担保服务，有力地促进了中小企业融资难问题的缓解。

实践证明，只要我们充分认识中小企业发展的地位和作用，加快为中小企业提供金融服务的体制改革、政策完善、环境优化和产品创新，中小企业融资难是可以找到缓解之策、收到缓解之效的。

四 中小企业融资难仍是一个待解之题

这些年来，虽然我们在解决中小企业融资难问题上取得了重要进展，但并不意味着中小企业融资难问题得到了根本解决。事实上，缓解中小企业融资难的任务仍然十分艰巨。我们要积极探索，不断创新和完善金融体系，畅通、拓展中小企业融资渠道，尤其要在以下几个方面下大功夫，加快改革，有所突破。

（1）积极探索和创新为中小企业融资服务的机制，创新金融产品。银行金融机构要建立健全中小企业贷款内部组织，完善中小企业贷款专营机构，扩大为中小企业服务的营销队伍，落实信贷责任，加强业绩考核，不断调动基层银行的积极性。要逐步建立与中小企业相适应的金融服务和运作机制，及时为中小企业提供启动资金和融资环境支持。要积极探索适合中小企业融资的担保方式，开展应收账款、出口退税单、存货等的抵押贷款业务，扩大产权、非专利技术和股权等无形资产的质押贷款，开办融资租赁、公司理财、账户托管等多种为中小企业服务的融资业务，以思路创新和产品创新缓解中小企业贷款难。

（2）继续加快新型金融机构建设。要充分认识小额贷款公司、村镇银行、农村资金互助社等新型金融机构在缓解中小企业融资难方面发挥的重要作用。根据银监会的有关文件，到 2011 年底，我国新型农村金融机构预计将由 2010 年 3 月末的 249 家发展到 1294 家，其中村镇银行将由 2010 年 3 月末的 214 家发展到 1027 家。这表明，通过大力发展新型农村金融机构缓解中小企业融资难问题，既现实可行，也大有潜力，需要进一步加快发展。

（3）加快发展多层次直接融资平台。除了商业银行和新型机构的间接融资外，我们要更多地关注企业的直接融资。这是未来的重要发展方向。要积极发展股权投资基金和创业投资基金，鼓励各类创投机构加大对中小企业的投资力度。建立健全产权交易市场，积极探索非上市股份公司股权转让和进入场外市场的途径，为中小企业产权、股权、债权交易等提供平台。要引导支持优质中小企业多渠道上市融资。还要积极鼓励中小企业利用国家提出"稳步扩大中小企业集合债的发行规模"的有利时机，开展债券融资，争取在集合债发行方面有所创新，有所突破。

（4）进一步完善信用担保体系。引导中小企业信用担保机构扩大为中小企业贷款提供担保的功能，促进中小企业信用担保体系建设。积极推进建立中小企业信用制度，提升中小企业自身融资能力。加快建立和完善多层次中小企业贷款担保机构，形成有效的信贷风险分担机制。

（5）为中小企业建立区域性投融资组织网络。浙江省有关方面提出要建设区域性的"中小企业金融服务中心"，以期加快省内中小企业投融资平台建设，实现中小企业金融产品的集中发行交易，这是一个重大的战略性举措。通过建立规范化、标准化和诚信度比较高的中小企业投融资平台，整合银、证、保各类金融资源，形成辐射县域、惠及"三农"的金融服务网络体系，可以强化金融对经济转型的支撑作用，极大缓解中小企业的融资难问题。

（6）加强和改善融资服务。进一步健全为中小企业服务的发展环境建设，加快创投服务中心、投资顾问机构、会计师事务所、律师事务所、评估机构等中介组织建设，建立健全中小企业社会化服务体系。要发挥政府在引导、鼓励和支持金融机构服务中小企业的重要作用，积极搭建银企合作平台，探索地方"政策性金融"举措，推动区域性金融发展，为中小企业融资提供组织、政策、资金和环境支持。要继续加大风险补偿、保费补贴、税收支持等政策力度，加快建立小企业贷款风险补偿基金，积极分担风险，减少银行和担保公司的后顾之忧。

最后，我们更要指出的是，解决中小企业融资难，关键还是企业自身的发展。一个有好产品、好管理、好信誉、好带头人的企业，就是一个有希望的成长型的企业，就一定能不断把企业做强做大，而这样的中小企业，会备受金融机构和投资方青睐，融资难也能迎刃而解。

关于浙江经济持续健康
发展的专项报告*

围绕"保增长、抓转型、重民生、促稳定"工作主线开展专项民主监督，是中共浙江省委交给省政协的一项重要任务，也是2009年省政协围绕核心、服务大局的重点工作之一。省政协党组和主席会议高度重视，年初成立了省政协"保增长、抓转型、重民生、促稳定"专项民主监督调研组。调研组在周国富主席领导，王永昌和黄旭明副主席率领下，深入浙江省10多个市县（市、区）及典型企业实地监督调研，赴兄弟省市学习考察，通过专家座谈会、委员约谈会和听证会等多种方式，对全省"保增长、抓转型、重民生、促稳定"情况进行了多角度的监督调研。

一 各地贯彻落实"工作主线"
取得的主要成效及做法

面对浙江省经济周期性下行和国际金融危机等多重不利因素叠加影响，省委省政府认真贯彻中央宏观调控政策，全面实施"创业富民、创新强省"总战略，扎实推进"全面小康六大行动计划"，2006年上半年及时提出"标本兼治、保稳促调"方针，12月全省经济工作会议提出"保增长、抓转型、重民生、促稳定"的工作主线，积极采取了一系列政

---

* 本文是浙江省政协2009年专项民主监督的调研报告，由时任浙江省政协主席周国富主席领导，王永昌和黄旭明副主席组织实施，报告具体撰写由王永昌为主落实。2009年7月结题。

策举措。全省广大干部和群众坚定发展信心，抢抓发展机遇，做了大量卓有成效的工作，创造了许多典型经验和做法。近期发展趋势表明，浙江省经济整体企稳向好，下行势头有所遏止，结构调整有序推进，民生工作得到加强，社会保持和谐稳定。

（一）坚持扩内需促外需，"保增长"初见成效

顺应形势变化，省委省政府围绕发展大局，及时出台了一系列提振信心、刺激经济的政策措施。通过落实增值税改革、出口退税、高新技术企业税收优惠、临时性下浮企业社会保险费率、取消或暂停涉企行政性收费等措施，为企业减轻负担 400 多亿元。各地各部门结合本地实际和部门特点，也迅速采取了一系列举措。综观全省，各级出台的政策数量之多、涉及面之广、力度之大为近 20 年来所罕见。

一是扩大投资保增长。以"三个千亿"（基础网络、惠民安康和产业提升）重大项目建设行动计划为抓手，积极扩大投资。第一，加快政府主导性重大项目建设。2008 年、2009 年两年将完成政府投资的主导性重大项目 4205 亿元，2009 年投资 1838 亿元，有望带动社会投资 1 万亿元以上。第二，积极引导和扩大社会投资。充分利用增值税转型和财政贴息等政策，鼓励企业加大技术改造和高新技术产业、现代服务业、装备制造业、先进临港产业等项目投资。2009 年 1—5 月民间投资 1671 亿元，增长 8.2%，与限额以上国有投资 32.3% 的增长相比，虽差距甚大，但增幅有所回升。第三，强化项目建设要素保障。推动金融机构加大重点项目资金投入，积极争取中央资金支持，加大招商选资力度。如嘉兴市第一季度合同利用外资增长 55%，总投资 1000 万美元以上大项目达到27 个。

二是拓展市场保增长。各地大力支持企业营销体系建设，通过推进"汽车下乡""家电下乡""农机下乡"和家电"以旧换新"等措施，积极扩大消费市场尤其是农村消费市场。运用工业转型等资金，加大企业建立健全营销网络的支持。引导企业利用电子商务开拓市场，实施"万企电子商务推进工程"，完善交易、支付和商品配送等保障体系。引导支持社会投资主体在省外、境外开设浙江名特优产品展示（购物）中心、

保税物流中心。温州力争用1—2年时间在全国建成100家"温州名品购物中心",全面提升温州区域名牌形象。杭州在全国最先推出"2+8"消费新模式,共发放各类消费券8亿元,拉动市场效应是发放现金的2倍。

三是稳定出口保增长。省财政继续安排3.5亿元外贸发展资金,重点支持出口企业优化产品结构、创建自主品牌和参加境外会展等开拓国际市场。努力降低企业营销成本,对企业参加境外重点展会,给予展位费全额补贴,对企业自行参加的其他境外展会,展位费给予70%补贴,对自营出口企业投保出口信用保险给予50%的保险补贴。

各级政府一系列"保增长"政策措施初见成效。一是农业保持平稳增长。2009年上半年,农林牧渔业总产值433亿元,增长0.7%;1—6月一产投资24.79亿元,增长93.2%。二是工业企稳回升。1—5月浙江省规模以上工业企业主营业务收入13074.01亿元,同比下降10.4%,比1—4月减少0.8个百分点;实现利润576.91亿元,同比下降9.3%,与1—4月相比回升4个百分点;实现利税1104.98亿元,同比下降1%,比1—4月少下降1.6个百分点。三是投资增长加快。1—6月限额以上投资4106.93亿元,同比增长14.2%,增幅比1—5月提高0.9个百分点。四是消费保持连续4个月回升。1—6月浙江省社会消费零售总额4032.19亿元,同比增长13.7%,扣除价格因素实际增长15.9%,实际增幅较去年同期和今年一季度提高5.7个和1.3个百分点。五是信贷资金供应持续保持充裕。1—6月本外币存款余额43156亿元,增长29%;本外币贷款余额35990.4亿元,增长30.9%;新增本外币存款7736.5亿元,规模已超过去年全年(6419亿元);新增本外币贷款6363.5亿元,规模也超过去年全年(4740亿元)。六是房地产市场大幅回暖。1—5月商品房销售面积和销售额分别增长37.3%和68.5%,比1—4月提高了16.1个和26个百分点,连续3个月增速加快。

综合各方面情况看,浙江省经济"保增长"初见成效,随着政策效应的继续释放,经济运行中积极信号渐趋增多,若外部环境不发生大的不利变化,全省经济运行将呈阶段性企稳回升之势。

（二）坚持调结构增动力，"抓转型"抢占机遇

危机孕育着发展机遇，危机实际上就是机遇。调研中笔者发现，在这一轮经济调整中，各地普遍没有孤立的"保增长"，而是把抓转型和保增长有机结合，计从长远、统揽全局，把经济转型升级作为保增长的主攻方向和破解发展难题的关键，化"倒逼"压力为发展动力，加快了结构调整和经济发展方式转变的步伐，多举措地加快推动浙江省经济的转型升级。

一是规划引导促转型。积极组织编制十一大产业转型升级规划，推进块状经济向现代产业集群转型，加快高新技术、装备制造业和临港工业的发展。省政府出台了《浙江省服务业发展规划》和《关于进一步加快发展服务业的实施意见》，省政协提出了《推进生产性服务业创新，加速浙江产业集群升级》的提案，服务业尤其是生产性服务业得到了有效的政策支持。各地出台了一系列举措推动经济转型升级。如杭州市制定《杭州市 2008—2015 年现代产业体系分类发展导向》，编制《杭州市 2009 年产业发展导向目录》。宁波市出台了《宁波市服务业跨越式发展行动纲要》，实施"工业创业创新倍增计划"、扶持新兴产业和特色优势产业基地建设等 9 个配套政策。

二是调整结构促转型。坚持集约发展，盘活存量，提升增量，加快推进产业结构调整步伐，推进工业改造提升，促进文化创意等现代服务业加快发展。省政府及时整合省级现有工业类、科技类财政性资金，并新增 2 亿元，设立总额为 5 亿元的工业转型升级专项资金，鼓励企业加快技术改造。认真编制《浙江省主体功能区规划》，着力优化省域空间布局，推进新型工业化和新型城市化良性互动发展。在市县层面，各地也加大了结构调整的政策支持，如宁波加大工业转型升级扶持力度，2009 年市级财政安排工业结构优化升级资金达 2.65 亿元；每年安排 2400 万元用于奖励创业创新示范企业。"山上浙江"和"海上浙江"发展战略进一步推进。衢州、丽水等地在全省经济整体较低迷的情况下，2009 年一季度地区生产总值保持了 8% 以上的增长。舟山市大力发展临港工业，积极发展海洋旅游业和现代渔业，2009 年一季度地区生产总值增长 11.8%。

三是自主创新促转型。浙江省全面实施知识产权、标准化和品牌三大战略，出台《自主创新能力提升行动计划》，积极落实企业技术研发费加计抵扣等政策，鼓励企业通过多种方式掌握核心技术和先进技术。实施重大科技专项，着力突破制约产业优化升级的关键技术和共性技术；鼓励省内外高校和科研院所与地方、企业共建创新平台，鼓励科技人员深入企业开展科技创新活动。如嘉兴秀洲区积极引进省外大专院校和科研机构，加快培育"科技孵化城"，为经济转型升级注入新的动力。嘉兴引进清华长三角研究院、宁波引进中科院材料所等，与大院名校共建创新载体，总投资178亿元，共引进科技人员14000余人。各地财政积极支持企业自主创新，如温州市财政安排8000万元先进制造业基地建设专项资金，重点扶持"创新强工"产业化项目发展。

四是节能减排促转型。围绕生态省建设，全省各地加大了节能减排工作力度。宁波市推进循环经济"十大行动计划""十大节能工程"和减排重点工程建设，健全节能减排监管体系，完善节能减排目标责任制考核和奖惩制度，开展排污权交易试点。绍兴市全面开展高耗能项目的节能评估和审查，征收超能耗资金，坚决关停"三高一低"企业。衢州市关闭1万多个农村传统竹料腌塘及一批小型造纸企业，完成"六小"行业整治，拆除124条水泥机立窑。

调研中可以发现，这些实实在在的转型措施取得了较好效果。一是自主创新力度加大。1—5月规模以上工业企业科技活动经费支出总额88.89亿元，同比增长8.3%，比1—4月高出3.2个百分点。科技活动经费占主营业务的比重为0.68%，比2008年同期提高0.14个百分点。第一季度，全省财政科技支出增长40.9%；规模以上工业企业科技活动经费支出增长12.6%。工业技术改造投资增长9.7%，一产和三产投资分别增长72.8%和16.7%。二是结构调整坚韧不拔。2008年三次产业增加值结构从2007年的5.3∶54∶40.7调整为5.1∶53.9∶41。2009年第一季度对全省3791家大中型工业企业调查显示，46.4%的企业积极调整产品结构，规模以上工业新产品产值率为16.2%，同比提高1.8个百分点，49.9%的企业把"加大研发新产品的力度"作为应对金融危机的主要措施。三是节能减排攻坚克难。2008年全省规模以上工业单位增加值能耗同比下降 7.4%，化学需氧量和二氧化硫排放量分别比上年削减 4.51% 和 7.08%，超额完成单位地区生产总值能耗降低率的年度目标和国家主要污染物年度减排计划。2009 年上半年，预计规模以上工业单位增加值能耗同比下降 7.1%，千吨以上企业和 1311 家重点用能企业单位工业增加值能耗分别下降 6.9% 和 7.1%。初步测算，化学需氧量和二氧化硫排放量分别比 2008 年净削减 0.87% 和 1.47%。

（三）坚持发展成果惠民利民，"重民生"落在实处

此轮金融危机的影响，遵循着虚拟经济向实体经济、经济向社会传导的路径演变。针对经济下行可能对社会稳定带来的不利影响，各级政府和部门坚持发展成果为人民共享，把保民生作为保增长的出发点和落脚点，全面实施基本公共服务均等化和低收入群众增收行动计划，进一步完善为民办实事长效机制，努力办好就业、生活保障、医疗保险、住房养老、教育、农村环境、文化、扶贫、污染防治、公共安全等十方面实事。

一是民生投入持续加大。上半年，地方财政收入 1132 亿元，同比增长 2.6%，增幅比一季度回升 4 个百分点。地方财政支出 1089 亿元，增长 18.8%。财政支出结构优化，教育、科技、文化、社保与就业、医疗卫生、环境保护、城乡社区事务、农林水事务、交通运输、工商金融等事务、地震灾后恢复重建等支出占总支出的比重为 72.2%，同比提高 3.6 个百分点。其中，医疗和环境保护支出分别增长 33.3% 和 48.5%。各地还不断创新对民生投入的方式，如杭州对低收入、困难群体等重点保障对象通过发放消费券的形式进行转移支付。

二是就业总量持续增长。采取财政减负稳就业、鼓励创业增就业、加强监控防失业、强化培训促就业等办法，促进城乡统筹就业。2009 年 1—6 月，全省城镇新增就业 40.1 万人，其中帮助 17.9 万名城镇失业人员实现再就业。

三是社会保障得到加强。社会保障覆盖面不断扩大，2009 年 6 月末，全省企业养老保险、城镇职工基本医疗保险、失业保险和生育保险参保人数分别比上年末净增 61.4 万人、68.4 万人、12.9 万人和 19 万人，到

3月底，全省企业养老保险、城镇职工基本医疗保险、工伤保险、失业保险、生育保险参保人数分别达到1318万人、1067.31万人、1231.82万人、735.12万人、688.6万人，保障水平比2008年末均有所提高。有355.06万名被征地农民纳入了社会保障，领取基本生活保障金或养老保障金的达138.37万人，城乡居民基本医疗保障制度实现全覆盖，企业退休人员月平均养老金达到1445元，位居全国省区第一。

四是新农村建设稳步推进。2009年全省将完成3000个村庄环境综合整治任务，完成通村公路路基路面改造2500公里，完善1500公里农村公路安全设施，新解决210万农村人口安全饮水问题，新增城镇集中供水覆盖农村人口130万，完成"万里清水河道"建设2000公里，新增村级连锁便利店1000家。目前各项工作正有条不紊地进行。

五是居民收入保持较快增长。2009年1—6月，浙江省城镇居民人均可支配收入增长7.6%，扣除价格因素实际增长9.8%，实际增幅高于去年同期7.3个百分点；农村居民人均现金收入增长6.0%，扣除价格因素实际增长7.9%，分别比去年同期提高6.2%和3.5%。

（四）坚持转变作风优化环境，"促稳定"取得新成效

困难时期尤其需要优化发展环境。各地各部门牢固树立优化环境就是促进发展的理念，着力优化政务环境、金融服务环境和法治环境，推动经济社会稳定健康发展。

一是政务环境明显改善。首先，领导干部下访促和谐。近期，按照省委的统一安排，省委、省政府和人大、政协等主要领导以及各市县领导深入基层，深入群众，以领导干部下访为载体，集中下访接待群众，认真做好事关民生的信访工作，倾听民意，协调解决难题，把社会矛盾化解在基层。其次，主动上门帮助企业解困。各地普遍成立困难企业解困帮扶工作领导小组，有效化解了一些民营企业因资金链断裂可能造成的"破产"及连锁反应的风险，积极组织开展"企业服务年""百千万名机关干部下基层"等活动，帮助企业排忧解难。如金华市组织开展为企业"三送"活动，自2008年下半年以来，为基层送政策和服务244场次，落实帮扶项目227个，帮助基层和企业梳理解决难题6586项。龙泉

市实施十大"暖冬"法①帮扶企业破冰迎春、化危为机。最后，创新机制提高行政效率。如宁波市创新工作机制，大力推行行政审批职能归并改革，市本级43个部门承担行政审批职能的处室从原来的189个减少到目前的49个，缩减了74%，平均审批办理时限从法定的19天/件缩短到实际3.5天/件。

二是金融环境提升发展。各级政府和金融部门紧紧抓住适度宽松的货币政策机遇，积极开展金融创新，大胆探索并在全国率先发展村镇银行、小额贷款公司；加快政府投融资平台建设，创新地方政府债券、企业债券、产权质押等融资方式；增加中小企业发展专项资金和小企业贷款风险补偿资金，加大创业风险投资引导基金；加快完善中小企业信用担保体系，推进政银企对接、合作，努力缓解中小企业融资难题。从贷款投向看，1—5月私营个体贷款增长15.7%。

三是法治环境不断优化。全省各级政法机关不仅保持了对各类违法犯罪活动的严打态势，而且还深入企业调查研究，帮助企业克难解困，服务经济发展，有力维护了社会大局稳定。各级综治机构坚持和发展"枫桥经验"，通过创新信访工作机制和方法，深化乡、镇（街道）综治工作中心建设，深入开展平安创建活动，有重点地做好信访和维稳工作，努力把矛盾和问题化解在基层。全省各级人民法院充分发挥商事审判职能作用，审理企业破产案件，防范和化解企业债务风险，挽救危机企业，规范市场主体退出机制，维护市场运行秩序。省检察院着力创新和完善案件办理、沟通协调、部门联络、服务企业、区域协作等工作机制，积极主动地为社会服务。省公安厅出台了服务经济转型、帮扶企业、方便群众的"二十五项"措施，简化办事程序，进一步提高了公安机关社会服务管理工作的效率和水平。

在经济运行企稳回暖的同时，社会运行总体有序稳定。据统计，全省2009年1—5月：（1）共发生各类事故10410起，死亡2327人（其中交通事故死亡2032人），伤9837人，直接经济损失8696.7万元，同比分

---

① 十大"暖冬"法：干部送暖法、政策供暖法、借智寻暖法、抱团取暖法、技改增暖法、拓市采暖法、创牌强暖法、借力引暖法、减负保暖法、舆论添暖法等。

别下降 10%、7.1%、13.9%、15.3%；（2）共立刑事案件 166452 件，同比下降 1.3%；（3）共发生群体性事件 28 起，2295 人次，同比分别下降 26.3% 和 11.4%；（4）共来信和来访 163738 件，同比下降 20.53%。

从督查的情况看，浙江省此次国际金融危机所引发的困难和挑战的确前所未有，这种复杂形势对各地政府和广大干部来说，都是一场艰巨的考验。各级政府和广大干部在危机中反应是及时的，应对是有力的，举措是得当的，贯彻落实"工作主线"成效是显著的，各地应对危机做法和特点如下。

一是较好地把坚定信心和抢抓机遇结合起来促发展。全省各级领导干部通过深入企业调研，召开各类会议，利用各种新闻媒体，广泛同企业家和群众接触交流，疏导情绪，提升信心，统一思想，振奋精神。同时，各地更是积极出台了许多"含金量"很高的政策举措，全力"保增长""促转型"，抢抓发展先机。

二是较好地把创新思路和深化改革结合起来促发展。面对前所未有的困难，各地各部门勇于创新，认真谋划新形势下的发展思路，积极改革创新体制机制，明确发展方向，增强发展动力。

三是较好地把"保增长"和"抓转型"结合起来促发展。各地各部门没有囿于短期压力，较好地处理了解决当前发展和推进长远发展的关系，"保增长"没有"急功近利"，"抓转型"没有"懈怠退缩"，"两手都抓，两手都硬"，以推动经济又好又快发展。

四是较好地把推动经济发展与惠及民生、维护社会稳定较好地结合起来促发展。各地各部门一方面"保增长""抓转型"，另一方面"重民生""促稳定"，努力服务民生，改善民生，化解矛盾，为经济发展营造一个良好的发展环境。

五是较好地把推动发展与干部队伍建设结合起来。各地以学习实践科学发展观活动为抓手，注重党的自身建设，强党建、转作风、送服务，既推动科学发展，服务企业，服务社会，又提高广大干部的自身素质。

二 各地贯彻落实"工作主线"存在的一些问题

从督查情况看，各地在推进"保增长、抓转型、重民生、促稳定"过程中，主要问题如下。

（一）对形势严峻性认识不到位

调研中发现，有的地方和部门对当前严峻形势认识不够深刻，没有认识到当前的困境不仅是因为外部冲击，更是由于浙江省长期结构性、素质性和体制性矛盾和问题所造成的，对浙江发展"走出困难"抱有幻想，主要表现在"四个过于乐观"上：一是对国际经济发展趋势过于乐观。对国际金融危机的严峻性、复杂性和影响的深远性缺乏足够认识。个别干部仍停留在"梦境"状态，乐观认为"等一等"熬过危机，明天自然会更好。二是对经济发展趋势过于乐观。有些地方存在盲目乐观的经验主义，忽略当前形势与应对亚洲金融危机时的不同特征，期待全省经济仍能重现以往"率先下滑、率先回升"的景象。三是对浙江民营经济的优势过于乐观。过高估计民营经济应对当前困局的能力，而没有注意到现在相当部分企业家悲观情绪较浓，对前景困惑茫然，投资热情不高，发展动力不足。四是对政策发挥的刺激效应过于乐观。各地对这轮中央出台的政策举措有利因素看到的多，而对浙江省发展受惠面小的因素缺乏足够关注。

这些盲目乐观的思想必然导致对我省经济形势的严峻性缺乏正确认识，也容易造成对未来发展趋势的误判。事实上，浙江省经济下行压力并没有得到有效缓解。

一是经济回升动力依然不足。工业用电量、出口交货值、集装箱吞吐量等几个反映经济景气的关键性指标仍处在不景气区间，经济依然处在"偏冷"状态。2009 年 1—6 月，工业用电量环比虽然有所增长，但同比仍下降 3.5%。规模以上工业出口交货值 3727.5 亿元，同比下降 18%。集装箱吞吐量仍比上年同期下降 7.2%，1—5 月，同比下降 10%。

二是出口深幅下滑的局面仍未得到扭转。1—6 月，外贸出口下降

19.7%，降幅比1—5月扩大0.5个百分点。其中，5月份全省外贸出口同比下降23.2%，降幅比4月份扩大4.1个百分点。从主要商品看，机电产品和高新技术产品出口仍在大幅下降，劳动密集型产品出口降幅扩大，特别是鞋类出口由上月增长1%转为下降6.1%。对省内生产拉动力较强的一般贸易出口降幅比上月扩大5.9个百分点。从市场结构看，5月份全省对欧盟、美国、日本三个市场的出口同比下降20.8%，比上月扩大0.3个百分点。

三是工业生产和效益仍然负增长。1—6月工业产值、利税指标虽然环比有所上升，但同比仍处于负增长，尤其是规模以上工业企业中有亏损企业1.35万家，亏损企业有两成多；利润753.3亿元，下降7.6%。规模以上工业企业亏损额147.2亿元，同比增长36%。

四是民间投资依然低迷。1—5月限额以上民间投资增长8.2%，比限额以上固定资产投资增幅（13.3%）低5.1个百分点，增速差距比1—4月扩大1.2个百分点。制造业企业投资意愿较弱，1—5月全省限额以上制造业投资增长1.2%，低于限额以上投资增幅12.1个百分点。

五是价格水平持续下降。价格是引导企业生产的重要信号，通缩预期加大对经济复苏非常不利。上半年，居民消费价格同比下降2.3%，已连续6个月出现负增长。工业品出厂价格和原材料购进价格同比分别下降6.1%和8.8%。这表明国际金融危机对浙江省实体经济的负面影响仍在加大，工业品总体上供过于求的局面短期内难以改变。

综上所述，浙江省经济依然较为低迷，并未从根本上摆脱经济下行压力。未来一个时期经济增长仍将处在一个"中低速"增长区间，发展态势不容乐观。

（二）转型升级的力度依然不够

转型升级是浙江省实现可持续发展的根本路径。要实现转型升级，必须在产业结构、需求结构和要素结构的调整上痛下决心，改变产业结构中服务业仍滞后于工业发展、以低端产业为主的经济结构。从调研的情况来看，各地政府虽然在"保增长"的同时，都对转型升级有足够重视，但是也有部分地区没有看到当前转型升级的大好时机，"保增长"花的力气更多，抓自主创新、节能减排和环境保护等促进转型方面的重要工作力度不够，误认为"保增长"就是"保数字"，"唯GDP"的现象有所抬头，这无疑给转型升级带来一定困难，甚至可能因此推延经济转型升级的进程。

一是产业结构调整工作不扎实。一些地区为鼓励新项目上马，不少过去因用地、节能、环保、产能过剩等原因迟迟未批的项目，在这轮扩大内需、扩大投资的背景下搭车放行。尤其要高度关注并防止一些过度超前或重复建设的项目上马。这种逆产业升级方向的调整和重复建设，极有可能在危机之后带来更严重的结构性产能过剩，造成新的被动调整的局面。

二是投资结构"三多三少"给转型升级带来进一步的压力。表现为"基建投资多，高新产业项目少""政府主导性投资多，社会投资少""国企获得投资的机会多，民企获得投资机会少"。2009年1—6月浙江省限额以上投资同比增长14.2%。从投资主体看，国有控股投资增长34.8%，非国有投资仅增长4.2%；从投资领域看，基础设施投资增长31.8%，制造业投资仅增长1.2%，而之前的1—4月更是－1.9%的负增长。

三是调整低端为主、依赖出口的市场结构的步伐较为滞后。近年来浙江中高端品牌数和市场占有率仍严重偏低。2008年，在浙江占有传统优势的日用轻工领域十大品牌中，浙江仅占11席，远低于广东的45席，甚至不及上海的12席。中高端品牌的欠缺使得"浙江制造"在我国大中城市中缺乏应有的影响力。据相关统计，近年来浙江省产品在广州的市场占有率不到1%，上海则达5%；在武汉市场占有率为7%，低于上海的15%，更低于广东的27%；在太原和石家庄分别为7.4%和8.7%，上海则均高达30%。

四是节能减排和环保压力进一步加大。近期为扩内需、保增长，各地上了不少重化工项目，这给节能减排带来新的压力。值得关注的是，为加快项目上马，部分项目在环境影响评价、环保技术要求、区域生态系统影响等方面放宽条件，这些重化工业项目、大型基础设施项目的实施将不可避免带来新的环境问题，"埋下"新的环境隐患。

（三）民生和社会稳定问题仍是薄弱环节

调查中笔者发现，一些因"保增长"产生的民生和稳定问题有待进一步关注。

一是城乡居民持续增收难度加大。从上半年数据看，城乡居民收入增长虽然保持了高于 GDP 的增速，但由于不少企业生产和经营困难，城乡居民收入进一步提高将面临巨大考验，尤其是农民工资性收入将大幅减少，农民增收压力较大。2008 年 9 月份以来全省关闭破产企业数约2500 家，全省企业解除或中止劳动关系人数 12 月份高达 18.5 万人。虽然近期这种趋势有所遏止，但由于不少企业开工不足，企业利润大幅下滑，城乡居民收入持续增长支撑不强。

二是就业压力进一步加大。虽然浙江省经济趋稳回升，但保就业的任务仍然十分艰巨。受企业生产经营收缩等影响，企业新增就业人数有所下降，企业吸纳就业能力有所变弱。省政府办公厅工业处 5 月份《工业经济月度分析参阅》提供的材料表明，截至 5 月浙江省规模以上工业共吸纳 742.99 万名工人就业，同比下降 4.2%，与去年同期相比，下降6.7 个百分点；与 1—4 月份相比，也下降 0.1 个百分点。

三是公共财政支出压力加大。为缓解经济下行压力和解决民生问题，浙江省加大了为企业减负、改善民生、公共服务等方面的投入，对民生以及基础设施投资等政府主导性投资领域的支出力度远大于前一时期。但群众要求进一步改善民生、提高社会保障水平的呼声依然很高。由于近期省财政收入增幅出现了明显下滑，财政收支不平衡问题会更加凸显。财政减收和增支的矛盾将一定程度上削弱统筹城乡、区域协调和持续改善民生的能力，不利于社会民生的持续改善。

四是基础设施建设有可能造成新的不稳定因素。为"保增长"而大量上马的项目往往因为时间要求紧，拆迁、补偿、安置等任务重，与失地居民的沟通交流、协商协调、政策落实、安抚解释等工作不够细致，处理不好很有可能引起新的上访和群体性事件。

五是公共和生产安全风险加大。由于这一轮扩内需政策的落实，大量施工项目纷纷上马，项目数量的陡增也使得安全问题更加突出。从上半年情况看，经济领域的不稳定因素明显增多，比如1—5月全省法院共受理劳动争议案件1.1万起，同比上升35.1%；民商案件18.5万起，同比上升16.5%，民间借贷和金融诈骗案件5.5万起，同比上升34%。此外，干部腐败、重大突发事件也是重要的不稳定因素，尤其网络热点问题已日趋成为"网络的群体性事件"。如杭州"飙车"交通事故等事件通过网络传播引起了巨大社会反响，此类事件若处理不好就会成为影响社会稳定的导火索，对浙江省形象造成负面影响，这也应引起我们的高度警觉。

（四）对发展中潜藏风险缺乏充分估计

各级各部门就如何"保增长、抓转型、重民生、促稳定"做了大量卓有成效的工作。但是，特殊时期刺激经济的政策举措在今后发展中也可能产生一些负面影响。

第一，在此轮扩内需过程中大量基础设施建设项目，对生态环境和结构性过剩问题将带来新的压力。

第二，对地方政府负债急剧扩大的风险应引起高度关注。在当前宽松信贷下，地方政府纷纷举债超前建设基础设施、银行融资向国有企业和地方政府过度倾斜等极有可能带来新的金融风险和负债风险。随着流动性过剩，通货膨胀势必到来，金融政策也可能从松变紧。虽然各地税务部门加强查税和征缴力度，但企业效益不好导致地方财政收入减少，地方政府债务风险日趋增强，并可能向银行传导，给未来经济发展带来巨大风险。

第三，对以行政性手段代替市场手段举措过多的危害缺乏关注。为应对当前严峻形势，各地政府运用了较多的行政性手段来熨平经济波动，这也导致一些地方产生过度行政干预市场、干预企业的现象，一些公共资源由于行政介入只被少数企业享受，忽视了市场配置资源的作用，不公平、不公正现象增多。

第四，对宏观政策环境可能发生转变而产生的风险也须引起高度关注。由于全球大量救市信贷资金投放，未来阶段全球及我国通胀压力较大，一旦经济有所恢复、通胀压力陡增时，货币政策从紧的可能性很大，并不可避免会对前期项目投入造成不利影响，项目和金融风险隐患也随之增大。这些风险无疑需要我们认真对待，防患于未然。

三 关于进一步贯彻落实"工作主线"的建议

目前，浙江省正处在人均 GDP 6000—10000 美元发展阶段的崭新起点，处在全面提升工业化、信息化、城市化、市场化、国际化水平的重要时期，处在积极应对国际金融危机冲击、加快转型升级的关键时期，处在建设惠及全省人民的小康社会的攻坚阶段，我们既要对困难有足够的估计，认识到当前的外部环境不确定、不稳定因素仍然不少，世界经济复苏可能是一个复杂曲折的过程，当前经济企稳回升的基础尚不稳固，全省全年经济增长保"9"目标的难度不小；更需要深切地认识到，转型升级是可持续发展的"牛鼻子"，浙江省现存发展模式的局限性和转变发展方式的紧迫性，必须痛下决心，紧紧抓住"倒逼"转型的机遇，扎扎实实地解决长期困扰浙江省的结构性、素质性和体制性问题，加快转型升级步伐。为此，笔者提出如下若干建议。

（一）以全面落实科学发展观为契机，力争在发展理念思路举措上有新突破

此次国际金融危机造成的严重冲击，并不仅仅使我们的发展速度放缓了，更重要的是，这场前所未有的危机，充分暴露了浙江省体制机制正在弱化，以"轻小民加"为主的发展模式的优势正在弱化的不利局面，长期以来一直未得到根本解决的发展方式问题已到了"梦醒时分"。当前，浙江省经济社会发展正处在一个"过坎爬坡"转型升级的关键时期，处在一个不转变就停滞的"十字路口"。逆水行舟，不进则退，我们的发展要上新台阶，唯有以科学发展观为指导，深入实施"两创"总战略，贯彻"标本兼治、保稳促调"的方针，矢志不渝地推动发展方式的转变，才可能真正实现经济社会的可持续发展。

一是在"发展理念"研究上要有深度。确立以人为本的发展理念，走出"见物不见人"的发展误区，始终把实现好、维护好、发展好最广

大人民的根本利益作为一切工作的出发点和落脚点。确立全面发展理念，充分认识经济社会发展系统各要素之间相互联系、相互作用、相互制约、相互促进的关系，在发展中确立经济政治文化社会生态五位一体、互促共进、全面协调发展的观念。确立可持续发展理念，改变以牺牲资源环境为代价的粗放发展模式，更加重视生态环境保护和资源清洁节约利用，更加重视知识资源和人力资源的开发，在经济发展与资源环境相协调中实现永续发展。确立开明的开放发展理念，培养世界眼光，树立全球视野，推动发展向内源型与外源型经济共同增长转变。确立创新发展理念，走依靠科技进步、劳动者素质提高和管理创新之路。确立统筹发展理念，把统筹兼顾根本方法贯穿于经济社会发展的全过程和各个方面。

二是在发展思路上要有高度。要抓住困难时期统一思想的良好契机，深入开展新形势下浙江发展阶段和发展趋势的研究，尤其要开展"浙江发展问题"的探讨，集中研究一些重大的、前瞻性的和全局性的问题，寻找破解长期困扰我们的体制性、素质性和结构性矛盾的方法。切实从满足于以往发展"四肢经济"的思想束缚中解放出来，牢固树立发展"头脑经济"的新理念，敢于谋划"梦想天开"的大思路。要认识到光依靠艰苦创业"打天下"的做法，已不完全适应新一轮创新创业发展形势变化。

三是在发展举措上要有新招数。要增强紧迫感、责任感和使命感，从"飘飘然、昏昏然"的状态中警醒，摆脱不切实际的幻想，要善于创新举措、突出重点、先行先试，尤其要千方百计争取到国家层面的一些"先行先试"的体制和政策。加快浙江从"生存型"创业向"创新型"创业、从"粗放发展"向"科学发展"转变，推动全省经济在新一轮调整中崛起和发展，最终达到又好又快、科学发展的"梦想成真"的境界。

（二）以培育"重大高新"产业为新的经济增长点，力争在转型升级上有新突破

当前应对危机中反经济周期调控取得的成效，实际上是一种明显带有政府主导性的"输血型"复苏，若没有产业结构调整升级的推进，那么今后更为严重的产能过剩和由此引起的金融体系整体资产质量的下降，无疑会"吞噬"掉今天我们为挽救经济所付出的巨大努力。因此，在保增长的同时，不加快进行产业结构的调整，不痛下决心抓好转型升级，将要对浙江的未来发展产生严重影响。在此关键时期，浙江必须加快产业结构从"二三一"向"三二一"转变，要努力盘活存量，提升增量，即在存量上努力提升已有产业质素，提高价值链两端产业的比重，提升传统优势产业，改造提升农业经济，更要从增量上加快培育新的经济增长点，提高服务业尤其是生产性服务业的比重。要以国务院十大产业调整振兴规划为契机，努力从"重大高新"（重大项目、大企业大集团、高技术产业、新兴产业）角度去培育新的经济增长点，争取在转型升级上取得重大的突破。

一是改造提升传统优势产业。按照现代产业集群要求，大力实施自主创新战略、知识产权战略，加快行业龙头企业培育，延长龙头企业上下游产业链，带动块状经济转型升级为产业集群；争取国家项目支持，扩大产业集群的辐射力，努力把产业集群建设成为"国家级产业基地"。推进浙江的低端品牌向中高端名牌转型，努力实现传统优势产业向中高端、品牌化的跨越。

二是大力提高"重大高新"产业比重。重点支持新技术、新材料、新工艺、新能源产业化发展；加快形成文化创意、服务外包、生物工程、环保型精细化工等新兴产业的规模和品牌优势；大力培育和发展工业设计，依托杭州等中心城市建设以设计服务业为主的集聚区，形成"长三角"工业设计基地；努力抓好海水淡化设备、轨道交通、海上平台等领域的成套装备、专用设备，以及江海联运型船舶、商用飞机配套、大型水面和水下船舶等先进装备制造业的发展，提高浙江未来在全国和国际产业分工中的地位。

三是加大对"重大高新"企业和项目的引进力度。针对浙江龙头企业少、引领作用弱、市场抗风险能力相对不足的实际，加大对跨国企业、高新企业、央企、国有大中型企业的招商引资力度，重点引进一批新型临港重要工业项目，做优做强一批大产业，以大产业形成大集聚，培育具备高成长性或高带动性的行业龙头，形成"外来老虎"与浙江"本土群狼"共存共促的产业发展新生态。

四是有序拓展"重大高新"产业发展空间。借鉴广东"双转移"战略，制定浙江省产业转移规划，通过政策和财政扶持鼓励部分环保型劳动密集型传统产业向浙江省中西部地区转移，加强职业培训，提升职工素质，为沿海地区发展新兴优势产业腾出更广阔的发展空间。与此同时，要积极发挥浙台合作优势，通过建立台湾产业园、浙台经济区等载体，加大对台资招商选资的力度。

五是加强"海上浙江""山上浙江"建设。海洋、山区是浙江可持续发展的优势、潜力和希望所在。加强海洋、山区综合开发，将为经济社会发展开辟新的领域，拓展新的空间，增加新的产业。浙江省应努力把建设"海上浙江"上升到国家战略，争取享受国务院先行先试的优惠政策，大规模、高起点、有特色地发展海洋经济和海洋事业。

（三）以构建多元化的新型销售网络为目标，力争在拓展国内外市场上有新突破

市场总体需求不足是当前最为突出的困难。面对全球市场可能持续低迷的背景，唯有扩大内需、稳定外需，拓展内外两个市场是关键，浙江经济保增长、促转型才有依托。当前，浙江省不能满足于以往形成的专业市场优势，要在更高起点上，抓住国内外市场需求变化规律，不断提升产品市场竞争力，巩固扩大国外市场，全面占领国内市场，做实做精省内市场，要加强政府与企业合作，努力构建一个内外相通、区域相连、体系完善的新的市场销售网络，争取在这一轮全球经济调整中占领市场先机，为保增长、调结构提供充足动力。建议着重抓好以下几方面工作。

一是组织有关力量及早就构建国内外相通、省内外相融的新型的销售市场网络体系的调研，制订发展战略规划，提出重大行动举措，以期抢占市场先机。

二是着力打造世界级商品交易中心。以义乌市为依托，高起点规划建设义乌国际商城，继续加大对义乌国际商贸城的支持力度，积极争取国家级试验区政策，力争把义乌国际商贸名城打造成为一个立足浙江、辐射全球的真正国际化、世界级的商贸城，成为浙江市场战略品牌和世

界商品交易中心。建议和国家有关部门联手，每年在义乌市开展全国商品采购交易大会，争取形成与"广交会"齐名的会展品牌。

三是加大浙货宣传推介力度。总结推广温州、杭州等市加强温州名品、杭州名品全国行的经验，发挥浙商的全国网络优势，重点在华东、华南、环渤海湾、长江中上游省市，开展"浙江名品全国行"活动，加大浙货推介营销力度，努力改变浙江产品在低档市场的占有率，提高浙江产品影响力和美誉度。积极支持社会投资主体在省外、境外开设浙江名特优产品展示（购物）中心，努力培育一批专业化、规模化和现代化的大型流通企业。

四是积极搭建浙货营销平台。在浙洽会、西博会、义博会等已有平台的基础上，积极搭建上海世界博览会平台，继续免费提供摊位组织浙商参展，鼓励浙江商品通过世界博览会走向世界。积极支持浙江企业参与各种国内国际采购大会，加强营销巨头、一线百货品牌店与"浙江名品进名店"的合作与对接，引导更多浙江产品进入购销主渠道。

五是创新完善网上营销方式。依托阿里巴巴、淘宝网、生意宝等平台与浙商已有的销售网络有机结合，大力加快电子商务业的发展，把传统商品市场、现代网络市场、快递物流企业整合起来，进一步提升市场营销能力和综合竞争实力。

六是加大浙货的政府采购力度。政府采购占消费支出相当大的比例。建议出台浙江产品参与政府采购的扶持政策，浙江产品在价格上给予政府采购一定优惠，要求各级政府在基本同质同价的前提下，优先采购浙江产品。

（四）以发展低碳经济和创新平台为载体，力争在要素发展支撑上有新突破

发达国家和地区的经验都证明，转型升级必须依靠科技创新。目前来看，增强固碳能力，发展低碳经济，建设节约型社会以及建设"科技城"和创新型企业对于深入落实自主创新战略有重要先导作用，可以作为加快转型升级的几个重要载体。

一是大力发展低碳经济。低碳经济是以低能耗、低污染、低排放为基础的经济模式，是人类社会继农业文明、工业文明之后的又一次重大进步。低碳经济实质是能源高效利用、清洁能源开发、追求绿色GDP的问题，核心是能源技术和减排技术创新、产业结构和制度创新以及人类生存发展观念的根本性转变。要顺应世界发展低碳经济的大势，认识到当前发展低碳经济的紧迫性和必要性。美国最近通过《低碳经济法案》，准备签署《京都议定书》，将对中国产生不利的影响。浙江省应该早谋划、早行动，在节能减排、发展低碳能源和可再生能源上有所作为。把发展低碳经济与生态功能区建设相结合，致力发展高效生态农业，大力建设"山上浙江"，通过提高森林覆盖率增强固碳能力；把发展低碳经济与产业结构调整相结合，重点推进以光伏、风电、生物电、核电产业等新能源为主导的跨产业技术革命；把发展低碳经济与自主创新相结合，加强节能技术和太阳能、风能、潮汐能、核能、生物能、清洁汽车等低碳前沿技术的研究与开发；把发展低碳经济与清洁发展机制相结合，引进碳捕捉和封存技术增强碳减排和固碳技术支撑能力；把发展低碳经济与节能减排相结合，探索在有条件的地方建立低碳经济试验区。

二是以建设"科技城"为载体打造高端要素集聚平台。建议省里直接抓一两个省级"科技城"建设，如临安科技城等。鼓励有条件的市重点培育一两个"科技城""科技园"，并进一步创新机制体制，从政策设计、平台搭建等方面入手，在政策、资金、人才、技术和项目等方面支持"科技城"和"科技园"建设。建议省政府对一些有重要发展潜力的"科技城""科技园"建设，给予除国家法律明文规定不得从省级部门下放的权限外，其余省级部门的各项投资审批、核准和经济管理权限下放的政策。

三是多管齐下不断提高区域高端要素集聚能力。各地要充分发挥浙江文化深厚、体制机制灵活等优势，重点引进国内外大院名所、科技型企业，为其提供良好的用地、人才引进、国际交流、科研创新、税费优惠、创业发展、知识产权保护等环境，深入实施"百千万科技创新人才工程""新世纪151人才工程"和"创新领军人才计划"及"长江学者计划"等高层次和高技能人才的培养工程建设，使得高端要素资源在浙江"留得住、扎下根、成长好",大力提升劳动力素质,切实改变浙江高端要素资源拥有量在全国明显偏低的不利局面。

四是加快培育创新型企业。建议各级各类"开发区"都要逐步建设成为"科技型开发区"(开发区功能叠加是发展趋势),各类规模以上企业通过若干年努力都要成为"科技型企业"(不等同于"高新技术企业"),并制定规划,开展评比考核,使企业发展主要依靠资源、资金投资为主向依靠科技、劳动者素质和管理创新转变,此实属长远大计,意义深远。要加强对创新型企业的政策倾斜力度,建立产业转型升级引导目录,引导和支持创新要素向创新型、科技型和成长型企业集聚,使企业真正成为研发投入的主体、创新活动的主体和成果应用的主体。

(五)以加快小城镇建设为抓手,力争在推进新型城市化进程上有新突破

在城市化过程中,小城镇起着重要的基础性作用,小城镇无疑是城乡统筹以及区域经济发展的主要"网结"和关键点。目前阶段,浙江省杭宁温等大中型城市发展已进入功能提升完善期,城市框架均已拉开,规模不应再做更大的扩展。当前和今后一个时期推进城市化进程应以县及中心镇为主的小城镇建设为战略重点。

一是把小城镇发展战略作为推进新型城市化和统筹城乡发展的重大举措。建议省委省政府把小城镇建设提升到推进新型城市化和统筹城乡发展的战略高度,建立城镇建设多元投入体系,推进城镇产业转型升级,增强小城镇对城乡统筹的承载带动作用,加快推进新型城市化进程。

二是深化城镇和农村土地使用制度改革。这很可能成为浙江省新一轮农村改革发展的战略启动点。要认真落实省委第十二届五次全会精神,积极推进"城中村"改造,不断深化农村宅基地制度改革,加快农村宅基地置换流转,探索实施农村集体建设用地使用权流转,推进土地承包经营权流转,总结推广农村宅基地置换、流转试点经验,加快推进农村住房改造和中心村建设。

三是以小城镇建设推动新农村建设,深入推进城乡一体化建设。小城镇建设既是加快城市化建设的重要平台，又是新农村建设的主要抓手。要鼓励农民就近进入中小城镇购房定居，引导农民向中心村、中心镇集聚，有条件地引导和支持进城务工农民有序转为城市正式居民，提高农民生活品质，促使农民生活市民化，建设生产、生活、生态和文化相结合的新农村，推进城乡一体化，走出一条资源节约、环境友好、经济高效的新农村建设新路。

（六）以服务中小企业为重点，力争在创新区域金融环境上有新突破

目前，国家适度宽松的货币政策营造出金融政策最宽松的时期。建议浙江省抓住难得的历史性机遇，推动金融创新发展，重点解决中小企业融资难问题。

一是及时总结推广破解中小企业融资难的成功经验。各地在贯彻落实"金融30条"的过程中，围绕破解企业特别是中小企业融资难问题，特别在发展村镇银行、小额贷款公司方面创新了许多经验做法，建议省政府有关部门对这些金融创新做法认真加以总结推广，进一步研究省金融业创新发展的政策措施。

二是大力创新区域金融服务体系。参照国务院《关于推进上海加快发展现代服务业制造业建设国际金融航运中心意见》，积极支持在浙金融机构拓展私人银行、券商直投、离岸金融、信托租赁、汽车金融等业务开发跨机构、跨市场、跨产品的金融业务，支持企业债券、电子金融交易、期货保税交割等非银行类金融业务发展，鼓励金融机构发展出口信贷，支持杭州、宁波区域性金融中心建设，把金融创新服务打造成为省经济重要增长点，成为省中小企业融资的重要支撑。

三是进一步完善中小企业担保体系。建议省政府金融办负责中小企业信用担保体系的设计、论证和建设，推动相关政策的研究、制定和落实。鼓励担保机构拓宽资金来源与融资渠道，并从税收上给予优免，以增强担保机构资金实力、服务能力和可持续发展能力。积极培育具有独立权威的中小企业资信评级机构，建立担保机构内部控制制度、准备金制度和反担保措施，确保担保业务健康发展。

四是提前预防政府债务风险。当前省财政收入增支减收矛盾突出，

政府主导性投资加大，使得政府负债比重加大。为防止风险扩大为政府债务危机，甚至转变为金融风险，建议适时对政府负债情况进行摸底排查，降低风险，消除隐患。

（七）以公共服务均等化计划为载体，力争在民生建设上有新突破

当前我们面对的危机，表面上是产能过剩、出口受阻带来的，实质上是国民消费能力较弱、内需长期难以启动的结果。因此，要实现浙江省经济的良性循环，保持国民经济持续平稳较快发展，根本的出路之一就是推进国民收入分配体制改革，调整分配关系，扩大中等收入人群比重，要以公共服务均等化计划为载体，更加重视民生建设，加强社会保障能力和水平，不断提高居民消费水平，扩大消费需求。

一是把"生活""民生"作为重大战略问题列入发展规划研究。全面扩大消费需求，全面改善社会民生，全面提升生活品质，就是顺应居民生活从"生存型"向"发展型"转变的规律，通过加强政府公共服务，提高国民福利水平，促进国民经济与居民收入、生活水平协调并进，经济、政治、文化、社会和生态文明建设共同进步，真正实现科学发展、和谐发展、可持续发展的过程。从国际发展经验看，浙江省人均 GDP 已超过 6000 美元，这标志着已进入大众消费乃至高消费时代，客观上越来越需要我们加快民生建设步伐。

二是进一步完善社会福利与保障制度。当前，浙江省已经具备建立健全城乡一体的大社保体系条件。建议加快做实个人社保账户，努力消除个人账户全额转移障碍。加大财政投入，提高社保基金的支付能力。加强社保基金征缴使用监督，建立基金预警机制，确保运转安全。规范养老、医疗保险等各险种间的衔接、转换机制，统一全省住房公积金的缴存范围、比例以及提取使用办法，提高公积金覆盖率。加强对"五保户"、特困户、残疾人等弱势群体合法权益的保障，尽快出台全省关于新型农村养老保险的细化政策措施，把新型农村养老保险扩面工作纳入政府考核体系。针对新型农村养老保险与新农合保障水平仍较低现状，及时完善相关筹资机制，提高新型农村养老保险和新农合保障水平，力争在全国率先实现城乡统筹。

三是重点加大对农村基础设施建设的投入。充分利用国家启动新一轮大规模基础设施建设的有利时机，贯彻基本公共服务均等化计划，积极编制规划省农村基础设施建设项目，争取国家财政支持，加大对浙江省农村水利、交通的投入，加快农村路网、水网、电网和信息网等基础设施的建设，加大下山脱贫和农村危房改造的力度，提升农村公用设施质量和水平。

四是继续加强公共服务与社会管理。进一步重视国民素质的全面提升，加大对教育、科技、文化、卫生事业的投入，提高全民综合素质。在有效调整国民收入分配基础上，全面提高城乡居民收入水平，优化社会结构。建立健全各级劳动者就业培训体系，建立和完善统一、开放的劳动力就业市场网络，引导大专院校毕业生到农村、中小企业和社区等基层就业，鼓励以创业带动就业，缓解当前的就业压力。积极稳妥地发展社会中介机构、民间团体等非政府组织，促进公民社会建设。加强公共卫生防控体系建设，完善突发事件应急处理机制，包括网络热点问题引导机制，健全社会治安防控体系，维护社会公共安全与社会和谐稳定。

关于加强和改进新时期浙江党的建设的调研报告[*]

由省委政策研究室牵头，省纪委、省委组织部、省委宣传部参加的党的建设专题调查组，分别到杭州、宁波、绍兴、嘉兴、金华、台州等市（地）、县（区），就浙江省近几年来党的思想、政治、组织、作风建设情况进行了较为广泛的调查。

一　党的建设的主要成绩和经验

按照党中央关于党要管党和从严治党的要求，省委和各级党组织在集中精力抓好经济建设的同时，紧密结合浙江省实际，采取得力措施，切实加强党的自身建设，加强党对改革开放、发展社会主义市场经济和现代化建设的领导，加强新形势下党建工作新路子、新途径、新办法的探索，党组织的政治核心作用、领导核心作用、战斗堡垒作用和党员先锋模范作用得到了进一步发挥，从根本上保证了浙江省两个文明建设的健康发展。

第一，重视党的思想理论建设，深入学习建设有中国特色社会主义理论，促进了广大党员在思想上政治上与党中央保持一致，全面贯彻执行党的基本路线的自觉性和坚定性。近几年来，各级党组织以学习建设

---

　　* 本文由时任浙江省委副主任王松林同志牵头，王永昌负责组织实施和课题设计，姚休等同志参加。课题成果除报送浙江省委外，还刊发在《中共浙江省委党校学报》1993 年第 4 期。

有中国特色社会主义理论为重点，抓住解放思想、实事求是的精髓，对党员、干部普遍进行了思想理论教育，主要有：形势任务教育；马克思主义基本理论、党的基本知识和党的基本路线的"三基"教育；农村和企业的社会主义思想教育；邓小平同志视察南方时重要谈话精神的教育；党的十四大精神和社会主义市场经济基本知识的教育。通过这些教育，广大党员、干部进一步提高了马克思主义理论素养，坚定了社会主义信念和共产主义理想，增强了全面贯彻执行党的"一个中心、两个基本点"的基本路线的自觉性；进一步解放了思想，更新了观念，振奋了精神，增强了历史责任感和使命感，为推进浙江省的现代化建设打下了良好的思想基础。

第二，牢固确立以经济建设为中心的思想，不断厘清工作思路，提高了各级领导班子统揽全局、领导经济工作的能力。各级党组织在领导改革开放和经济建设的实践中，努力研究新情况，总结新经验，执政水平和领导水平有了新的提高，主要表现在：（1）更加自觉地联系党的基本路线和改革开放的实际来增强党性锻炼，进一步明确以经济建设为中心的指导思想，全面履行领导经济工作的职责；（2）努力把中央和上级部门的方针政策与本地、本部门的实际紧密结合起来，厘清工作思路，抓住发展机遇，制定经济社会发展战略以及相应的决策措施，创造性地开展工作；（3）充分发挥党的政治核心作用和领导作用，动员和组织广大人民群众，协调各方面的力量；调动一切积极因素，为实现党在新时期的总任务和省委提出的各项发展目标而奋斗；（4）适应新形势的发展需要，不断改进领导方法和工作方法，努力掌握两个文明一起抓的本领，普遍提高了驾驭经济和社会发展全局的能力。

第三，按照干部队伍"四化"方针和德才兼备原则，切实加强了各级领导班子建设，培养了一大批优秀中青年干部。这方面的工作主要有：（1）全面考察和调整了县以上党政领导班子，并广泛进行了干部交流；（2）培养和选拔了一批优秀中青年干部，全省近年来有 2045 人被列入地厅级和县处级后备干部名单；（3）完成了省、市、县、乡的换届工作，使一大批政治素质好，业务能力强的优秀干部走上各级领导岗位，进一步改善了班子结构和整体素质；（4）有针对性地经常抓好领导班子思想作风建设，使广大干部的精神面貌得到明显改观，党的优良传统和新时期的创业精神得到发扬，工作作风和领导方法有了新的改进；（5）坚持和健全了民主集中制，加强和完善了党内民主生活会制度、学习制度、工作制度和议事规则，增强了领导班子的团结。

第四，紧密结合改革开放和现代化建设的实际，全面加强了基层党组织建设，使党的战斗力的组织基础更加扎实和巩固。浙江省各级领导班子按照党的建设要突出"抓基层、打基础"的工作思路，在加强基层党组织建设方面做了许多工作。省委先后两次专门召开全省基层党组织建设工作会议，制定和出台了一系列有关的政策和措施，初步拟订了《浙江省农村行政村党支部工作三年规划（1993—1995）》《关于在深化改革中加强和改进企业党的工作的意见》《关于加强和改进县以上党政机关党的工作的意见》，为加强和改进党的建设提供了具体的指导。几年来各级党组织普遍加强了对广大党员的教育、培养和管理，开展了民主评议党员工作，表彰了一批优秀党员，处置了一批不合格党员。五年共发展新党员21万多名。同时，根据农村、企业、学校、机关等不同特点，紧密结合经济建设和改革开放的实际，有针对性地做好党的建设工作。

第五，坚持"两手抓"方针，狠刹歪风，惩治腐败，党风廉政建设取得了一定成效。各级党组织在致力于经济建设的同时，重视对广大党员、干部进行党性、党风、党纪教育，认真搞好廉政制度建设，狠抓反腐败斗争，积极发挥执纪执法部门的职能作用，集中力量查处大案要案，清除了一批党内腐败分子。五年来，全省共查处党内违纪案件24547起，其中经济案件9436起；处分违纪党员25401人，其中县处级以上领导干部281人，开除党籍6455人。同时还下大力气重点纠正了党政干部违法违章建私房、利用职权低价购买高档耐用消费品、违反规定统一着装等一些突出的不正之风，从而教育了广大党员干部，密切了党群、干群关系，保证了改革开放和经济建设的健康发展。

第六，进一步加强和改善党对人大、政协和工、青、妇等群众团体的领导，调动各方面力量积极推进现代化建设。按照建设有中国特色社会主义民主政治的要求，联系浙江省实际，加强和改善了党对人大工作的领导，充分发挥地方国家权力机关的作用；进一步完善了共产党领导的多党合作和政治协商制度，积极发挥人民政协在参政议政、民主监督中的作用；加强和改善了党对工会、共青团、妇联等群众团体的领导，发挥了它们密切党群关系的桥梁和纽带作用。

第七，适应新形势发展的需要，积极探索加强和改进党建工作的新路子。在改革开放和发展社会主义市场经济的实践中，各级党组织重视党建工作的自身改革，主动改进活动方式和内容，不断拓宽新领域，探索新方法，迈出新步伐。具体表现有：（1）进一步推进了干部人事制度改革，按照"公开、平等、竞争、择优"的原则，近年来在全省范围内进行了40多批公开选拔领导干部的试点工作，有近万人被推荐或自荐，共选拔了党政领导干部300多人；（2）继续积极做好和改进一些县（市）的党代会常任制和全委会工作制度的试点工作；（3）加强了对乡镇企业、外商投资企业、股份合作企业以及个体私营企业等经济组织的党建工作，并做了有益的尝试；（4）努力探索党员议事会、职责组、责任区、联系户等党的活动新形式，更好地发挥了广大党员在社会主义两个文明建设中的先锋模范作用；（5）加强了党刊、党报等党建宣传舆论阵地的建设，成立了全省党建研究会等团体，积极开展党建理论研究。

几年来的实践证明，要加强党的领导，搞好党的建设，必须坚定不移地全面贯彻执行党的基本路线，牢固确立起围绕经济建设抓党的建设，抓好党的建设促进经济建设的指导思想。围绕经济抓党建，在思想认识上，就要克服那种就党建抓党建，党的建设游离于经济建设或者把党的建设与经济建设对立起来的错误观念；在班子建设上，就要充实熟悉经济工作的优秀干部，改善班子结构，提高驾驭现代化建设的本领；在基层组织建设上，就要根据农村、企业、学校、机关等不同特点，找准党建工作为经济建设服务的"着力点"和"结合点"，大胆选用一批能带领群众努力完成党的中心任务的"领头雁"；在党风建设上，就要坚决持久地肃贪反腐、勤政倡廉，努力为经济建设创造良好的社会风尚和外部环境；在党性锻炼上，就要树立和坚持正确的世界观、人生观和价值观，自觉抵制资产阶级腐朽思想和生活方式的侵蚀，在改革开放和发展社会主义市场经济的条件下始终保持共产党人的先进性。

几年来的实践证明，要加强党的领导，搞好党的建设，必须把党的思想理论建设放在首位，坚定不移地用建设有中国特色社会主义理论武装全党，不断增强贯彻执行党的基本路线的自觉性和坚定性，减少和克服实际工作中的片面性和盲目性，坚决同党中央在思想上、政治上、行动上保持一致。党的思想理论建设的根本，在于认真学习和掌握马克思主义的立场、观点和方法，真正学好邓小平同志关于建设有中国特色社会主义的一系列重要理论观点和战略思想，深刻领会解放思想、实事求是这一精髓。只有这样，才能使广大党员干部坚定共产主义理想和社会主义信念，坚持全心全意为人民服务的宗旨，在复杂多变的政治风浪中保持清醒头脑，经受住各种考验；才能不断破除各种陈旧落后观念，树立与社会主义市场经济体制相适应的新思想、新观念；才能不断增强实际工作的原则性、预见性、系统性和创造性，正确认识和解决现代化建设中遇到的新情况、新问题；才能全面准确地贯彻执行党的路线、方针、政策，积极进取，开拓创新，带领人民群众夺取改革和建设的新胜利。

几年来的实践还证明，要加强党的领导，搞好党的建设，必须用改革的精神，改革的思路，积极探索社会主义市场经济条件下党建工作的新途径、新办法。新时期党的建设是在不断推进建设有中国特色社会主义的实践中得到加强和改进的，新时期党的建设也是在不断适应改革开放和发展社会主义市场经济需要的过程中体现时代要求、赋予时代特点、注入新的生机和活力的。随着时代和实践的发展，党的自身建设也需要改革，需要不断开拓和创新。搞好新时期党建工作的自身改革，就要正确认识和处理好坚持党的先进性与执行党的现行政策的关系，使共产党员既做到模范地执行党的现行政策，又做到始终不渝地为实现共产主义远大理想而努力奋斗；要正确认识和处理好党性原则与商品交换原则的关系，使共产党员既做到带头发展社会主义市场经济，又自觉抵制将商品交换原则渗透到党内政治生活中来的不良现象；要正确认识和处理好保持全党的高度统一性与创造性地开展工作的关系，使共产党员既做到严格遵守党的纪律，自觉维护党的团结，又努力发扬改革创新精神，不断开拓现代化建设的新局面；要正确认识和处理好坚持党建工作的基本原则、制度与积极探索新形式、新途径的关系，使党组织和党员既做到继承和发扬党的优良传统，在实践中不断坚持和完善党建工作的基本制度和方法，又根据变化了的新形势，大胆探索，勇于实践，不断提高党建工作的新水平。

二 党的建设面临的主要问题

从总体上说，几年来，浙江省各级党组织对党的建设是重视的，广大党员和干部的基本素质是好的和比较好的，党对改革开放和现代化建设的领导是得到了加强的，党的思想、组织、作风状况是有明显进步的。同时，我们也必须清醒地看到，党的建设状况同新形势的要求，同人民群众对党的期望，还有较大差距，党在思想上、组织上、作风上还存在着一些不容忽视的薄弱环节，有些问题还相当突出。

第一，有些党组织对理论建设的重要性认识不足，思想认识上存在着不少模糊观念。近年来，有些党组织和领导干部对学习有中国特色社会主义理论的重要性和紧迫性认识不足，重视不够，满足于一知半解，浅尝辄止，或忙于事务，应付了事。有的认为学来学去"炒冷饭"，没啥新"花头"；有的把理论学习与实际工作割裂或对立起来，认为学理论是虚的，干工作是实的，当前经济建设任务十分繁重，工作千头万绪，没有精力和时间学理论；个别的甚至认为，马克思主义理论离我们太远，不能指导和解决当前实际工作中的问题。因而对学理论的热情不高，自觉性不强，出现了领导班子中心组的学习有所放松，抽调领导干部到党校培训班比较难的现象。由于有些党组织和领导干部对建设中国特色社会主义理论的学习不深不透，致使在诸如社会主义本质特征、社会主义市场经济科学内涵、社会主义道德原则等一些重大理论问题上，存在着种种模糊的观念；在坚持四项基本原则与坚持改革开放、解放思想与实事求是、物质文明建设与精神文明建设、民主与集中、全局与局部、长远与眼前等现代化建设中的一些重大关系问题上，缺乏正确的认识和全面的把握，造成了实际工作中的某种盲目性和片面性。

第二，在一部分党员、干部中，党的理想、信念、宗旨有所淡薄。社会主义市场经济的发展，有力地促进了现代化建设和党的建设。同时，市场经济所遵循的等价交换、追求利润等原则有可能侵入党内政治生活，腐蚀一部分意志薄弱者的灵魂，诱发一些人金钱物欲的恶性膨胀。由于有的党组织对市场经济活动可能带来的一些消极影响缺乏警觉，忽视党的思想政治工作，放松对党员、干部的教育管理，加上一些党员、干部不能自觉加强党性锻炼，淡忘了共产党人的奋斗目标，淡忘了全心全意为人民服务的根本宗旨，致使个人主义、享乐主义、拜金主义有所抬头，人生观和价值观发生某种扭曲。有的只讲金钱求实惠，不讲共产党人的理想，不关心党和国家的前途；有的争名夺利闹待遇，不讲奉献，不以党和人民利益为重；有的贪图安逸求享乐，不思进取，不讲艰苦创业；有的只顾自己赚钱，不带领群众共同致富。凡此种种，都严重损害了共产党员在新时期的形象。

第三，在有些方面党内消极腐败现象比较严重。党风廉政建设中存在的突出问题是：一个时期以来，公款吃喝、公费旅游等歪风愈演愈烈；党政干部在公务活动中接受和赠送礼金、有价证券等以权谋私、变相行贿受贿行为时有发生；党政机关以权经商，搞行业垄断经营，谋取私利的歪风滋长蔓延；乱收费、乱罚款、乱摊派以及利用职权敲诈勒索等行业不正之风较为盛行；在换届选举中请客送礼、结伙拉票等违法违纪行为明显抬头；讲排场、摆阔气、比豪华等奢侈浪费现象相当突出；官僚主义、形式主义、文牍主义等浮夸作风依然存在。特别值得注意的是，经济违纪案、生活腐化案以及大案要案呈逐年上升的趋势，涉及党政机关领导干部的各种违法违纪案件明显增加。这是一些党员干部对改革开放、发展经济同反腐倡廉的关系缺乏正确的认识和把握，对开展反腐败斗争的重要性和必要性认识不足所造成的严重后果的集中表现，是拜金主义腐蚀一部分党员干部思想，商品交换原则侵入党内政治生活的突出反映。

第四，不同程度地存在着党纪松弛现象。近年来，在一些地方、单位，党的组织纪律观念淡薄，无视党和国家政策的权威性，不能正确对待和处理全局与局部、上级与下级、集体与个人的关系，本位主义、自由主义、分散主义有所抬头；中央和上级领导部门的一些正确决策得不到贯彻落实；有禁不止、有令不行、各行其是、各自为政的现象时有发生；"上有政策，下有对策"的歪风一度蔓延；班子不团结、民主生活不正常、制度不健全的现象依然存在。这些违反民主集中制原则的行为，削弱了党的力量，损害了党的团结与统一，影响了党的路线方针政策的贯彻落实。

第五，党在领导社会主义现代化建设方面还存在一些不适应的地方。实践表明，各级党组织基本上是能够胜任领导改革开放和现代化建设重任的，但也不能不看到，要更好地肩负起党在新时期的历史使命，更有效地开展工作，还存在许多不相适应的地方。比如，在思想观念方面，还缺乏与发展社会主义市场经济相适应、反映时代要求的许多新思想、新观念；在知识结构方面，还缺乏现代科技知识、现代管理知识、现代市场经济知识以及有关政策法规知识；在领导能力方面，还缺乏驾驭错综复杂的局势、处理改革和建设进程中所暴露出来的深层问题，以及推进两个文明建设共同发展的本领和办法；在班子结构方面，还需要充实更多的懂经济、会管理、德才兼备的优秀人才；在党的自身建设方面，还需要努力探索新时期党建工作的新路子，以及在新经济组织中加强党的建设的新办法；等等。

第六，党建工作在某些方面有所削弱。在新的历史条件下，党的建设遇到了许多新课题，面临着许多新挑战，需要各级党组织花更多的精力、想更多的办法去加强和改进。但在一些地方和部门却出现了忽视和削弱党建工作的不良倾向，其主要表现有：（1）对党建工作的重要性缺乏应有的认识，思想上存在着一些错误观念，如有的把党的建设与经济建设对立起来；有的主张把经济搞上去后再来抓党的建设；有的认为抓好了经济建设也就抓好了党的建设；还有的甚至认为经济要上，党建要让；等等。（2）不同程度地存在着"治党不严"和"党不管党"的现象，"一手硬、一手软"的状况普遍存在。（3）对党建工作中出现的新情况、新问题研究不够，解决的办法少。（4）党务干部人心不稳，政工队伍力量不强的状况比较突出。

三　努力把党的建设提高到一个新水平

能不能坚定不移地贯彻执行党的基本路线；能不能更快更好地推进

改革开放和现代化建设事业，加快建立社会主义市场经济新体制；能不能顺利地实现20世纪90年代和21世纪初的经济社会的发展目标，关键在于切实加强党的领导，搞好党的建设。

新时期、新任务、新实践，对党的建设提出了新的更高的要求。浙江省各级党组织应按照党的十四大提出的搞好党的建设的基本要求和中央领导同志近期的有关重要讲话精神，结合浙江省的实际，继续坚持党要管党的原则，坚持从严治党的方针，坚持党建工作必须常抓不懈的要求，坚持围绕经济抓党建、抓好党建促经济的指导思想，坚持勇于改革、大胆实践、积极探索党建工作新路子的精神，切实加强和改进党的建设，努力提高党的执政水平和领导水平，把浙江省的两个文明建设和党的建设不断推向新阶段。

（一）坚持不懈地用建设中国特色社会主义理论武装全体党员，进一步加强党的思想政治工作

邓小平同志建设有中国特色社会主义的理论是马克思主义与中国实际和时代特征相结合的最新成果，是当代中国的马克思主义。民族要发展，时代要前进，需要有伟大的民族精神和时代精神。建设有中国特色社会主义理论就是当代中国共产党人的灵魂和精神支柱，是指引全国各族人民不断创造社会主义现代化建设光辉业绩的时代旗帜。用建设有中国特色社会主义理论武装全党，是加强和改进党的建设的一项根本性工作。没有理论上的新飞跃，就没有实践中的新创造。学习好有中国特色的社会主义理论，才能领导好有中国特色的社会主义实践。要真正学好和用好这个理论，必须全面、系统、准确地掌握它的丰富内容；必须抓住解放思想、实事求是的精髓；必须从实际出发，创造性地开展工作，努力提高运用马克思主义的立场、观点和方法研究新情况、解决新问题的能力。当前还要努力学习社会主义市场经济的基本知识，联系我国改革开放的实践和国外现代经济发展的成功经验，尽快掌握社会主义市场经济的基本理论、基本原则、基本规律和基本要求。要着力抓好各级领导干部的理论学习，坚持和完善领导班子中心学习组的制度，越是工作繁忙，越要重视和加强党的理论建设。

在新的历史条件下，加强和改进思想政治工作具有特殊的重要性。社会主义市场经济体制的建立，改革中各种利益关系的调整，发展商品经济和对外开放引起人们思想观念的变化，现代化建设中各种新问题、新矛盾的解决，都需要思想政治工作给予强有力的支持和保证，都需要通过加强思想政治工作来进一步增强全党、全民族的凝聚力。当前思想政治工作的根本任务，是要进一步用党的十四大精神和党的基本路线统一人们的思想认识，教育广大党员牢固确立共产主义理想、社会主义信念和为人民服务的宗旨，保持共产党人应有的品质和气节，大力发扬奉献精神和艰苦创业精神，为改革开放和现代化建设事业建功立业。加强思想政治工作，要继承我们党的好传统、好方法，同时要积极探索在新形势下的新方法、新形式，把思想政治工作贯穿于改革开放和现代化建设的全过程，渗透于经济工作、社会生活等具体实践活动之中，增强针对性，提高有效性。

（二）加强领导班子建设，改进领导方法，提高党的执政水平和领导水平

按照干部队伍的"四化"方针和德才兼备原则，建设好各级领导班子，是全面贯彻执行党的基本路线的根本保证，也是加强和改善党的建设的关键环节。要努力把各级领导班子建设成为忠诚于马克思主义，勇于改革，务实创新，团结协调，廉洁勤政，同人民群众保持密切联系的坚强领导集体。在新的历史时期，领导班子要有新形象，领导干部要在党性锻炼方面为全党做出新表率。各级党委必须牢固树立以经济建设为中心的思想，全面加强对发展社会主义市场经济的领导，要在把握经济建设的发展方向、制定经济社会发展战略、确定改革和建设的思路以及相应的决策、组织和协调各方面力量形成抓经济工作的合力等方面，切实担负起领导职责；必须努力掌握唯物辩证法，大兴调查研究之风，充分认识调查研究在新时期的重大政治意义，自觉运用调查研究这个成事之基、谋事之道，真正树立起没有调查研究就没有发言权、决策权和领导权的思想，切实转变工作作风，改进领导方法，不断提高领导水平和决策水平；必须充分发挥政治核心作用，进一步加强和改进党对人大工作的领导，进一步完善共产党领导的多党合作和政治协商制度，进一步加强党对工会、共青团、妇联等群众团体的领导，协调好各方面的关系，调动一切积极因素，同心同德搞好社会主义现代化建设；必须从培养跨世纪接班人的战略高度，切实做好发现、培养、选拔和使用优秀中青年干部的工作，努力造就千百万社会主义事业的接班人，确保党的事业后继有人，兴旺发达。

（三）加强基层党组织建设，充分发挥共产党员的先锋模范作用，全面提高党组织的战斗力

党的基层组织处在改革开放和发展社会主义市场经济的第一线，是党联系人民群众的桥梁和纽带，是党的一切工作和战斗力的基础。各级党委要高度重视和加强农村、企业、机关、学校、街道等基层党组织建设，努力使之成为团结和带领广大群众进行社会主义现代化建设的战斗堡垒。

要围绕建设社会主义新农村、奔小康这个目标，进一步加强以党支部为核心的村级组织建设，努力提高党组织带领群众深化农村改革、发展农村市场经济和共同致富的本领。要更多地采取市场经济的办法，运用各种形式和渠道，扶持发展村级集体经济。要继续坚持一手抓整顿、一手抓提高的方针，树立一批奔小康的示范村典型，进一步做好后进支部的整顿转化工作，尤其要选准配强支部书记。要继续探索农村长期外出党员的管理形式，发挥他们的作用。要把乡镇企业党的建设作为市场经济条件下搞好农村基层党组织建设的重要环节抓紧抓好。

要围绕转换企业经营机制，培育独立经济实体和市场竞争主体这个任务，切实加强企业党组织建设。企业党组织要积极参与企业重大问题的决策，保证党和国家的方针政策在本企业的贯彻落实；要支持厂长、经理依法行使职权，支持职工代表大会积极开展工作，发挥工人阶级的主人翁作用；要按照改革的思路和市场经济的特点，采取弘扬企业精神、建设企业文化等生动活泼的形式，进一步加强和改进企业思想政治工作，使之更贴近时代，贴近生活，贴近职工。要勇于实践，积极探索，理顺企业领导体制，逐步建立起与市场经济活动、企业生产经营紧密结合的党建工作新机制和新形式。更高度重视各种经济组织中的党的建设，尤其要积极做好外商投资企业、股份合作企业、企业集团和个体私营企业等新经济组织中的党建工作，研究探索在这些企业中党组织的设置、活动的形式和方式，发挥党组织的作用。

要加强党员队伍建设，不断提高党员素质。社会主义市场经济的发展，对广大党员提出了新的更高要求。在新的历史时期，共产党员应该成为贯彻执行党的基本路线和各项方针、政策的模范；成为学习现代科学技术和先进管理知识，带头发展社会主义市场经济的模范；成为艰苦奋斗、无私奉献、脚踏实地、勤奋工作的模范；成为以身作则、廉洁奉公、自觉抵制各种消极腐败现象、发扬社会主义新风尚的模范。

（四）严格执行民主集中制，增强党的团结，维护党在组织上、行动上的高度统一

民主集中制作为我们党和国家的根本制度，是党的思想路线和群众路线在党内生活中的实际运用。要充分发扬党内民主，积极疏通和拓宽各种民主渠道，鼓励、支持党员对党的工作和领导干部提出建议和批评。各级领导班子必须坚持集体领导原则，坚持和完善民主集中制的各项具体制度，努力提高决策民主化和科学化水平。

要坚持民主基础上的集中，模范地执行党的纪律。在新旧体制转换、发展社会主义市场经济的过程中，尤其要强调党员个人服从党的组织，少数服从多数，下级组织服从上级组织，全党各级组织和全体党员服从党的全国代表大会和中央委员会。要坚决反对自由主义、地方保护主义和分散主义，提倡顾全大局，自觉维护中央和上级领导部门的权威，确保令行禁止，政令畅通。

党的团结是党的生命，是党的各项事业取得胜利的根本保证。没有党的团结，就没有全民族的团结，就不能保持党的权威性，我们的党也就不能担负起领导社会主义市场经济和现代化建设的重任。加强党的团结，特别是各级领导班子的团结，在新的历史条件下具有特殊的重要性。要健全和实行党内民主生活会制度，积极开展批评和自我批评，在坚持党的基本路线和党性原则的基础上实现党的团结。

（五）切实搞好党风廉政建设，坚决反对各种消极腐败现象，进一步密切党与人民群众的血肉联系

党风廉政建设关系到党的生死存亡和现代化建设的兴衰成败。改革开放越深入，社会主义市场经济越发展，越要加强党风廉政建设，克服消极腐败现象。当前广大群众要求惩治腐败的呼声十分强烈。对党内存在的各种消极腐败现象的严重危害切不可低估。反腐倡廉是党的一项具有重大战略意义的政治任务，是加强党的建设和政权建设的一项重要工作。各级党组织要充分认识在社会主义市场经济条件下反腐败斗争的重要性、长期性和紧迫性，切实消除党风廉政建设中存在的各种模糊认识和错误观点，形成共识，进一步增强坚持"两手抓"的自觉性。要坚持从严治党的方针，严肃党纪政纪，对危害党和人民利益的腐败分子必须严惩不贷，决不姑息迁就，以取信于民。要对当前党风廉政建设中存在的突出问题进行专项治理，坚决刹住党政机关以权经商，搞行业垄断经营，谋取私利；党政机关干部在公务活动中收受礼金、有价证券；公费旅游以及讲排场、摆阔气、比豪华的奢侈浪费等不正之风。要加强对党政机关和领导干部的监督，并健全和完善各项监督制度。要深入持久地对党员干部进行反腐倡廉的教育，大力倡导艰苦奋斗精神。在我国经济政治文化体制开始向开放型、效益型、竞争型转变的过程中，各级领导干部尤其要坚持党的群众路线，切实改进领导作风，深入基层，体察民情，正确处理好新时期人民内部矛盾，调动一切积极力量，推进建设有中国特色社会主义事业的蓬勃发展。

关于开展反腐败斗争的几点建议[*]

一　必须充分正视当前腐败现象的
严重性和危害性

要坚决而有效地进行反腐斗争，首先必须让国人在思想上筑起防腐、反腐的"钢铁长城"，使广大党员干部认识到当前腐败现象的严重性和开展反腐斗争的紧迫性。

根据有关调查和材料来看，一个时期以来的消极腐败现象及其严重性主要表现在以下几个方面。

（一）公款吃喝、公款旅游等风愈演愈烈

公款吃喝是个老问题。近一个时期以来，公款吃喝的规模、数量达到了一个新水平。过去是村上千，乡上万，现在是村上万，乡镇超十万。据了解，某个县级市 1991 年的公款招待费开支 148 万元，1992 年就达到了 213 万元。某市光政府接待科今年 1—4 月吃喝开支就高达 11.7 万元，是去年同期的 4 倍。

公费旅游现象十分严重。据了解某市十来个县区凡县委常委以上干部都已出过国。据一个经济尚不发达的县级市反映，该市各单位累计一

---

　　* 本文是根据时任党中央主要领导提议而开展的一个专题调研成果。报告的重大建议是在 1993 年就鲜明提出的"反腐败斗争"。该报告提交中央有关部门决策参考，并以《关于反腐败斗争的几点思考》（本报告的第一、第二部分内部）为题，刊发于人民出版社的《学习》杂志 1993 年第 11 期。

年公费旅游的至少有 1000 人次，平均每一人次为 2000 元，就要花去 200 万元。某县一个乡组织乡、村干部 83 人，外加少数干部的家属、子女，共 90 多人浩浩荡荡外出考察，并专程到北京游玩了 4 天，共花了 6.8 万元，引起群众不满而集体上访。据调查，仅某省 5 家有关旅行社在一年零 4 个月内就组织了 307 批"马、泰、新三国游"或"港澳游"，出游人员达 9533 人，耗资 1.5 亿元，而出游者中绝大多数为各级、各单位的领导干部。

近年来还出现五花八门的"新公费"，如公费钓鱼、公费嫖娼、公费买私房、公费拉选票、公款买股炒股，等等。

（二）党政干部收受礼金、有价证券等变相受贿行为有增无减

党政干部在公务活动中收受礼金、有价证券是 1992 年下半年开始刮起来的一股新歪风，它来势猛，蔓延快。过去赠送礼品以土特产品居多，现在赠送礼品往往是用礼金、购物券、礼仪储蓄卡，甚至有牡丹卡、长城信用卡等。数额有的多则上千元。有一个贫困山区县 1993 年 5 月一办公大楼举行落成典礼，光发放礼金就达 16 万元，据了解无一人拒收。群众反映有些党政领导和有关部门的实权人物，无心下基层调查研究，热衷于参加各种庆典活动。某县级市有位老干部仅从电视和报纸的报道中对该市一名副市长参加各种庆典活动进行过统计，去年至少有 20 次之多。据对杭州市十大商场的初步统计，1992 年下半年以来，这十家商场共发购物券达 8000 万元之巨。

（三）行业不正之风和"三乱"问题依然严重

当前，群众反映较多、意见较大、行业不正之风较为严重的部门，主要有公安、工商管理、财税、电力、金融、邮电、教育，以及检察、法院等司法机关。这些部门的一些人凭权弄势，敲诈勒索，吃拿卡要，不给好处不办事，给了好处乱办事。据反映，某市教委党组讨论决定，向所属学校公开索要"贡品"，机关干部每人分到 1000 元以上。教委领导居然公开讲，现在改革开放，要讲实惠，我们不要怕。

行业不正之风除了索要各种好处费外，主要表现在"三乱"上。一

是乱收费。现在不少行业都自行出台一些收费项目。据对一乡一镇的调查，农民除缴教育附加费外，每个上初中的学生还要缴各种各样的费用700元以上。某县1992年财政收入共2995万元，而该县林业、公安、交通、司法4个部门1992年各项事业性收费就高达1400多万元。二是乱罚款。有的公安司法等部门竟向各科室下达年度罚款指标，并按一定比例分成或予以奖励，乱罚款成了一些单位和干部的致富门路，从而促使乱罚款现象的滋长。三是乱摊派。一些机关和干部动不动就向基层和企业摊派，有的干部利用职权把私人的开支发票拿到企业报销。某县林业公安局共有30多名干部，1992年一次就向该县林业企业强行集资12.75万元，用于购买15辆摩托车。据对一个中等规模乡的调查，1992年仅乡一级用于各种集资、摊派和捐款的钱就高达65万元之多。

（四）党政机关兴办经济实体助长了消极腐败现象的蔓延

1992年以来，各级党政机关掀起一股兴办经济实体的热潮。不仅经济管理部门办，而且公检法机关、工商、财税、审计等执法监督机关也办；不仅工青妇、老龄委、科协等群众团体办，而且党、政、人大、政协等部门也办。据不完全统计，某省金融系统兴办的经济实体已超过600家。有的县党政机关兴办了230家经济实体。机关兴办经济实体的资金来源，主要有个人集资、单位自有资金无偿划拨和贷款等。党政机关兴办经济实体为机关富余人员的分流起到了一定的作用。但由于不少经济实体和党政机关没有完全脱钩，因此，不管是挂靠型的还是承包型、自营型的经济实体，在经济利益上同党政机关有着千丝万缕的联系，因而造成严重的官商不分和权力经营，扭曲了党政机关的职能，损害了党政机关的形象。

（五）经济领域违法违纪活动相当突出

一是贪污受贿问题严重。群众认为现在贪污受贿问题是越来越严重，而查处却越来越难、越来越少了。二是回扣现象十分普遍。现在做什么生意几乎都有回扣，没有回扣就做不成交易。三是经济诈骗案件骤增。

（六）政治领域违法违纪活动呈蔓延之势

在换届选举中过去只是出现个别违法违纪现象，近年来不但在乡镇，而且在县市的党代会和人代会换届选举中也出现了拉票、买官、抢官，找经济后台，找政治靠山等不正常现象。一是拉帮结派。有的候选人提前半年、一年拉选票；有的组织专门竞选班子。在拉票活动中，有的封官许愿；有的承诺解决资金、项目；有的公开请客送礼。个别地方甚至出现抢票、撕票、烧票等严重违法活动。有些候选人拉帮结派，搞小团体、小圈子，公开、半公开的派别活动明显抬头。二是金钱开路，买票贿选。某市一位私营企业主手拎密码箱，扬言要花 30 万元弄个副市长当当。某县一个村选举镇人民代表，候选人居然以每张 5 元的价格收购选票 200 多张。某市开人代会期间有人讲，就是要用共产党的钱买共产党的官，再用共产党的权赚更多的钱。群众对这种"金钱政治"极为愤恨。三是目无纲纪，争官抢官。有的党政机关干部未经组织同意，私下拉拢代表联名要求把自己作为市县领导的候选人，组织上出面做工作，有的人居然说"我不依靠组织，要依靠代表"。

（七）金钱至上，作风浮夸，挥霍浪费相当严重

金钱主义不但在一般群众中抬头，而且在党政机关领导干部中也日趋滋长。有些党员、干部不讲理想、不讲党性，只知唯利是图，见钱眼开。群众讲，现在"一心两点"干部很多："以自我为中心，对上伸手要官、对下伸手要钱为两个基本点"；或者说"以金钱为中心，吃一点、拿一点"。为人民服务变成为人民币服务。许多干部作风浮夸，形式主义、官僚主义严重。他们热衷于"广播里有声，电视里有影，报纸上有名"。群众说他们"轰轰烈烈搞形式主义，扎扎实实做表面文章"。"早上一剪刀，中午吃得好，下午一铁锹，晚上拿红包。"现在讲排场、摆阔气、比豪华之风盛行。某县一镇委书记花 38 万元公款购进一辆豪华轿车，供自己享受，而镇机关却已连续三个月发不出工资。有的用计划生育罚款购买进口豪华轿车。某市 1992 年财政赤字高达几百万元，而市政府 1993 年又新添两辆"公爵帝"豪华轿车。某县近几年用于购买轿车的公款已超

过 1 亿元。

以上是当前腐败现象的主要表现，具体分析起来远不止这些方面。一个时期以来，腐败问题出现了一些新的特点，从另一个方面说明了腐败问题的严重性。这些新特点有：一是腐败问题涉及党政机关、领导干部的案件增多；二是腐败团体化、单位化；三是大案要案呈上升趋势；四是作案对象年轻化，"一长两员"（厂长、经理和采购供销人员、财务会计出纳人员）犯罪严重；五是作案手段更为隐蔽、多样和狡猾；六是一些腐败行为往往借口于一些改革措施上；七是发案部位发生变化，经济活动中的热点部门如金融、证券、股票、财税、执法等，成了经济犯罪分子作案的频发点，贪污腐败的突发点。

二 反腐败斗争必须立足于治本，要加强基本制度建设

在社会由旧体制向新体制的变革转轨时期，也往往是腐败现象的高发阶段。反腐倡廉对任何社会和国家来说，都是一项长期的任务。因此，我国的反腐败斗争要着眼于长远，着眼于法制，着眼于体制。

首先，要把反腐倡廉作为建设有中国特色社会主义的一个重要组成部分。无论从反腐倡廉的制度建设还是从反腐败与经济建设、政治建设的关系，以及物质文明建设与精神文明建设关系等方面来讲，反腐倡廉都应该成为建设有中国特色社会主义的重要战略目标和基本内容之一。从而使全党同志和各级干部统一思想认识，增强反腐败斗争的紧迫感和历史责任感，坚定不移地坚持"两手抓"的方针，把反腐败斗争放到应有工作位置上。

其次，要把政治活动与经济活动相对分离和相对独立作为改革旧体制、培育新体制的主要原则确定下来。近代社会经济和政治稳定发展以及反腐倡廉的一条根本经验，就是政治运行和经济运行相对独立化，政治和经济按照两套不同的原则和体制运行，从政者不得同时从商，从商者亦不得同时从政。这就从根本上防止了政治金钱化、金钱政治化的体制性腐败。我国当前党政机关办经济实体、国家机关工作人员工资过低

以及不少领导干部热衷于各种剪彩、庆典活动的现象，对党风廉政建设十分不利，必须严加制止和改变，要努力使我国的党务活动和政务活动向着职业化、专业化和独立化方向发展。

再次，要用改革的思路和办法从三个方面建立反腐倡廉的规章制度。一是继续按照社会主义市场经济的目标建立和健全经济体制，按照社会主义民主和法制化的要求改革和完善政治体制，按照"二为""双百"方针改革和完善文化体制。这是防止出现大面积、大范围腐败现象的根本。二是要广泛吸收国内外反腐倡廉的一切有效做法，自上而下建立和健全反贪反腐的独立组织和体制，包括制定相应的反贪反腐的法规，使贪污腐败现象能及时发现、及时依法查处。三是要建立和健全监督组织和体制。不但各行业的贪污腐败现象有法可管，有人去管，而且对各级反贪反腐的部门也要有组织管。司法人员、行政执法人员徇私舞弊、贪赃枉法是当前腐败现象的突出表现之一，影响极为恶劣。因此，要强化对反贪反腐等执法部门的监督，建立和健全行政监督、法制监督、舆论监督、群众监督等体制。

最后，要强化对干部特别是领导干部自上而下、自下而上的监督制度和建立防范以权谋私等行为的制约机制。要继续积极推行和完善行之有效的"两公开一监督"制度，即公开办事依据、程序及制度，公开办事结果，接受群众监督。要倡导积极的思想斗争，发扬严肃的批评和自我批评的优良作风。要建立和健全党内和领导班子内正常的民主生活会制度。要建立、健全制约和监督高层领导干部行为的必要的准则和制度，并增加透明度。

反腐斗争重在建设。要组织必要的力量，从制度、体制、政策等方面，深入探究滋生腐败现象的基本根源，并针对新旧体制转轨过程中反腐败的长期性和艰巨性，建立和健全各种有效的制度，从根本上治理腐败现象。

三 反腐斗争必须痛下决心，狠抓当前，采取得力措施

反腐斗争要从长计议，立足治本，同时也必须从现实入手，狠抓当前，治本治标双管齐下，才能遏制腐败现象的蔓延。

建议当前着重采取以下几点反腐斗争措施。

（1）建议党中央和国务院成立反贪反腐工作领导小组（议事、协调组织），及时分析全国反腐斗争形势，研究对策，布置任务，协商工作。

（2）结合查处贪污腐败案件和纠正不正之风，集中力量深入调查研究，分清是非界限，划清政策界限。例如，关于回扣费、咨询费、顾问费；关于党政机关办经济实体；关于党政领导干部参与庆典、剪彩等经济活动；关于党政机关干部炒股；关于已收受礼券等有价证券的清退等问题，都迫切需要明确是非和政策界限，以利开展反腐斗争。

（3）建议在适当时候开展一次全党、全国性的反腐斗争教育。使全党同志真正认识反贪反腐斗争的极端重要性和必要性，提高历史责任感和现实紧迫感，从思想到行动都进一步警觉起来。并使这种教育经常化、制度化，做到警钟长鸣。

（4）当前消极腐败现象确已到了非严治不可的地步，人民群众甚为不满。不痛下决心，不真抓实干，不从中央抓起，不造点声势，不惩治一批腐败分子，不把发生在领导机关和领导干部（包括已退下来的一些老同志）、执法机构和实权部门的腐败行为作为反腐斗争的重点，不采取有力的措施，实在不足以刹住这股腐败邪风，不足以振奋党心，不足以取信于民。反腐斗争切不可虚张声势而无实际行动，切不可雷声大而雨点小，切不可一般号召和布置任务而无有效措施，也切不可只注意下面的腐败现象而看不到高层的腐败现象，中央首先应该起表率作用，否则反腐斗争不可能彻底，也不可能取得预期效果。

（5）要从现实出发，吸取历史教训，反腐斗争既不能搞成政治运动，更不能影响改革和经济建设，但也不能避重就轻、零打碎敲，更不能熟视无睹，不反不打。当前要抓住群众关心的热点问题和深恶痛绝的倾向

性问题，要抓住金融、执法部门和一些"重灾"行业，逐个进行系统的专项治理。专项整治既可以有一定声势和规模，又不至于分散各级领导集中精力抓经济建设。同时，要集中力量查处一批大案要案，并公之于众（但应注意报道不要太集中），以此为反腐斗争的突破口，以振奋民心，威慑犯罪分子。要排除对纪检、监察、司法部门办案的外界干扰，坚决刹住说情风，要在一定范围内公开说情者，并视情节给予必要的处分。

（6）群众是反腐败的真正力量，要发动群众关心、支持、参与反腐斗争，要正确对待群众的举报和完善群众举报制度，要改变当前群众不敢报、不愿报的不良局面，要保护和激发群众反腐斗争的积极性。

（7）要迅速改变目前反腐斗争力度不足、查处贪污贿赂不力、惩治腐败案件执法不严的被动局面，尤其必须纠正"有钱的可以少服刑，钱多的可以不服刑"等现象。

（8）浙江省近期反腐败斗争，重点解决公费出国旅游，在公务活动中收受礼金、礼券，党政机关办经济实体中存在的权力经营、垄断经营，巧立名目搞有偿服务，铺张浪费、讲排场等四个问题，进行专项治理，一项一项地提出解决办法和措施。

关于依法治省的思考和建议[*]

为贯彻落实中央提出的依法治国方针，根据浙江省实际，省委在调查研究的基础上，做出了依法治省的决定，省八届人大常委会第三十二次会议做出了实行依法治省的决议，省政府和有关部门也就落实依法治省方针采取了许多举措。显然，扎实而深入地开展依法治省工作，对于加快改革开放和社会主义现代化建设，积极推进社会主义民主法制建设，具有十分重要的意义。

一 依法治省是落实依法治国方针和全面 推进浙江省现代化建设的必然要求

依法治国，建设社会主义法制国家，是历史发展的必然趋势。人类社会发展史和法制发展史证明，法制具有更大的稳定性、连续性、科学性、规范性和权威性，因而"法治"必然要取代"人治"，法制的完善和发展是社会文明进步的主要标志，建设法制国家是人类社会的重要奋斗目标。我们要建设起一个高度文明、高度民主、繁荣富强的社会主义现代化国家，没有健全的法制、不走依法治国的道路是不可想象的。有中

* 本文是 1996 年根据浙江省委时任主要领导交由省委政策研究室完成的课题，具体由王永昌负责组织实施和设计，除本室有关同志外，还邀请了省内有关法学专家参与了课题论证。这个课题为随后的浙江省八届人大常委会第三十二次会议做出实行依法治省的决议，提供了依据。本文于省人大做出决议后刊发于《中共浙江省委党校学报》1997 年第 6 期上。本文参考和吸收了有关课题调研成果，特向有关同志致谢！

国特色的社会主义是全面发展、全面进步的社会主义。全面发展的社会主义社会，是应该经济繁荣、政治民主、精神文明这三大方面协调发展和全面进步的社会。民主法制建设是社会主义现代化建设的重要内容和重要目标。不依法治国，不建设社会主义法制国家，就实现不了社会主义现代化，就建不成有中国特色社会主义。首先，贯彻落实中央提出的依法治国、建设社会主义法制国家的战略方针，实行依法治省，进一步加强浙江省的法制建设，是保证人民群众当家作主的根本利益之所在，也是人民群众在社会主义现代化建设实践中产生的共同愿望。其次，加强法制建设实行依法治省，是浙江省经济发展和社会进步的客观要求。加强社会主义精神文明建设，都迫切需要加强法制建设。再次，加强法制建设，实行依法治省，是维护浙江省社会稳定，实现长治久安的根本保证。最后，加强法制建设实行依法治省，是加强和改善党的领导，巩固共产党执政地位，促进决策民主化、科学化，提高各级干部政治素质和领导水平的基本途径。

二 依法治省的基本含义

提出并实行"依法治省"，从这个概念的含义或者决策研究的角度讲，起码涉及这样两个问题：一是它的科学性和法理根据；二是它的确切含义是什么，涉及什么样的特定领域和范围（所指对象）。

关于"依法治省"的科学性和法理根据问题。其一，从现有的国家法律法规来分析，不存在"依法治省""依法治市"的否证性的法律条文；其二，国家司法部门和有关领导人在有关文件和文章中多次倡导"依法治省"和"依法治市"；其三，近十年来全国各地在相当范围内开展了"依法治市""依法治县"等依法治理活动，有的省近年来已实行"依法治省"；其四，"依法治省"的科学性和合理性根据，更关键的还在于它必须维护和体现国家法制的统一性。显然，"依法治省"是不同"依法治国"相分离的，而是作为贯彻落实依法治国的一部分或者说一个重大举措而存在的。因此，无论从法理还是实践来说，"依法治省"作为一个概念是可以成立的，作为一个决策是有科学根据的。

关于"依法治省"的含义问题。"依法治省"作为依法治国、建设社会主义法制国家的重要组成部分，就是在建设有中国特色社会主义理论和党的基本路线指引下，积极落实依法治国的方针，全面推进浙江省的社会主义民主法制建设，依照《宪法》和法律法规来管理全省的经济、政治、文化和社会事务，努力做到"有法可依，有法必依，执法必严，违法必究"，逐步实现全省政治生活、经济生活和社会生活的法制化、规范化，促进全省经济繁荣，政局稳定，人民安居乐业，社会全面进步。具体说来，"依法治省"有这样几层意思：第一，依法治省是贯彻落实依法治国、建设社会主义法制国家的重大举措，也是浙江省民主法制建设和依法治理工作进一步规范化和深化的重要标志。第二，依法治省的"法"，首先是指国家的宪法、法律和行政法规；其次是指地方性法规和规章。第三，依法治省的"省"，主要是指一个省的经济、政治、文化和社会事务，依法治省的重心是要突出贯彻实施国家的宪法、法律和行政法规以及地方性法规，强调严格执法，依法办事，依法管理各项事业，强调人民群众依法通过各种途径和形式更好地行使管理国家和社会经济事务的权力。第四，不能把依法治省简单地理解为只有法律才是管理全省各项事业的唯一方式，也不能排斥诸如经济的、行政的等其他管理手段，但从宏观和发展趋势看，依法管理经济社会事务则是最基本、最重要的管理方法。总之，笔者认为，依法治省的实质，就是按照党和国家依法治国的战略方针，进一步加强省委对社会主义民主法制建设的领导，进一步提高各级组织和领导以及全民的法制观念和法律意识，进一步有组织有计划地加大依法治理的工作力度，使全省的经济、政治、文化社会生活的运行和管理纳入法制化、规范化轨道，保持浙江省社会长治久安和经济社会事业有序发展。

三　依法治省的基本内容和要求

实行依法治省，其基本要求和目标是：使法律具有极大的权威性，并且在全省社会生活的各个方面普遍得到遵守和执行，亦即权力机关依法行使立法、监督等权力，行政机关依法行政、严格执法，司法机关依法独立行使审判权、检察权，公民和社会组织的权利和自由受法律的切实保护，一切国家机关的活动均受法律的制约。实行依法治省，主要做好以下几个方面工作。

（一）进一步做好地方立法工作

依法治省是一项依照国家宪法和法律，多层次、多环节地对全省范围内的经济、政治、文化和社会事务进行综合管理的法制建设活动，其中包括加强地方立法工作。地方立法是我国法制建设的重要组织部分，是国家立法活动的补充和完善。要在维护国家法制统一的前提下，根据浙江省实际情况，有重点地、有针对性地制定一批地方性法规，保证全省各项工作规范有序地开展起来。这既是地方国家权力机关的重要任务，也是实现依法治省的前提条件和基本内容之一。1979 年以来，省人大及其常委会根据改革和发展的需要，加快了立法工作特别是加快了经济立法步伐，先后制定、批准了 190 多个地方性法规。一批既体现国家宪法、法律精神，又符合本省实际情况、具有较强针对性和可操作性法规的通过并实施，为省经济发展和社会进步提供了立法保障，并初步摸索和总结出一套地方立法的成功经验，形成了相应的规章制度，从而为加快地方立法，提高立法质量，推进地方立法的民主化、规范化创造了条件。但当前地方立法工作与经济和社会发展的客观需要还有差距，特别要在提高立法质量、突出经济立法和加快制定有关精神文明建设方面的法规等方面，进一步做好本省的地方立法工作。

（二）进一步严格依法办事，不断提高依法行政水平

社会主义法制国家必须有严格的行政执法制度，行政机关的行政行为必须在法律规定的范围内进行，必须接受法律的制约。目前我国已初步建立了依法行政制度，国家行政管理的几十个领域也大都有了基本的法律法规，为依法行政奠定了基础。浙江省各级政府部门和行政干部依法行政、依法办事的观念日趋增强，全省不少地区和部门几年来广泛开展依法治市、依法治县和依法治水、依法治路等依法治理工作，涌现出一批依法行政、严格执法的先进地区和部门。但是，由于历史的原因和

现实条件的限制，在严格依法行政方面尚有较大差距。各级政府部门能否严格地依法行政，直接影响着法律的权威和尊严，也是依法治省的关键所在。实行依法治省，必须采取切实有效措施来保证和加强行政机关依法行政、严格执法。要认真组织广大干部学习和贯彻《宪法》《地方组织法》《行政诉讼法》《国家赔偿法》《行政处罚法》和《国家公务员暂行条例》《行政复议条例》，进一步提高行政机关及其工作人员的法制意识和依法行政的自觉性，防止和克服滥用行政权的违法现象，积极推行行政责任制，对行政侵权造成的损害应依法予以赔偿、补偿，并对行政违法责任人予以追究。

（三）进一步加强司法机关依法独立行使职权，不断提高依法司法、公正司法水平

健全公正的司法制度是保障法律正确实施和对受到非法侵害一方的权利给予补救的最后一关。司法机关独立行使职权是我国宪法所确认的一项法制原则。实行和坚持依法治省，要把加强和保障司法机关依法独立行使职权与公正司法结合起来，在改变司法机关的形象，促进司法人员依法行使审判权、检察权，保护诉讼当事人的合法权益等方面取得明显成效。长期以来，全省司法机关分工配合、互相制约，在依法严厉打击刑事犯罪、积极查处贪污贿赂大案要案和打击经济犯罪等方面，取得了突出成绩；在建设一支有较高法制观念、政治强、业务精的司法队伍方面也迈出了可喜的步伐，为进一步严格执法、公正司法，切实加强本省法制建设创造了良好条件。当前，司法工作要着重研究解决这样三个问题：一是要进一步强调在司法机关依法独立行使检察权、审判权时，任何行政机关、社会团体和公民个人都不应当进行干涉；二是要进一步改善司法工作的条件；三是要认真解决司法中的地方保护主义问题。地方保护主义已成为妨碍公正司法的重要原因，它与其他不正之风结合在一起，严重阻碍司法机关在法制建设中重大作用的发挥。

（四）进一步加强执法监督，不断提高监督实效

加强执法监督对于贯彻宪法、法律和法规，保证执法行为的合法性，维护执法工作的权威，提高执法活动效率，健全执法体制，推进民主的法制化和法制的民主化，具有重大意义。开展依法治省的一项很重要的内容和环节，就是要进一步加大执法监督力度，提高执法监督水平。我国的执法监督体制是一个由多层次、多形式的执法监督构成的有机统一体。其中，人民对人民代表大会及其常设机构执法活动的监督，选民对人民代表执法活动的监督，人民代表大会对国家行政机关、审判机关和检察机关执法活动的监督，国家行政监察机关对国家行政机关执法活动的内部监督，检察机关对公安机关和审判机关执法活动的监督，人民群众对国家机关执法活动的监督，中国共产党和各民主党派以及各社会团体、社会舆论对国家机关执法活动的监督等，是我国执法监督的主要形式。浙江省同全国一样，在执法监督实践中取得了明显成绩，特别是人大的"两项评议"工作有自己的特色，得到了全国人大常委会领导的肯定和认可。当前，在执法监督主体形成合力、提高执法监督效果以及执法监督的深度和广度，特别是执法监督体制的规范化和制度化，以及建立部门执法责任制等方面，仍有不少问题亟待解决。

（五）进一步开展法制宣传教育，不断提高全民的法律意识

所谓法律意识，主要是指依法办事、依法行政、依法律己、依法维护自己权利的意识。有了全民的法律意识，法律才能变成现实，变成生活，才能实现依法治国和法制国家。经过"二五"普法活动，全民法律意识和法制观念有明显提高，为依法治省的实施提供了良好的社会基础。普法工作取得了很大的成效，但任务仍很艰巨。一是法律普及教育的面还不平衡，质量有待提高；二是干部法制观念也有待进一步提高；三是一些地方和部门在学法用法的结合上下功夫不够。要继续深入进行以宪法、基本法律和社会主义市场经济法律知识为重点的宣传教育，进一步增强公民的法律意识和法制观念，不断提高各级干部依法办事、依法管理的水平和能力，促进依法治国和依法治省。

四 实行依法治省，当前着重要做的几项工作

实行和坚持依法治省，无论在立法、执法、司法还是在普法、执法、监督以及依法治理等方面都有大量工作要做，但从长远和根本的意义上讲，当前突出的是要努力做好以下几个方面的工作。

（一）统一思想，提高认识，不断增强法制建设的自觉性

加强法制建设，实行依法治省，最根本的问题是解决思想认识问题。首先必须从建设有中国特色社会主义、坚持"两手抓"、国家长治久安和浙江省现代化建设的战略高度，充分认识新形势下加强法制建设和实行依法治省方针的重要性。其次，必须摆正法制建设与经济建设、改革开放的关系。要克服那种把法制建设与经济建设、改革开放对立起来，认为法制建设会妨碍经济建设，强调法制建设会影响对外开放的错误观点。事实上，加强法制建设，只会促进经济建设，推动改革开放。最后，要克服权力至上观念，树立法律具有极大权威的观念。加强法制建设，依法办事，领导干部自觉尊重法律，严格执行法律，法制才会有真正的"权威"。领导干部手中的权力是人民给的，是法律赋予的。因此，领导干部的权力必须依法行使，必须按人民意志办事。滥用和乱用权力，都会遭到人民的反对，受到法律的制裁以致最终失去"权力"。加强法制，不但不会削弱领导的权威，限制领导的权力，反而更有利于党的权威、政府权威和领导干部权威的真正实现。

（二）加强和改善行政执法，严格依法行政

行政执法在实行依法治省、加强法制建设中具有十分突出的地位和作用，可以说是当前依法治省工作的中心环节，在整个国家机关序列中，行政机关所占比重最大，又是管理经济和社会事务的决策核心，行政管理范围涉及社会生活各个层面，因而在整个执法活动中，行政执法处于举足轻重的地位。特别是随着我国法制建设的逐步完善和政府职能的转变，行政执法越来越成为政府机关的主要工作任务。同时，实行依法行

政，也是进一步提高政府工作效率和加强廉政建设的需要。因此，只有加强和改善行政执法，才能有力地实行和推进依法治省。加强和改善行政执法工作，当前要强化政府机关守法观念，树立依法定程序办事和依法接受监督的观念；要明确执法机关的责任，提高执法效率；要狠抓行政执法队伍建设，努力提高行政干部依法行政、依法决策、依法管理的能力；要建立健全对行政执法部门及其工作人员执法违法的追究和赔偿制度，促进依法行政，严格依法办事。

（三）继续全面扎实地推进各行各业的依法治理工作

坚持深入广泛地推进各地区、各行业的依法治理，是实行依法治省的重要基础和有效途径。在普法宣传教育的基础上，充分依靠各类基层组织和人民群众，运用法律手段治理社会，是社会主义民主法制建设的必然要求。要在各地区、各行业更扎实地开展依法治理工作，在深度和广度上狠下功夫。依法治省要实行抓基层、打基础的原则，通过若干年的努力，在全省逐步形成以基层依法治理为基础，以行业依法治理为支柱，各地区、各层次纵横结合的依法治理网络，为深入贯彻依法治省奠定广泛的群众基础，创造良好的社会条件。

（四）严格依法办事，切实解决执法领域存在的问题

当前，我国在政治、经济、文化等领域的主要方面基本上做到了有法可依。一般来说，我国今后加强法制建设的重点是严格依法办事，切实做到有法必依、执法必严、违法必究。现在，人民群众最不满意的是执法领域存在执法不严的问题。一些地区和部门有法不依、执法不严、违法不究的现象仍然存在；以言代法、以权代法、以罚代法等问题时有出现；个别地区和部门的地方保护主义和部门保护主义相当盛行，这些问题已严重影响到法律的权威性和统一性。邓小平同志讲："有法不依，等于无法，在一定意义上甚至比无法的影响还要坏，因为它破坏了社会主义法律的尊严和权威。"在大力加强社会主义法制建设中，我们必须花大力气解决执法领域存在的各种问题。

（1）要强化执法人员的严格执法观念。国家行政执法机关、司法机

关，都是实施法律的机关。必须牢固确立起法律至上至高至尊的观念。在我国，法律面前人人平等，在一切地区和范围内，一切合法的权利都必须一视同仁地加以保护；一切违法犯罪行为都必须依法严加追究惩处。执法人员要有忠诚法律、捍卫法律的崇高敬业精神，坚决抵制来自各个方面"说情风"的干扰和压力，防止"法律软化"现象，自觉维护社会主义法制的尊严。

（2）要坚持司法机关依法独立行使职权的原则。每一个共产党员，尤其是领导干部都必须模范地遵守法律。任何人、任何组织都不得以任何形式干预执法司法。各级执法机关要严格执法，严格依法办事。要保证检察机关、审判机关独立行使检察权和审判权。必须按《检察官法》《法官法》的要求，保证司法机关独立依法司法。检察官、法官是专业性和政治性要求很高的法制工作者，严禁随意向司法系统"塞人"或强令要求接受。各级法院、检察院工作人员必须公正廉洁，严守纪律，自觉维护国家司法机关的形象。

（3）要坚决反对执法机关参与搞不正当的经营活动或变相从事"创收"活动。执法机关执法的出发点和归宿，只能是人民利益和法律的尊严。地方利益、部门好处、单位实惠绝不应成为执法活动的驱动力。要提高执法机关的地位，保证执法机关的经费，提高执法人员的待遇。要采取切实有效措施将罚没款收支两条线分开，罚没款要全部如数上缴国库，不容许以任何形式与执法机关的利益挂钩，坚决克服以罚代法的不良现象。

（4）要建立健全执法监督机制和对执法违法的追究赔偿制度。我国已建立比较齐全的完整的监督机制，它包括权力机关的监督制度；专门机构的法律监督制度；群众监督制度；司法、执法机关上下监督制度以及国家赔偿制度。加强法制建设，必须进一步落实执法监督机制和执法责任制。当前，应以《行政诉讼法》《国家赔偿法》和即将实施的《行政处罚法》的学习和贯彻为契机，层层落实各级执法机关执法人员的责任制，尽量避免和减少执法机关"吃官司""当被告"等事件，以维护执法机关的良好形象。

（五）加强和改善党对法治建设的领导

（1）加强党对法制建设工作的领导，就必须把法制建设工作列入党委中心工作和议事日程。按照党章的有关规定，党必须善于把自己的主张经过法定程序变成国家意志，通过法律实施来变成全社会全体人民的自觉行动。加强法制建设，将更有利于党的路线、方针、政策变成全国人民的行动指南，有利于加强党在国家政治生活中的地位。各级党组织要把保证法律、法规在本地区、本部门的贯彻实施作为一项重要工作，负起应有的领导责任，认真扎实地抓紧抓好。

（2）加强和改善党对法律建设的领导，就必须更加重视人大工作。各级人大及常委会在社会主义法制建设中肩负着十分繁重和重要的使命，享有地方立法权的省、市人大常委会更负有艰巨的立法工作。因此，必须加强和改善党对人大工作的领导，支持人大的工作。一方面，党委要重视人大的建议，严格按照法律程序办事，支持人大依法行使权力机关的职能。另一方面，必须强调人大党组织要建立和健全向同级党委的请示报告制度，人大的立法规划和重大活动必须由人大党组事先请示，以便在党的领导下更加积极有效地推进民主法制建设。

（3）加强和改善党对法制建设的领导，就是要充分发挥人大、政府在各项工作中的应有作用，各司其职。社会主义法制建设是一项全面的综合性社会工程，光靠一方的努力是远远不够的，必须是党委、人大、政府和社会各界相互配合、共同努力，形成合力，心往一处想、劲往一处使，才能踏踏实实、有条不紊地把社会主义法制建设推向前进。

（4）加强法制建设，实行依法治省，一个重要内容和目标，就是更好地加强和改善党的自身建设。要正确认识和处理好加强党的领导和加强法制建设的关系，各级党组织要把保证国家法律、法规和地方性法规在本地区的全面实施，保证政府机关依法行政，司法机关独立行使审判权、检察权，杜绝各种形式的非法干预，作为新时期党的领导和党的建设的重要内容。各级党委要切实加强对法律法规实施工作的领导，认真研究本地区执法、司法工作中出现的新情况、新问题，针对执法工作中的热点、难点和薄弱环节，提出改进措施。

（5）加强和改善党对法制建设的领导，还必须不断改进领导方法，提高领导艺术和领导水平。贯彻依法治国，实行依法治省，一个重要环节，就是要在领导方法上实现由过去主要依靠政策向主要依靠法律转变。要逐步改变以往那种一靠文件、二靠指示、三靠领导讲话来布置、安排工作的旧习惯，养成主要地依照国家法律和法规以及地方性法规来开展工作。各级领导干部要在努力学习和掌握建设有中国特色社会主义理论的同时，努力学习法律知识和其他科学知识，努力提高运用法律手段管理经济、管理社会的本领。要努力学会运用法律来规范和引导市场经济的运行，学会运用法律来处理各种社会问题和社会矛盾，学会把依法决策、依法行政与科学决策、民主决策更好地结合起来，不断提高各级干部的领导水平和领导艺术。

（六）积极探索新形势下加强法制建设的新途径新办法

贯彻落实依法治国，建设社会主义法制国家的方针，实行依法治省，对我们来说，是一项富有创造性的全新事业。我们要以开拓创新、积极进取的精神，认真总结经验，努力探索新形势下加强法制建设的新途径新办法。改革开放以来，经过"一五""二五"两次普法教育，浙江省的社会主义法制建设取得了很大的成就，积累了不少成功的经验，有些经验还在全国引起了反响。如省人大及党委会在抓地方立法工作的同时，十分重视法律监督工作，推行了以"两项评议"为主要内容的执法监督形式，这一做法得到了全国人大的肯定；省政法机关在执法队伍中普遍建立和实施了执法责任制，以保证严格执法，收到了明显的成效；司法机关在开展综合治理、依法治市、依法治县以及普法教育活动方面，也形成了一些有特色的经验。所有这些在法制建设实践中创造的新鲜经验，都要认真总结和推广，并不断予以完善，以推动浙江省法制建设不断取得新进展。

关于把开化根雕艺术打造成
浙江省金名片的建议[*]

开化根雕业的崛起和发展，使浙江省的传统"三雕"工艺（东阳木雕、乐清黄杨木雕、青田石雕）演化为"四雕"。根雕艺术因其精妙的雕刻工艺和具象的形态艺术以及厚重的文化底蕴，展现着独特的审美价值，具有强盛的艺术生命力，亦被称为"国之瑰宝"。同时，也因其取材于腐木而表现出"化腐朽为神奇"的生态发展效应，使根雕艺术更有着无穷的生命。浙江省开化根雕艺术早已遐迩闻名。近年来发展状况如何？未来前景怎样？省市县各级政府及社会各界能帮助做些什么？带着这些问题，笔者于2018年10月，走访了开化县有关部门，调研了开化根雕艺术园区的发展状况。笔者深为根雕艺术园区的发展规模、气势和未来良好前景而鼓舞，认为加快建好开化根雕艺术园区，对高质量推进全省"大花园"建设和文化旅游产业发展，聚力打造"诗画浙江""文化浙江"，有着独特的重要意义。

为此，笔者就如何加快把开化根雕艺术园打造成我省大花园建设和文旅产业发展的金名片，提出了一些政策和工作建议。

一　开化根雕艺术园的发展现状及优势

开化根雕历史源远流长，可追溯到唐武德四年（621年）。但真正将

---

* 这是来自当地实践发展要求的调研报告，受到浙江省委省政府诸多领导关注和批示，省委省政府诸多部门落实批示精神，采取诸多举措支持开化根雕艺术园的新发展。

开化根雕发扬光大，并使之成为浙江"第四雕"的，则是徐氏根雕传人、中国工艺美术协会根雕专业委员会主任、首批浙江工匠、浙江省传统工艺领军人物徐谷青先生。

1991年，徐谷青创办了开化根雕厂。他博采众长，推陈出新，不断拓展根艺题材品种和发展空间。目前开化已形成了以徐氏根艺为主的根雕艺术创作群体。1997年徐谷青先生注册了"醉根"商标，2001年开化县被中国经济林协会授予"中国根雕艺术之乡"。

在开化县委县政府大力支持下，开化根雕艺术事业和根艺园区有了较大发展，如今已是国内规模最大、品种最多、影响力最强的根雕基地，并初步形成了独特的优势，走出了根艺与旅游互为促进的发展道路。其主要特点如下。

（一）致力于与中国传统文化相映生辉

根雕是一种艺术形式和载体，其灵魂是反映什么思想、承载什么文化。精湛的根雕艺术与积极的文化内容有机结合，才是根雕业健康发展的康庄大道。

20多年来，开化根雕艺术园区实施了三期较大规模的景观开发。

2007年，一期景观正式开园。园内有佛门祥光、云湖禅心、古木同春、青梅园、十二生肖文化长廊等景点。一期景观的艺术主题带有综合多元的特点。

2010年，二期景观开园。主要景点有佛教文化根雕艺术博物馆，如大雄宝殿、五百罗汉根雕、醉根宝塔、醉根山房等。二期景观艺术主题突出了佛教文化，故以"根宫佛国"统称根雕艺术园。

2014年启动了总投资近30亿元的三期景观工程。主要景点有华夏文化根雕艺术博物馆、中国根雕博物馆等。已先后投资9.7亿元人民币。目前，华夏文化根雕艺术博物馆、童趣园、工匠文化园等景观即将建成开放。第三期景观艺术的最大特点，是以中华传统文化为核心，以"根艺"载中华"文道"，通过根雕艺术穿越古今，展示丰富深厚的中华文明，传播中华文化的正能量。

预计三期主体景观将于2018年底左右陆续建成并正式对外开放。

（二）致力于企业市场化运作与政府服务管理的结合

开化根雕艺术园区的正式名称，是"开化根宫佛国文化旅游区"。目前主要有一个开发经营主体即衢州醉根艺品有限公司，政府管理机构则是开化根宫佛国文化旅游区管委会（同时还加挂了根缘小镇管委会和钱江源省级旅游度假区管委会的牌子）。

衢州醉根艺品有限公司是一个公私混合型的股份制公司，由创始人徐谷青和开化县国资委下属文化旅游发展有限公司共同持有股份，比例约为70%和30%。现有员工800余名，专业技术人员200余名，下辖有衢州醉根酒店有限公司、开化根博园旅行社有限公司等十来个全资子公司。1997年注册的"醉根"品牌，是中国根艺第一个品牌，现已打造成了浙江省传统民间工艺保护名品、浙江省非物质文化遗产、浙江省著名商标、浙江省知名商号、浙江省名牌产品、中国驰名商标。该公司先后开发出根艺品类200余种，年生产各类根雕艺品20万件（套），是目前国内规模最大的根雕艺术创作基地。

衢州醉根艺品有限公司负责整个根雕艺术园区的开发建设和经营，是园区市场化运行的主体。而开化根宫佛国文化旅游区管委会，则是县政府派出机构，主要行使政府的管理服务职能。

由于根雕艺术是该园区或者说是该文化旅游区的支柱特色，衢州醉根艺品有限公司是该园区主控性的开发经营主体，从而形成了企业主体、政府服务、市场主导、社会参与的经营管理体制，具有责权利明晰、经营管理高效的体制优势。

（三）致力于根雕艺术与文化旅游的融合

开化根雕艺术园区在致力于开发根雕业的同时，着力发展文化旅游产业，坚持"根艺文化＋旅游"的发展理念，使两者相融相生，相互促进。

园区早在2001年就开始探索走根艺与旅游业的融合发展之路。

首先，根雕艺术品在突出艺术品位的前提下，从主题内容、空间布局到品种开发、造型设计，都兼顾到了旅游市场的需要。

其次，开发建设项目的配套设施与旅游业接轨，符合旅游业标准。各类设施建设功能齐全，标识标牌、交通、卫生、餐饮、游客中心、购物中心等服务体系，布局合理，并与国际化标准对接。同时，还注重旅游区整体景观及人文内涵相协调，具有鲜明的旅游区个性化特色。开发建设的名家创作基地慧根居，商务会务活动的醉根茶楼，钱江源特色餐饮的醉根坊，以及展销醉根艺品、醉根农产品、旅游工艺品的旅游购物中心，都突出了文化旅游功能。作为世界上唯一以根艺文化为主题的酒店——醉根山房，也于 2015 年正式开张营业。

最后，积极创建旅游品牌。2013 年根宫佛国旅游区由国家 4A 级景区晋升为国家 5A 级景区。

据统计，2017 年整个园区（公司）营业总收入为 0. 8016 亿元，2017 年来园区参观旅游达 90. 06 万人次。预计 2018 年可达到 110 万人次，旅游营业收入达到 1. 2 亿元。

总的来看，根艺文化与旅游业融合发展，方向是对路的，前景也是可观的。

（四）致力于国内外文化资源的整合

目前，衢州醉根艺品有限公司已发展成为一家集生产销售根雕艺品、休闲旅游、酒店餐饮、养老产业、房产开发、文化创意、园林古建、特色装潢、城雕创作、民间工艺美术研究于一体的综合型企业集团。它是国内根艺规模最大的一家特色文化企业，也是国家 5A 级旅游景区、国家文化产业示范基地和国家生态文明教育基地。

开化根雕艺术园区（旅游区）积极开展各类文化活动，以扩大影响，增强国内外相关资源的整合能力。园区充分运用其独特的社会文化功能，不仅是中国雕塑院根雕创作实践基地，而且还建有中国诗歌创作基地、民间文艺家采风基地。多年来，先后举办了六届中国根雕艺术文化节、三届中国诗歌万里行采风活动、四届"醉根杯"中国根雕现场创作大赛、四届醉根诗会、"我有匠心"首届根缘小镇开化根雕邀请赛等全国性大型文化艺术活动，还成功举办了"一带一路"国际根艺文化交流周活动，初步建立了根雕文化交流、技艺创新的合作平台。

与此同时，开化根缘小镇成功申请建立了中国工艺美术协会根雕专业委员会，并永久落户开化，为根雕文化交流平台发展提供了专业性支撑。

（五）致力于创建"根缘"特色小镇

2015 年，按照省创建特色小镇有关要求，依托根雕产业基础，开化县规划建设根缘小镇，并成功入选省首批 37 家特色小镇创建名单。经考核获市级排名第一，被评为市级考核优秀单位和示范小镇。

根缘小镇控制性详细规划获评 2015 年度全省优秀城乡规划项目三等奖，全省仅有两家特色小镇入选该奖项。2015 年度争取省用地指标保障 519 亩，2016 年获批省财政建设专项资金 1.2 亿元，获市级奖励资金 200 万元，获银行融资 4.5 亿元。

通过创建根缘特色小镇，一方面获得了省市相关政策的支持，另一方面又促使园区发展更有品位和规范，发展空间得到拓展，同时也带动了周边区域的协调发展。

（六）致力于打响根艺品牌

衢州醉根艺品有限公司注册的"醉根"品牌，是中国根艺第一个经营性品牌。经过培育，已打造成为浙江省传统民间工艺的保护名品、浙江省非物质文化遗产、浙江省著名商标、浙江省知名商号、浙江省名牌产品、中国驰名商标。

衢州醉根艺品有限公司先后开发出根艺品类 200 余种，年生产各类根雕艺品 20 万件（套），是目前国内规模最大的根雕艺术创作基地。

整个根雕艺术文化旅游园区占地面积 3.03 平方公里，目前已建成 1 平方公里左右，尚有较大发展空间。此外，开化根雕艺术园还实施"雕刻一件作品，种下三棵树"的做法，使根雕艺术深深扎根于可持续发展之中。

二 开化根雕艺术园发展前景初步设想

总体上讲，开化根雕艺术园区已成为国际国内规模最大的根雕艺术品的创作、营销、展示、交流中心，也是根艺人才、根材储备最为集聚的中心；开化根雕艺术驰名中外，初步打响了"世界根雕看中国，中国根雕看开化"的口碑；是目前国内和世界上唯一的以根雕文化为主题的旅游区。

可以说，开化根雕艺术园区已初步累积了在更高层次上谋求新发展的资源和优势，发展前景是广阔的。通过调研，笔者认为，以第三期景观工程基本建成和投入使用为标志，开化根雕艺术园区（旅游区）已进入了一个新阶段：主要由量的规模扩张向质的提升转变，今后应走整合资源的特色精品发展之路，未来可考虑重点打造"五个中心"。

（一）打造国内外根艺作品的市场交易中心

继续联手中国工艺美术协会根雕专业委员会等国内外有关组织，推动形成根雕作品的资质、价格评估体系和市场供需交易机制的创新，重点培育以衢州醉根艺品有限公司等一批市场交易主体，加大国内外招商力度，提供线上线下良好的市场交易平台，创造优质宽松、交易成本低的服务环境，下功夫把开化根雕艺术园办成国内外知名的根雕作品集散、展示、流转、交易的市场集聚地，形成国内国际高度认可的根雕作品的市场交易中心。

（二）打造国内外根艺作品的创作交流中心

以"一节一赛一周"（中国根雕艺术文化节、"醉根杯"中国根雕现场创作大赛和"一带一路"国际根艺文化交流周）为主平台，采取更优惠政策，引导全球根艺创作人才会聚开化。可考虑年年举办根雕艺术节会活动，一年重点办好中国根雕艺术文化节暨"醉根杯"中国根雕现场创作大赛活动，另一年则重点办好"一带一路"国际根艺作品展活动，从而集聚人气，提升影响力，同时也可同步开展交流展示和拍卖交易活动。通过举办一年一度的国际国内两大节会平台，逐步把开化根雕艺术园区打造成具有国际影响力的根艺创作、交流中心。

（三）打造国内外根艺文化的教育培训中心

根雕艺术文化的培训教育，既是培养人才的需要，也有助于拓展产业链，而且市场潜力很大。可聚焦"保护传统根雕工艺、传承根雕文化、创新根雕技艺"三大主题，以普及根雕艺术文化和培养初中级根艺人才为特色，借助于中国工艺美术协会根雕专业委员会等社会团体、中国美术学院等高等院校以及开化本土根雕大师等人才力量，建立根雕工艺学校，培养多元化根雕人才。待以中华传统文化为主题的第三期建成开放后，也可作为大、中、小学的爱国主义、中华传统文化的教育基地。通过多种形式，努力打造具有影响力的根艺教育培训中心。

（四）打造国内外根艺的研发创新中心

虽说根雕属传统性工艺，但它的生命张力同样离不开创新，而且需要不断总结提高，使经验性的工艺上升为工艺艺术理论。开化根雕艺术要加强研发和创新，力争占据国内外根雕艺术的前沿，引领根雕行业创新发展。为此，可考虑与中国美院等省内外大专院校合作，专设根雕艺术研究院，开设根雕艺术研究专业，培养根雕艺术硕士、博士研究生；鼓励徐谷青等艺术名家著书立说，招收硕士、博士研究生；办好专业刊物；定期或不定期举办学术研讨会；引进杰出的根艺人才和专业团队等途径，积极创造条件，努力形成具有重要影响力的根艺研发创新中心。

（五）打造国内外以根艺为特色的文化旅游中心

开化根雕艺术的重要特色和优势，就是把根雕艺术与文化旅游相结合，着力做好根雕艺术＋文化旅游的文章，这也是未来提升市场化和产业化水平的基本方向。为此，要继续聚焦根雕工艺和旅游这两大核心元素，打造国家级工艺文化旅游中心。同时，还可尽力联动开发利用生态旅游等资源，形成县域市域省域相通相连的旅游网络，为浙江省"大花园"建设和文旅产业发展打造一个富有特色的大亮点。

三 开化根雕艺术园现阶段的发展难题

开化根雕艺术园区要打造上述"五大中心",虽有基础和优势,但仍需长期艰苦努力,而且目前还存在着诸多发展难题。

(一)发展目标定位有待进一步提升

开化根雕艺术园目前正处于由数量规模扩张向质量精品、由开发建设向产业经营、由创特色向创品牌转型的时期。因而对当前和未来发展目标需要更精确定位,经营模式需要调整创新,理念思路也需要拓展完善,尤其需要明确新的发展战略目标和着力提高市场化运营水平。

(二)产业融资体系有待进一步扩宽

开化根雕艺术园要进一步做大做强,实现可持续发展,离不开资本市场的支撑。目前,开化根雕产业的融资市场尚不成熟,产品资质和价值评估体系尚未破题,市场供需尚不稳定。如何实现根艺作品的标准化资质认定和价值评估,将其静态资产转化为流动性资本,如何借助市场化、证券化模式将园区中大量的根雕艺术作品盘活以支撑未来良性发展,是当前开化根雕产业发展中面临的一个主要难题。

(三)产业链延展有待进一步深化

开化根雕产业坚持"文化 + 旅游"的融合性发展模式,成功打造了根宫佛国文化旅游区,但其产业链条延展度还不够深入,缺乏创新性商业模式而使游客和景区之间的黏合性不够强。景区能否引进网红式旅游业态产品,将现代文化元素融入传统艺术型景区,以及如何将县域市域省域范围内的相关产业和旅游资源串珠成链,能否引进专业化运营管理团队等,这些都是需要深入谋划的经营性难题。

(四)产业政策扶持尚需进一步精准聚焦

在整个文化产业中,根雕艺术属于小众文化,因而在产业、政策扶持上局限性较大。在根艺人才的培养扶持方面，尤其是省级、国家级工艺美术大师及高级职称人才的评定方面，还需加大倾斜力度；在产业资金支持上，需要文化产业和旅游产业的双向支持；在景观建筑、仿古建筑和相应的安防等方面，目前还缺乏针对性强的行业标准的支持。

（五）景区知名度有待进一步提升

开化根雕在国内外根雕行业内享有较高的声誉。2001 年被授予"中国根雕艺术之乡"称号，2016 年中国工艺美术协会根雕专业委员会永久落户开化。但在整个文旅产业领域和社会知名度上，开化根雕艺术园作为重要旅游景点，其影响力有待进一步提升，宣传营销力度也需要加强。

四 加快开化根雕艺术园发展的若干建议

根据开化根雕艺术园区存在的发展难题和下一步打造"五大中心"的需要，笔者认为，省市县各级政府部门应继续予以关心支持，并切实加大政策和工作力度，尽快把开化根雕艺术园打造成浙江省"大花园"建设和文旅产业发展的一个新亮点、一张金名片。为此，笔者提出以下若干政策和工作建议，供有关职能部门参考。

（一）省市县联手专题研究谋划整体发展规划

建议将开化根雕艺术园区的发展上升为县市省政府共同推动的层面上来谋划布局，进一步提升各级政府对开化根雕艺术园的重视程度，把它作为浙江省"大花园"建设和文旅产业发展的一个重要节点亮点。建议由省发改委牵头，经信委、旅游局、文化厅等部门共同参与，组织开展一次联合调研和讨论，指导其提出更明确可行的发展目标和规划。

与此同时，考虑到第三期项目以中华文化为主题以及未来根艺园区发展的需要，原来基于二期项目主题而命名的"根宫佛国"（"开化根宫佛国文化旅游区"）已无法涵盖整个园区的内容，建议重新命名为"中国（或类似其他的）根雕艺术文化园（旅游区）"之类的名称，以提升规格和品位，为更广阔、更高层面上的发展创造条件。

（二）省市县联手出台专项政策

建议各级政府把根雕产业发展上升至文旅产业发展的重点模块加以支持，可考虑省经信委、财政厅、文化厅、旅游局以及相关的产业主管部门更有针对性地出台支持根雕产业发展的专项政策，在税收补贴、专项资金补助、建筑用地指标等方面给予支持。

（三）省市县联手加大对大师名师和根艺人才培育扶持力度

根雕艺术的生命在于根艺人才。开化根雕艺术的开创者和灵魂人物是徐谷青大师，就其根艺专业水准、作品业内外影响力和行业发展的贡献，以及评定资格条件等方面讲，他具备了参评国家级工艺大师的良好条件，建议省有关部门重点支持徐谷青参与国家级工艺大师的资质评定。要进一步完善根雕艺术领域人才的引入机制，强化相关人才培养的扶持力度，建议相关部门出台根雕艺术领域专项人才引进通道和人才培养计划。

（四）省市县联手加强对根艺品牌的宣传推介力度

鉴于开化根雕艺术园自身力量有限，为进一步提升其知名度和影响力，建议各级宣传文化主管部门牵头组织根雕艺术（包括项目、作品、人物、品牌、节会活动等）的宣传推介活动（可在一年一度的节会期间进行），强化对开化根雕艺术文化旅游区的宣传营销力度，支持开化县政府和中国工艺美术协会根雕专业委员会组织召开全国性的根雕艺术展览会。

（五）省市县联手帮助拓宽金融（资本）支持渠道

为拓宽根雕产业的融资渠道，搭建银企对接合作平台，建议相关政府主管部门帮助建立与金融机构之间的沟通协调机制，促进金融机构与开化根雕艺术园的广泛合作，加快开化根雕艺术园（公司）上市步伐，可考虑将开化根雕艺术园（公司）纳入"凤凰计划"培育范围，给予重点支持。

（六）政企与院校合作共建根艺教育培训平台

建议中国美院、中国工艺美术协会根雕专业委员会、开化根雕艺术园以及地方政府深度合作，建立根雕艺术教育培训学校，为开化根雕业和国内外根艺界提供持续的人才供给，同时也为相关美院提供良好的学习实践舞台。

总之，开化根雕业的崛起和发展，对浙江省传统工艺进步是有历史性意义的。目前，开化根雕业正面临转型升级，又一次迈向新的发展平台的关键时期，需要省市县共同指导和引领其健康发展，以形成合力，共同把开化根雕艺术园打造成浙江省"大花园"建设和文旅产业发展的又一张金名片。

（调研组人员：王永昌，浙江省委党校高端智库专家，浙江大学讲座教授，省人大常委会原主任；郑仓元，浙江省委党校原副校长、教授；耿志云，浙江省经信委工业与信息化研究院研究人员）

关于县（市）委怎样领导经济
工作的调研报告[*]

前不久，笔者到浙江的长兴、富阳、鹿城、瓯海、丽水、缙云、义乌、鄞县和慈溪等 10 余个县市，就县委如何领导经济建设问题召开座谈会，做了些调查，并分别听取 6 位县（市）委书记、5 位县（市）长的有关情况介绍和他们的实践体会。现将有关情况综合如下。

一　县委实现对经济工作领导的重要性

随着党的工作重心的转移，各级地方党委以经济建设为中心的意识不断强化，党委在经济建设中的领导地位进一步明确，抓经济建设的自觉性也明显增强。但是，地方党委怎样实现对经济建设的有效领导、抓好经济工作，仍是一个在理论和实践上都迫切需要探索的大问题。

所接触的县市委领导都一致认为，实现县委对经济工作的领导，从根本上说是由我们党的性质、使命和党的基本路线所决定的。正如小平同志反复指出的：一个真正的马克思主义政党在执政以后，一定要致力于经济建设，发展社会生产力。长兴县委书记茅临生、丽水市委书记张福新说，我们党的工作是不是以经济建设为中心，党会不会领导经济建设，能不能掌握经济工作的主动权，事关党的威信和执政地位，事关党

* 本文是王永昌在中共中央政策研究室工作期间的调研报告并在《参阅资料》1992 年 9 月的试刊第 119 期上刊发。

的前途和命运，事关社会主义制度的巩固和吸引力。因此，我们要站在共产党和社会主义事业生死存亡的高度，来深化党对经济工作领导的认识，切实加强和改进党对经济建设的领导。有的同志指出，长期以来，对我们党能不能领导经济建设，国际国内都有不少人持怀疑态度；而有些不怀好意的人或抓住党在历史上的某些失误，或借批评旧体制的弊端，妄图否定党对经济工作的领导；在国际政治格局发生重大变化、国际斗争越来越表现为经济和科技实力以及以此为基础的综合国力的竞争与较量的新形势下，切实抓好经济工作，尽快把我国经济搞上去，无疑是新时期党所面临的一个最大考验。

实现县委对经济工作领导的重要性，不但取决于党和社会主义事业向前发展以及国内外新形势发展的客观要求，而且也是由县级经济发展的特点所决定的。鄞州区区长金海腾认为，县是城市和乡村、宏观和微观、上层领导和基层领导的接合部，县的行政管理和经济管理的功能都是比较完整的。全国几千个县，其地域分布、经济、文化、自然条件等方面都具有极大的差异性，中央和上级难以给予及时、具体的指导。这就决定了县的工作具有较强的独立性、综合性和具体性。特别是经过这十多年的改革开放和经济发展，像我们这些经济较为发达的县市，已形成了既不同于以大中型企业为主的城市经济，又不同于以粮食生产为主的农村经济的"县域经济"。这种经济以乡镇企业为主干，是城市经济和农村经济、宏观经济和微观经济、行政性区域和经济性区域（小范围的区域经济）的混合体，具有许多独特的经济运行特点。他认为，县级经济是整个国民经济的基础，而县域经济是在我国目前政治、经济体制下必然要出现的客观现象和发展趋势。因此，县委、县政府在组织、管理和调控经济活动方面是可以大有作为的；县委如何实现对"县域经济"的领导更是大有讲究的。

原缙云县委书记、现丽水地区副专员李林访认为，目前我国多数县正由粮食经济向农工商贸一体化的综合经济、产品经济向商品经济和市场经济、封闭型经济向外向型经济转变，政府管理经济的体制和职能也处于重大变革的转换时期，在这个过渡阶段，县委、县政府怎样实现对经济工作的领导，就显得特别重要。

县委书记们颇有感触地说，作为执政党，地方党委特别是县委在经济建设中处于核心的领导地位，要牢牢掌握经济工作的领导权，这一点必须明确，决不能含糊，决不能削弱，而必须加强和完善。做到这一点，是保证共产党的执政地位、坚持党的基本路线一百年不动摇的一个关键性环节。至于地方党委、县委如何抓经济工作，怎样实现对经济建设的领导，则是需要全党上下结合新形势认真去做，而且必须做好不能做坏的一篇大文章。

二　县委领导经济工作的基本方式

县委实现对经济建设的领导，其形式、途径和方法是多种多样、千差万别的，但从县委书记和县长们介绍的情况看，也有不少共同的地方。概括起来，浙江长兴等十县市委抓经济工作、实现党对经济建设领导、驾驭经济工作主动权的基本途径和方式，主要有以下几个方面。

（1）从宏观上把握方向，使县域经济建设沿着有中国特色的社会主义道路健康发展。把握经济建设的发展方向，是县委的最重要职责，也是县委实现经济建设领导权的基本环节。怎样把握好一个县市经济发展的方向呢？一些县委书记、县长们认为，主要抓四条：一是抓党的基本路线的贯彻落实，紧紧抓住经济建设不放，防止偏离党的工作中心，排除"左"、右干扰；二是坚持两个文明一起抓；三是保证党和国家以及上级领导部门的基本方针和政策的贯彻落实；四是从本地实际出发，把握公有制、按劳分配为主体的社会主义发展方向，提倡共同富裕。

（2）抓基本思路，使县域经济朝着切实可行的目标发展。县市委能不能提出符合本地实际的经济发展思路，制定切实可行的经济和社会发展战略和目标，不但关系到县域经济的发展方向和发展成效，而且直接关系到县市委的威信，关系到县市委能不能掌握经济工作全局的大事。在调查中，县市委领导普遍认为，他们上任后首先要抓的大事，就是从本地实际出发，提出该县市经济发展的基本思路，制定县域经济的发展战略和规划，确定本县经济建设的基本蓝图和目标，以此统一各套班子的思想认识，动员、组织政府各部门和广大党员、人民群众去努力奋斗。

在确定发展思路方面，县市委主要抓好五项工作：一是了解和把握国际国内经济发展的大趋势；二是了解、掌握党和国家以及上级部门一系列方针政策，特别是各种经济政策；三是学习外地发展经济的有效做法和经验；四是深入调查研究，认识本地经济发展所处阶段、主要矛盾和优劣势，掌握本地经济发展特点和规律；五是找出发展本地经济的路子，确定具有本地特色的经济发展的战略目标和基本措施，并调动一切力量加以贯彻落实。

（3）抓改革开放，不断解放和发展生产力。改革开放是当代中国经济发展的必由之路。只有坚持和深化改革开放，不断解放和发展生产力，县市委才能驾驭领导经济工作的主动权。义乌市长毛光烈说，经济工作可谓千头万绪，但我们市委、市政府总起来说就抓三条，一是抓改革开放，二是抓发展思路，三是抓市场。其中核心的是抓实、抓好改革开放。有的县委书记认为，在改革开放的年代，县委如果不抓改革开放，实际上等于放弃了经济工作的领导权。把中央、上级和外地的改革开放政策同本地实际相结合，创造性地制定本地各行各业改革开放的"第三种政策"（即本县市政策，以区别于"上面政策"和"外地政策"），是抓好改革开放的关键所在。富阳县委领导指出，人的积极性要调动起来，经济要不断有新的发展，最主要的是靠制定和推出各种正确的经济政策。我们富阳这些年经济发展不断迈上新台阶，就是主要靠制定了七大类的数百条政策和措施。在交谈中，几乎每个县市领导都深有体会地说，抓好改革开放，制定本地放开搞活的政策，从而不断为县域经济发展注入新活力，这是我们县市委实现对经济工作领导的关键环节或说基本经验。

（4）抓市场，使县域经济按客观规律健康发展。县市委要领导好经济工作并想取得主动权，就必须注意掌握和运用经济发展的客观规律。丽水地区副专员李林访、义乌市长毛光烈说，一个县市经济上不上得去，不是靠行政长官的意志，而主要取决于县市委是否或者说在多大程度上按照客观经济规律办事。他们认为，按社会主义商品经济来认识、管理和发展县域经济，就从根本上按客观经济规律办事了。因此，党委和政府都要着力抓培育市场、管好市场、服务好市场，让企业找市场而不要找市长（县长），使广大劳动者、经营者在发展商品经济和市场经济的海洋中，较快地完成两个积累：资金积累和人的素质积累（提高）。从发展商品经济和改革开放的实践看，按客观经济规律办事，多数县市委注意处理好以下几个问题：一是市场和计划的关系，建立和健全市场体系；二是发展公有制经济和发展其他经济的关系，提倡和鼓励各种经济成分一起上；三是速度和效益的关系，力争上规模、上效益，注重发展效益好的"拳头经济"和规模经济；四是本地经济和外向型经济的关系，大力开拓和发展各种外向型经济；五是把握经济发展的周期性特点，不失时机推动经济建设上新台阶；六是利用经济发展的区域性特点，大力发展城镇经济，开办工业街、商品街、工业区和科技开发区；七是农业和工业的关系，大力发展开发性农业和乡镇企业；八是转变政府职能，加强宏观调控和服务功能，着重抓好交通、供电、通信、供水等基础设施建设，改善投资环境。此外，有些县市委领导还谈到要处理好上层建筑和经济基础的关系，认为这对经济发展也有特别重要的意义。

（5）抓科学决策，对经济领域中的重大问题，突出问题实施领导。县市委对经济工作不能抓得太细、太具体，主要应集中精力及时发现和研究经济发展中那些事关全局、事关长远的重大问题，并不失时机地做出科学决策。县市委抓经济决策，实际上就是对经济建设和经济活动的运行过程实行宏观指导和控制，对经济工作实行经常性的领导。要实现这种控制和领导，必须抓住经济工作的主要环节和主要矛盾。据县市领导的介绍，县市委抓经济决策，主要做好五个方面的工作：一是动员、组织各方面力量，贯彻落实中央和上级关于经济工作的路线、方针和政策；二是确定本地经济发展的指导思想、基本思路、中长期发展规划；三是围绕重大建设项目展开调查研究，广泛听取意见，做出评估和决策；四是对生产、流通、消费各个领域中突出的重大问题进行分析研究和决策；五是瞻前顾后，统揽全局，协调好局部利益和整体利益、眼前利益和长远利益的关系。县市委领导说，只有紧紧抓住经济发展中这些重大问题和关键环节进行科学决策，党委才能调控好经济发展，实现对经济工作的全局性领导。

（6）抓全面发展，为县域经济发展创造良好的社会环境。县域经济发展不是孤立的纯经济行为，而是涉及方方面面的有机整体。实现社会的全面进步，是建设有中国特色社会主义的重要特点，也是县市委领导经济工作的重要环节。有些县市委书记说，实行党政职能分开后，大量的经济工作主要是政府抓，而搞好社会的协调发展和全面进步，为经济发展提供良好的社会环境，正是县市委大有作为的地方，也是县市委抓经济工作的特点之一。据介绍，县市委主要从以下几个方面抓好社会的全面进步：一是抓舆论环境，造就有利于经济发展的气氛；二是抓思想政治工作和理想信念教育，为经济建设提供发展方向；三是抓精神文明建设，为经济建设和劳动者素质的提高提供精神动力和科技文化条件；四是抓社会治安，为经济建设创造稳定的社会环境；五是抓好党和政府等部门的自身建设，为经济建设提供组织保证。

（7）搞好组织协调，形成抓经济工作和促进经济发展的合力。一般说来，县市委除了对重大经济建设项目和突出经济问题实施直接决策外，更多的是依靠各级组织、各个部门的职能活动来实现对经济工作的调控和领导的。因此，搞好各组织、各部门之间的协调工作，是县市委领导经济工作十分重要的方式。不少县市委书记直率地说，就目前体制来说，要真正形成抓好经济工作的合力是很困难的，但县市委在各领导机关中处于核心地位，必须尽量把各部门组织成为以经济建设为中心的大合唱，才能掌握经济工作的主动权，较顺利地促进本县经济的发展。据介绍，县市委需要协调的内容很多，主要有：一是党委、人大、政府、政协、纪委这五套班子之间的关系；二是经济工作各部门之间、经济工作部门与非经济工作部门之间的关系；三是上级领导部门同本县各相关部门的关系；四是县级各部门同企业、经营单位之间的关系；五是党委系统部门和群团组织的关系；六是本县市同兄弟县市特别是有较多经济协作联系县市的关系。

（8）培养和使用好干部，为经济建设提供组织保证。党管干部是我党的一项重要原则。思想路线、政治路线确定之后，干部就是决定的因素。党的干部特别是各级领导干部，是党和政府等部门的一切活动的组织者、管理者和指导者。显然，县市委是通过各级干部实现对经济工作的领导的。一位县委书记说，经济工作的背后是人的工作，县委经济工作做得好不好，实际上取决于人的工作有没有做好，而干部工作是人的工作的核心。因此，县委要千方百计地培养、选择和使用好干部。这既是为经济建设提供有力的人才保证和组织保证，也是实现党对经济工作领导的重要手段。

（9）抓好党的自身建设，保证党的路线、方针、政策的贯彻落实和党对经济工作领导的实现。县市委能不能卓有成效地领导好县域经济建设，最根本的一条在于党的自身建设状况如何。要加强党对经济工作的领导，促进经济建设的顺利发展，必须不断加强和改善党的自身建设，增强党的战斗力和吸引力，充分发挥各级党组织的政治核心和战斗堡垒作用以及广大党员的先锋模范作用。结合经济建设搞好党的自身建设，多数县市委近期主要抓了以下几项工作：一是深入进行党的基本路线教育，强化经济建设的"中心意识"，提高党领导经济工作的自觉性；二是开展解放思想、更新观念的大讨论；三是抓党员和干部学习邓小平同志关于建设有中国特色社会主义的理论和方针政策，学习经济知识和科技知识，学习外地发展经济的成功经验，选派干部到经济较发达地区挂职锻炼；四是抓党员队伍和干部队伍的理想信念、反腐防变教育；五是抓转变领导作风，改进领导方法，加强调查研究，及时总结经验，发扬民主，密切党群关系，提倡敢于实践、敢于创造、敢于负责的精神，提高党的各级领导干部的事业心、责任心。

三　县委领导经济工作方面存在的几个问题

（1）有些县市委以经济建设为中心的意识和领导经济工作的自觉性还有待提高。同一些县市长的交谈中，不难听到他们对县市委和书记们抓经济工作不力的微词。有的县长说，讲起来县委是以经济建设为中心，但干起来只有政府在忙碌。据了解，有个县委开了10多次常委会，居然没有一次是研究经济工作的。

（2）地位上不明确。有些县市委领导反映，县市委无疑处于领导全县工作的核心地位，但是，县市委有没有直接的经济领导权，或者说在领导经济工作方面县市委是不是处于核心的地位？如果没有直接的经济领导权，怎能保证或实现县市委领导经济工作的核心地位？党章规定：

"党的领导主要是政治、思想和组织的领导。"县市委对经济建设实行政治、思想和组织的领导是不成问题的，但只有政治、思想和组织的领导而没有直接的经济领导权，很难体现党的工作以经济建设为中心和党在领导经济工作中的应有地位。有些县市委书记认为，在社会主义建设时期，对经济工作实行直接领导是执政党最关键、最基本、最重要的内容，我们党除实行政治、思想和组织领导外，还应该理直气壮地提出并实行经济领导权。

（3）认识上不一致。在党政分开和深化机构改革的新情况下，对党领导经济工作认识上还有些不一致，主要表现在两个问题上：一是党对经济工作的领导到底需要弱化还是强化？有个别同志认为，从改革开放和社会发展趋势看，党对经济工作的领导是越来越少、越来越弱化的。二是对"党政分开"存在不同理解。有的认为党委应只管政治、思想、组织工作，抓虚的；而政府应只管经济、财物，抓实的。有的认为"党只管党""党把自己管好就行"了，党委抓经济工作是"越权"。有位市委书记颇露难色地说：我们党委、书记抓经济工作重不得，轻不得；虚不得，实不得；多不得，少不得；急不得，慢不得，常常处于两难困境之中。

（4）职能上不规范。作为执政党当然要加强和领导好经济工作，但是党委怎样抓经济工作、如何实现对经济建设的领导，党委领导经济工作的基本职能、职责有哪些呢？现在没有一个比较统一的说法和规章。有的说地方党委领导经济工作的基本职能，主要是起政治、思想和组织保证的作用，即保证职能；有的说主要承担贯彻党的路线和经济方面的方针、政策以及对本地区重大经济问题做出决策的任务，即贯彻职能和决策职能；有的说主要是协调各个组织和部门的行动，共同为实现本地区经济发展目标而奋斗，即协调职能；还有的说主要是调查研究，总结经验，出主意想办法，监督、检查、协助政府抓好经济工作，即参谋、服务和监督职能。许多县市委领导希望中央对地方党委领导经济工作的基本职能和主要职责能有一个明确的、规范的规定。

（5）体制上不太顺。主要表现在五个方面：一是党委现行的领导体制、领导机构和领导力量，与担负领导经济工作的重任、职责不相配，因为党委没有专门分管经济工作的书记、常委和办事机构。二是党委和政府关系很难理顺，扯皮太多。书记和县长们一致认为，县市委对经济工作的领导，主要不是靠体制来保证的，而是取决于书记和县长的个人素质、个人关系。三是县市现行各部门及其职能，主要是根据 20 世纪五六十年代的经济和社会发展状况而设置和分工的，已远远不适应现在的实际需要了。四是现行省、地（市）、县主要是按照行政管理原则来设置和划分区域的，这在经济发达地区，特别是已形成区域化经济的地方，已暴露出不少弊端，不利于地方党委对当地经济工作的有效领导。有些县市领导建议全部撤掉现行地（市）建制，并按经济发展特点重新调整县（市）级的区域划分。

（6）干部素质上不适应。主要是多数干部特别是党委部门的干部，不太懂经济，缺乏管理和领导经济工作的知识。县市委多数成员不分管经济工作，不了解经济全局情况，讨论经济问题很少有发言权，影响了县市委对经济工作的科学决策和有效领导。各级干部的思想作风、工作作风和领导方法也有待改进。适应进一步改革开放和发展社会主义商品经济、市场经济的需要，尽快全面提高各级干部的素质特别是领导经济工作的素质、实现县市委班子由"党务型"向"经济型"转变（或说强化班子成员经济素质、班子里增加经济管理干部），对加强和改进县市委领导经济工作，已显得十分必要和迫切。

关于提高政协提案工作科学化水平的几点思考[*]

提案工作作为人民政协履行职能的一种重要方式，在推动我国经济、政治、文化、社会、生态建设等方面，都发挥着不可替代的作用。特别是随着社会主义民主政治建设的不断发展，提案工作作为一项全局性工作，地位明显上升，作用日益显著，形成了"党委重视、政府支持、各司其职、协调有序"的工作格局，各级政协组织在做好提案工作方面也积累了不少经验和做法。但随着形势的发展，提案工作与政协履行职能的要求相比，仍存在一定差距，主要是提案的质量问题。比如一般性提案多，高质量提案少；提案办理中重程序形式，轻推动工作；提案办理重答复、轻落实；提案服务工作被动应付多、主动创新少；等等。这些问题需要我们在今后的工作实践中不断研讨和改进。笔者认为，提案工作要适应新形势新要求，不断提高提案的质量和在政协履职中的重要作用，总的努力方向是要进一步提高提案工作的科学化水平。

科学化的本质是探索和掌握事物的发展规律，按内在规律办事。提案工作也有自身的内在规律。提案工作涉及政协履职的方方面面，是政协的一项全局性、基础性工作，涉及政协各个组织、各项活动、各位委员的活动；提案从提出、立案、办理到落实，涉及面广，办理过程长，有一个具有自身内在特点的过程；各级政协组织在几十年的提案工作实践中，已经形成了一些带有规律性和规则性制度及做法。这些都是提案

　＊　本文是王永昌在浙江省政协分管联系提案工作期间的一篇调研报告。

工作科学化的客观基础和成果表现。所谓提案工作的科学化，就是用科学理论指导提案工作，用科学态度认识提案工作，用科学制度保障提案工作，用科学方法推动提案工作。换句话说，我们要用科学发展观来指导提案工作，善于在实践中总结创新，积极探索提案工作的科学规律，找出提高提案质量、办理质量和服务质量中一些规律性东西，通过不断提高提案工作的科学化水平来全面促进提案工作的整体质量。

一　进一步提高提案内容的高质化水平

提高提案科学化水平，首先要科学认识提案工作的性质、地位和作用，正确把握提案工作的基本形势，找准进一步做好提案工作的主要矛盾和工作着力点。一是科学认识提案工作的地位和作用。提案是政协履行参政议政、民主监督、政治协商三大职能的重要形式；是坚持和完善多党合作和政治协商制度的重要载体，是协助党和政府实现科学执政，推进决策科学化、民主化的重要渠道；是反映社情民意、凝聚社会各方力量、保障公民有序政治参与、促进社会和谐的重要途径。做好提案工作，有利于中国共产党进一步加强同参加政协的各民主党派、人民团体的合作，有利于提高党委和政府的执政能力，有利于反映社情民意，更好地发挥政协的协商民主。因此，提案工作对政协组织和政协履职，对我国民主政治建设和经济社会发展来说，的确具有全局性意义。二是客观认识当前提案工作存在的主要问题。多年来，政协提案数量不断增多，质量不断提高，提案中许多有价值的意见建议受到党政部门的高度重视和积极采纳，产生了很好的经济效益和社会效益。但是从更高标准和要求来看，目前提案工作的主要矛盾和问题，是如何进一步提高提案的质量问题，也就是如何进一步推动提案工作由数量型向质量型转变的问题。事实上，现在有不少提案存在着空泛性、随意性、滞后性的现象，尤其在提案的前瞻性、针对性和实效性方面，在提案的选题、调研、论证、撰写等环节上，其质量都有待进一步提高。比如，有的提案是调研报告式的，把调研报告作为提案提交，提案中所涉问题很多，建议笼统综合，往往一条建议就涉及一个承办单位；有的提案是论文式的，对观点阐述和问题论述较多，对策建议则不具体，泛泛而谈，缺乏针对性；有的提案是滞后式的，所提问题落后于承办单位已开展的工作，失去提案办理的意义。因此，重视并提高提案质量已成为我们推进提案工作科学化的主要矛盾。三是科学处理提案质量与数量关系。民主要重形式、重程序，但更要重内容、重实质。提案是参政议政的主要渠道，更要重视和处理好数量与质量的关系。提案质量与数量是相辅相成的两个方面，提案数量反映着委员参政议政的热情，提案质量反映着参政议政的水平。因此，一方面要积极调动委员积极性，尊重委员提出提案、参政议政的权利；另一方面要提倡提案少而精，树立质量第一的意识，促进提案从数量型向质量型转变。四是适当提高立案的标准。要根据新形势发展和提案质量总体水平不断提升的趋势，总结和探讨立案的标准和条件，适当提升立案门槛。五是进一步抓好提案的选题工作。选题是提高提案质量的首要环节。一个好的选题是提高提案质量的前提。选题是否恰当，对于提案能否被党政部门采纳、能否产生经济效益和社会效益、能否发挥积极作用，关系重大。要继续坚持和完善提案选题征集制度，并将征集的提案选题及时寄送委员，使委员能围绕党政部门的工作中心，关注民心，找准题目，深入调研，提高提案的有效性和针对性。六是善于总结，积极探索提高提案质量的办法。综合各地经验，提高提案质量主要从以下六个方面入手：第一是宣传培训，加强对委员的引导和提案知识培训；第二是知情明政，为委员创造条件了解政情，提出更科学、更合理的提案；第三是为委员提供好的提案线索和选题；第四是加强与承办单位的沟通协调，使政协提案能与政府工作同频共振，多提一些承办单位想解决的问题；第五是抓好党派团体的集体提案，通过集体提案质量的提高来带动整体质量；第六是做好提案点评、评优和激励，从各个方面激励委员多提高质量、高水准的提案。

二　进一步提高提案运作的组织化水平

多年的实践证明，要使提案工作质量稳步提高，必须重视和发挥各方优势，提高提案工作的组织化水平，形成提案工作合力。一是充分发挥党派团体、专委会和界别组的特点和优势。要重视和发挥党派团体、专委会、界别组的专业优势、人才优势、组织优势，使他们成为提案选题的引导者，提案形成的组织者，提出高质量提案的主力军。党派团体、专委会、界别组在深入调查研究和严格程序基础上，以组织形式提出具有严肃性、科学性和可行性的集体提案，可以更好地发挥集体智慧和组织优势，确保提出更高质量的提案。二是发挥整个政协组织的优势力量，将提案工作融入政协各项工作之中。政协参政议政的形式多种多样，有专题协商、调研、视察等，提案则是将政协参政议政、民主协商、民主监督成果转化为向党委、政府提出意见建议的最佳途径之一。因此，我们要充分依靠政协组织，发挥政协各专委会、界别组的作用，积极将各项调研成果转化为提案，提高提案质量。对一些关注度高、人民群众反响强烈的提案，可以在调研的基础上形成政协组织的建议案。三是提倡形成年年有新拓展的系列提案。每个党派团体、政协各专委会、各界别小组所代表的社会阶层不同、所集聚的人才各有专业专工，这就为提出侧重点各有不同的提案创造了良好条件，大家可以发挥各自优势，就相关专题、相关问题不断深化调研、跟踪情况，通过调研—提出提案—办理提案—再调研—再提出提案的过程，对政府部门亟须解决和改进的问题提出系列提案，这样做，将有利于提高提案的针对性和实效性。四是提倡各相关专委会与相关厅局加强沟通协调。在办理提案过程中，也可以积极邀请各专委会、界别小组、委员参与提案的督办工作，促进提案办理质量的提高。五是建立提案办理工作队伍的网络体系。一支稳定的队伍是做好提案工作的前提，要加强同各办理部门的具体承办部门、承办人的工作联系和交流，促使承办单位有专人负责提案工作，完善办理制度，提高办理质量。六是可以尝试确定政协委员联络人。委员要提出一个较高质量的提案，需要付出很多劳动和时间，而委员往往是一个单位的领导和骨干，工作很忙，提案委要经常同他们沟通联系，这就有必要同一些委员商量确定具体的联络人，在调查研究、确定选题以及撰写提案时加强沟通和交流。

三　进一步提高提案办理的实效化水平

提案的科学化水平无疑要通过实际成效来体现。质量和实效是提案工作的生命，有了质量好的提案，必须要有好的办理实效来落实提案中的意见建议。因此，要把握好办理中的重点和关键环节，在办前、办中、办后做好各项工作，促进提案的落实。一是建立和完善领导亲自办理提案的制度。要把同级党委、政府领导批阅、领办提案、政协领导督办提案的做法坚持下来，并上升为制度保障。二是坚持分层次、突出重点的办理方式。提案办理一般可以通过三个层次来实施：第一是重点提案，由同级党政领导领办，同级政协主席、副主席督办；第二是各党派团体、专委会、界别组名义提出的集体提案，由各承办单位作为本部门重要提案来办理，并由主要领导领办；第三是其他提案由承办单位分管领导牵头领办。这种分层次办理的方式，目的就是选出一些能结合党委和政府工作重点、群众普遍关注的热点，找准有利于推动党委和政府工作的切入点、经过努力能办出成效的提案，通过党政领导阅批、领办，主席督办和政协专委会督办等方式，突出重点，加大办理力度，力争每年出一批办理成效好、社会影响大的提案，以重点促一般，带动整体提案办理质量的提高。三是搭建"提""办"双方交流的平台。提案办理工作是政协提案发挥作用、取得实效的关键环节。现在，各承办单位对政协提案的性质、地位、作用的认识不断提高，对提案办理工作日益重视，大部分承办单位都能积极主动地吸收采纳提案中的合理建议，将之作为决策参考和改进工作的依据。但我们也应看到，提案办理工作中还存在办理落实不力，联系沟通不够，重答复、轻落实等问题，委员反馈的实际满意率还是不高，各方面对办理成效也还存在着不同的认识。这就需要提案委员会将政协协商民主机制和方法运用到提案办理工作中，搭建起"提""办"双方沟通、协调的桥梁，实现双方的良性互动。如在办理中可以采取邀请委员共同调研、对部分共性较强的提案召开提案办理恳谈会等办法，请委员和相关单位的同志共同就提案中的意见建议进行探讨，以求得共识，推动工作。尤其要重点关注提案多、办理任务重的重点部门的提案办理情况，做好协调工作，充分调动办理部门的积极性。四是加强办理后的监督和"回头看"。民主评议和每年的提案"回头看"是对提案落实情况的监督和检查，也是促进提案承办单位提高落实率的较好方式之一。提案的办理要有一个过程，提案的落实更是一个动态的过程。通过提案"回头看"和民主评议活动，回头检查上一年度甚至前几年度的提案落实情况，就可以推动办理单位落实好提案的合理意见和建议，不断提高提案的实效化水平。五是关注提案办理结果反馈，正确分析提案办理结果。据了解，委员对提案办理结果的实际反馈率并不很高，这是一个应引起我们高度重视的问题。提案反映了社会不同阶层、不同群体的愿望和要求，但由于受到许多客观条件的限制，总会有一些意见建议得不到或暂时得不到采纳。有些委员对不采纳的就简单表示为不满意，这就有点简单片面地看问题了。我们从事提案工作的同志要认真分析委员不满意的原因，做好解释说服工作，既要通过委员评议反馈促进办理质量的提高，也要保护承办单位的工作积极性。但是对因承办单位敷衍了事而不满意的提案，必须督促承办单位重新办理，给委员一个满意的答复。六是定期召开提案办理工作经验交流会。政协可以会同政府相关部门，组织承办单位人员进行学习交流，相互借鉴办理经验，达到互相学习、共同促进的目的。

四　进一步提高提案工作的制度化水平

提案工作涉及面广、程序性强，环节多、要求高；提案工作是政协组织的一项日常性、经常性的基础性工作；长期实践中所形成的提案工作的好经验、好做法，等等，都必须上升为一些规范的、有序的规章制度，用科学的、规范的制度来保障提案工作，提高提案工作的质量。一是进一步完善提案审查程序，把好审查立案关。要充分发挥提案委员会委员的作用，增强提案审查力量，保证提案质量和确定承办单位的准确性。提高立案标准的目的是在尊重和保护委员参政议政积极性的基础上，通过进一步严格审查立案标准，促进提案质量的提高。在审查立案机制上我们还有很多地方可以创新、探讨，如能否在审查立案时邀请相关的委员、专家参加，对立案条件进行把关；能否建立一个质量评价标准体系，对提案质量进行评估，严把审查立案关。二是进一步完善党政领导阅批集体提案和领办重点提案制度。在坚持党政领导领办重点提案制度的基础上，要加强集体提案的督办，要提倡党政领导阅批集体提案和一些重点提案，并由承办单位一把手领办。三是进一步建立与承办部门、委员协调沟通机制。目前已形成了分层办理的机制，在此基础上，能否增强提案办理过程中提、办双方的交流沟通，在提案办理过程中多邀请委员参与调研，以提高委员与承办单位对问题的共识度。四是形成与党派团体的联席工作机制。可以由提案委牵头，请政府相关部门以及党派团体相关负责人参加，探讨提案的提出和办理问题。五是进一步完善提案办理的评价和反馈机制。要建立提案办理成效的评价标准，由委员对提案办理结果进行民主评议，推动办理质量的提高。要进一步完善提案办理跟踪落实和反馈机制，提倡每年向相关提案人通报上一年度的提案落实情况，使提案人能了解上一年度自己所提提案的办理落实情况，以避免提案办理"文来文往"的形式主义和委员的重复提案。六是在完善提案工作机制上实现新突破。建立公开透明通报制、考核奖励制，对委员撰写提案的数量和质量、承办单位办理提案的数量和效果进行考核，对于工作成绩突出的单位和个人进行表彰，为提出提案和办理提案注入"活力"。

五　进一步提高提案服务工作的优质化水平

提案服务工作贯穿于提案工作的全过程，是提高提案工作的科学化水平，提高提案整体质量的重要保障。政协提案委要进一步提高服务水平，创新服务方式，以优质的服务为提高提案工作质量打下坚实的基础。一是建设一支高素质的提案工作队伍。这支队伍要有强烈的事业心和责任心；要热爱和熟悉提案工作；要乐于学习，勤奋思考探索；要深入实践，善于总结创新；要严格管理和教育，关心和培养提案工作的年轻人；要拓宽思路，善于协调沟通，充分调动承办部门的具体办理人员的积极性。二是进一步明确优化服务的工作重点。提案工作责任大，任务重，人手少。要做好提案工作，变被动为主动，就要了解情况，熟悉特点，掌握规律，讲究方法。提案工作涉及"3＋1"过程，"3"是指提出提案、办理提案、落实提案的三个过程，"1"是指贯穿于这三个过程中的全方位的服务，我们要明确优化服务的工作重点，工作要关口前移，服务前移。借用制造业的微笑曲线，我们的服务要向两端延伸，即向提出提案和落实提案两头延伸，形成微笑曲线。特别是要向如何提出高质量提案这头延伸，探讨如何发挥委员积极性，为委员提出更高质量的提案创造更多更好的服务。三是积极办好一刊。省一级政协提案委可以办一份内部交流性的提案工作动态刊物。这是一份介绍提案知识，探讨提案工作理论，交流提案工作经验，反映提案工作动态的纸质媒介。办理一个刊物，等于几十个人甚至更多的人去从事提案工作，作用更大。四是办好一网。要充分利用网络平台和信息技术，使网络成为"提""办"双方沟通交流的平台，委员通过网络能及时了解政府部门的最新政策法规和提案办理进展，通过网络能反映意见和建议，加大对提案办理的督促力度。五是运用各类新闻媒体，加大提案宣传力度。要积极宣传政协提案特别是重点提案的形成过程、办理过程及办理成效，加大在报纸、广播、电视及互联网上报道提案和办理结果的力度，一方面接受公众监督，另一方面扩大政协及政协提案工作在社会上的影响。六是加大对提案工作的理论探讨。通过总结经验，探索规律，进而归纳和提升为理论，然后再用理论来指导实践，这是人民政协的优良传统，也是我们做好各项工作的一个基本方法。要对多年来提案工作的实践经验进行概括总结，提升到理论层面加以认识，把具体的、分散的工作做法上升到规律的高度进行梳理和归纳。要将提案工作的理论研究纳入人民政协理论研究的范围，拓宽提案工作研究领域，丰富提案工作研究内容，创新提案工作方法，动员和吸纳社会上专业的研究机构和专业人士参与提案工作的理论研究，以更好地指导实践，力争使提案工作年年有创新、年年有改进、年年有提高。

关于加快参与"海西"建设
深化对台合作的建议 *

一 福建省倾力打造海西经济区取得重大突破

2009 年 5 月，国务院出台《关于支持福建省加快建设海峡西岸经济区的若干意见》（以下简称《若干意见》），标志着海西区建设上升为国家战略。胡锦涛总书记和温家宝总理先后赴福建视察。视察期间，胡总书记要求福建省把握重大历史机遇，以更加开阔的视野、更加昂扬的斗志、更加扎实的作风，推动福建又好又快发展；温总理要求把海西区建成科学发展之区、改革开放之区、文明祥和之区、生态优美之区。一年来，根据国家领导的指示精神和《若干意见》的具体要求，福建省加快实施海西区建设战略，大力推进重点领域先行先试，在合作平台、合作模式、扶持政策等多个方面取得重大突破。

（一）在合作平台上取得重大突破

福建省把开发建设平潭综合试验区作为海西区先行先试的重要平台，积极探索两岸"共同规划、共同开发、共同管理、共同经营、共同受益"的建设新模式。平潭岛面积 372 平方公里，是中国第五大岛，也是中国大陆距台湾地区最近的县份，具有港口、渔业、旅游、海洋能等丰富的海洋资源和广阔的陆域开发腹地。福建提出将平潭试验区构筑成为两岸合

---

* 本文是 2010 年省政协的调研课题之一，由王永昌负责实施并具体设计，由黄鸿鸿同志执笔。

作、经贸自由的"开放活力岛",设施完善、功能配套的"国际旅游岛",知识密集、信息发达的"科技智慧岛",环境优美、舒适便捷的"生态宜居岛",创建两岸人民合作建设、先行先试、科学发展的共同家园。

为支持平潭试验区建设,福建省专门成立了平潭开发开放工作领导小组和由北京、台湾、福建三地共 80 多位专家组成的顾问团,赋予其设区市及部分省级经济管理权限,争取国家将其列为两岸合作的海关特殊监管区。目前,平潭基础设施建设已全面推进,海内外有意向参与平潭开放开发的企业已达 200 多家。胡锦涛总书记在考察平潭时曾提出,要把平潭建成"比特区还特"的先行先试区。目前,平潭总体规划方案已报国务院,平潭正在逐步成为两岸合作的新热土,而且随着海西战略的深入推进,平潭有望成为带动福建全省以及东南沿海区域新的经济增长极和新的发展特区。

(二) 在合作层次上取得重大突破

"海西"建设是两岸合作的一个新起点。此轮合作,福建省不再只满足于一般的项目合作、资金引进,而是以更开阔的视野,追求更高层次的合作,特别是在金融合作方面,福建省有了重大突破,正在积极打造"两岸区域性金融中心"。

福建省研究制定了《关于推进闽台金融合作先行先试建立两岸区域性金融服务中心工作方案》。启动厦门两岸区域性金融服务中心建设,开展福州保税区对台离岸金融试点,新台币现钞兑换试点扩大到全省。获准筹建台资全资保险机构富邦财产保险公司,推动兴业银行在台湾设立办事处,推动台湾富邦人寿保险公司和富邦产物保险公司在厦门筹建分公司。经国家发改委批复同意筹建海峡产业投资基金(由国家开发投资公司、福建投资公司和台湾富邦金控作为主要发起人,基金规模 200 亿元)。金融合作的重大突破,为加大产业、经贸合作的力度与深度,奠定了较好的基础。

(三) 在扶持政策上取得重大突破

福建省始终坚持把争取先行先试政策作为重大突破口。《若干意见》

及其分工方案出台后，福建省及时与国家有关部委逐个对接汇报，至今已有70多个国家部委和央属企业出台具体支持措施意见，先行先试政策逐步深入和扩大。

日前，国务院批准厦门经济特区范围扩大到厦门全市，福州保税港区、泉州经济开发区、漳州招商局经济开发区升格为国家级经济技术开发区。国家发改委赋予福建省台商投资区、平潭综合试验区、古雷台湾石化产业园区等特定区域实行台资项目核准特殊政策。公安部批准福建可为台湾本岛居民办理往大陆通行证。福建省增开多条至台湾客滚定期航线，福州、厦门机场成为两岸货运包机航点。国台办、商务部、农业部批准将福州、漳州海峡两岸农业合作试验区扩大到全省，新增清流、仙游两个国家级台湾农业创业园（全省共有4个）。这些扶持政策的相继出台，必将推动福建省与台湾的更全面合作和发展。尤其值得关注的是，福建省围绕经贸、航运、旅游、邮政、文化、教育以及台商投资领域、股比、关税优惠、税收优惠等方面，正在组织力量开展先行先试政策的综合研究并取得了积极成果。

二　浙江省参与海西经济区建设面临重大挑战

（一）区域发展战略地位的争夺日渐激烈

近年来，国家相继出台了上海"两个中心"、海南国际旅游岛、安徽皖江城市带、福建海峡西岸经济区等一系列区域发展战略，特别是海峡西岸经济区建设具有政治和经济等多种意义，在今后一段时间内必将是国家致力重点推进的决策部署。这一重大机遇无疑使福建省在东南沿海甚至全国的发展地位日益凸显，发展的机遇和动力明显增强。浙江省正在积极争取海洋经济发展带建设纳入国家规划，并同山东、广东一起列为全国海洋经济试点，福建省也正在积极争取纳入试点范围。因此，国家海洋经济政策可能会普惠沿海各省。对浙江省来说，如果能够同时把握海西区建设的重要机遇，在全国区域发展特别是沿海发展中的战略地位将进一步显现。

（二）浙西南地区面临被"长三角"和"海西区"边缘化的尴尬

国务院日前批复的《长江三角洲区域发展规划》，将浙江省杭、甬、嘉、湖、绍、舟、台等七市作为核心区城市，将温、金、衢、丽等四市作为辐射区城市。而由国家发改委编制的《海峡西岸经济区发展规划（征求意见稿）》（以下简称《海西规划》）在《若干意见》（仅从要求加强福建省与周边城市合作的角度提及了温衢丽三市）基础上，进一步明确了海西区的范围包括福建省全境，以及浙西南温、衢、丽和粤东、赣东南共20个城市，并再次明确以福建省为主体。可见，浙西南地区在长三角和海西区中均不具有主体地位，但又都占有一席之位。浙西南地区如果能抢抓机遇，"左右逢源"，则有望成为连接长三角和海西区的桥头堡，实现跨越式发展；如果不主动出击、积极应对，浙西南地区很可能被长三角和海西区边缘化，甚至导致浙江省资源向福建单向加速扩散趋势。

（三）沿海经济和港口腹地的竞争更趋白热化

近年来，福建省注重港口腹地拓展以及对江西、湖南、湖北、贵州等内陆省份经济资源的战略性开拓，港口建设取得长足发展。特别是距温州具有百余里的宁德三都澳深水良港建设十分迅速，与温州港的竞争日趋激烈。温州港的腹地资源本身有限，加上港口集疏运通道不畅，致使港口腹地难以扩充发展，沿海经济和港口腹地的竞争正趋向白热化。从目前的发展情况和环境看，浙西南地区的竞争优势不太明显，需要认真谋划，加快形成浙西南发展的新优势。

三　对浙江省参与海西区经济区建设的若干建议

省应充分利用国家支持建设海西区的重要机遇，积极争取并充分享受海西区的优惠，把经济发展相对滞后的浙西南地区建设成为北接"长三角"、南连"海西区"的重要发展区域，从而促进全省更协调均衡发展。

（一）密切关注海西区发展，争取共享海西区政策

福建省举全省上下之力推进海西区建设，在取得多项政策成果后，又大规模、高强度致力于平潭综合试验区建设。对此，浙江省既要密切关注福建省的发展动态，又要积极向国家有关部委汇报沟通，争取有关规划、政策支持，明确将浙西南地区纳入海西区一体化规划、一体化支持和一体化实施。建议省里确定一名省领导牵头负责参与海西区建设工作，制订具体工作方案，明确相关部门职责，协调浙西南三市跨区域发展以及共建海西区的重大问题，谋求在更大范围、更宽领域、更高层次参与海西区建设。

（二）加强与福建省的交流合作，主动参与海西区建设

海西区是一个跨省的经济区域，需要各方的大力支持和共同参与。福建省对与浙江省合作共建海西区也有较强愿望和初步意向。为此，建议：一是加强规划衔接。在《海西规划》的指导下，加强"十二五"总体规划和相关专项规划的对接，统筹协调空间布局和产业布局，促进优势互补、共同发展。二是完善协作机制。可参照长三角区域合作机制，建立浙闽或浙闽粤赣主要领导的定期会商制度。在此架构下，形成省级相关部门负责人联席会议，搭建跨省级区域交流合作平台；同时推动城市联盟，充分发挥既有城市协作机制作用。三是加快项目共建。加强重大建设项目的统筹协调，共同推进跨省的铁路、高速公路、港口等重大基础设施项目的规划和建设，畅通海西区域内连接港口与腹地的通道。四是做好产业对接。积极探索异地共建产业园区模式，并积极在主要港口通道及省交界处布局建设产业发展区，促进海洋产业和省际特色产业发展。

（三）积极打造合作平台，争取先行先试政策

浙江省既要积极引导支持浙西南地区融入海西区，也要发挥全省的整体优势和比较优势，认真谋划，全面扩大和提升对台合作。一是积极打造本省参与海西区建设的先行先试区。建议在苍南县临海产业基地范围内规划建设台商投资区，对接精细化工、造船等产业，并规划建设"台北小镇"，以此成为温州与台湾经贸合作的重要窗口，并作为浙江省

对接海西区和对台合作的先行试点区，充分发挥温州民营经济创新示范作用。二是建设温州大中型综合性物流中心，为长三角、海西区服务，并依托临港工业、产业集群、台资企业集中区和大型农产品批发市场，建设物流配送中心。三是建设台州大麦屿港区对台自由贸易区，在国家商务部批准设立海峡两岸（玉环）商品交易物流中心的基础上，充分发挥大麦屿港天然资源和对台区位双重优势，积极打造对台自由贸易区。四是研究在温州、宁波设立对台保税园区、保税加工基地和保税港区的可能性，研究制定有利于对台贸易市场培育发展的政策。五是筹划在台湾建设大型商品交易市场，借义乌市开展国际贸易和统筹城乡综合配套改革试点的重要契机，探索与台合作共建商品交易市场模式，建成贸易流通便捷、平台功能齐全、服务管理一流的小商品国际贸易市场。此外，在旅游、教育、金融、农业等方面，浙江省也要积极与台湾加强合作，不断提升对台合作层次和水平。

（四）充分发挥比较优势，谋划创新对台合作模式

要研究新形势下对台经贸合作的新形态，不断提升合作水平。我们不但要重视实体经济的合作，更要重视虚拟经济的合作，尤其是金融、资本、人才以及共同开发、共同建设等方面的合作，创新对台合作内容和方式。浙江省与台湾的经济结构接近，又具有很强的资本优势，浙台金融合作富有潜力。在当前两岸关系趋暖、互动加强的形势下，浙台合作要从服务实体经济的角度，在银行、证券、保险、创投、期货等领域开展全方位多层次的金融合作。如推动浙商银行不断扩大对台业务范围和规模，并支持在台设立办事处；为台湾银行在浙开设网点开辟通道；引导浙江特别是温州一些民间资本组成基金，参股台湾商业银行；引导浙江创投赴台投资，积极引入台资创投。

同时，加强人才合作也是今后浙台合作的重点。要完善台湾人才来浙创业优惠政策，建立台湾人才及其研究成果数据库；推动人力资源服务机构在两岸互设分支机构，在浙江核心城市的人才服务中心设立台湾人才服务部，鼓励在大陆高校毕业的台湾学生来浙就业；探索两岸合办高等院校，分别在两岸招生、招聘教师，交流教育模式；等等。

关于加拿大的校车制度及其几点启示*

前不久，由省政协副主席王永昌带队的考察团在访问加拿大期间，专门就加拿大校车运行情况做了初步考察，听取有关情况介绍，现场观察校车运营，并收集了一些校车制度方面的材料。回国后，又翻阅了大量相关资料，对加拿大校车安全体系有了一定的了解。

一 加拿大校车制度的基本情况

校车制度诞生于1837年的英国，当时形成的一些做法一直沿用至今。校车制度在北美国家广泛运用并得到完善，加拿大是免费校车制度较为普及的国家之一。加拿大校车的管理主要由各省负责，各省教育和交通等部门通过设计科学的校车结构、严格有序的管理和各种制度的落实，有效地保障了学生安全。在加拿大，因校车交通事故导致学生造成严重伤亡的事故，是极为少见的。经考察了解，加拿大校车安全体系架构主要有以下几个方面。

（一）高标准的校车质量

经过科学研究和特殊设计，加拿大校车的坚固程度高于任何其他车辆，而且根据学生特点特别增加了防撞、阻燃保护和其他一些安全措施。校车车身统一为黄色，使其在道路上非常显眼，易于识别。车顶的闪烁

---

* 本文是2011年王永昌带头的浙江省政协考察团的考察报告。

灯、侧面的停车牌和车头前部的穿越杆，可以起到保障停车后学生上下车和穿越马路的安全；车体内有数条加强钢梁，增强车身的牢固度；车上不设安全带，但车座位间距较小、座椅靠背较高，车座内放置填充物，以缓冲碰撞能量；油箱周围则罩上了一个钢筋笼，以免油箱受到碰撞后漏油起火；防碎玻璃避免撞车后玻璃破碎伤及孩子。

（二）完善的制度保障

加拿大各省都有一系列法律和规章保障校车安全。比如路权、安全配套措施、交通规则等，都有明确的规定。

1. 校车被定为"特权车种"

在加拿大，校车和警车、救护车以及消防车一起，成为四大"特权车种"。许多省规定：尾随校车距离太近的其他车的驾驶员要被扣分，如安大略省规定最短车距为 20 米。如果发现有车辆没有按照规定避让正在上下学生的校车停驶，不仅警察可以处理违规车辆，校车司机以及普通市民都可以举报。初犯者会被扣分和罚款，再犯者则除了扣分和最高达4000 加元（约 2.15 万元人民币）的罚款外，还有可能判监最高 6 个月。此外，在加拿大大多数省份，学校周围道路在周一至周五学校开放时间内，过往车辆车速不得超过 30 公里/小时；早晚上学/放学高峰时，会有义工在学校周围十字路口身穿橙色安全马甲、手持发光"STOP"指示牌引导交通，以确保学生安全。不少地方还会在学校周围道路上设置一系列缓冲坡，从而保证学生交通安全。（当然，"校车优先"的原则是有特定含义的，即只有在校车停下、上下学生时才"优先"，而在正常行驶过程中，它的路权和其他普通车辆是一样的，并非像救护车、消防车等特殊车辆一样，享有道路的优先通过权。）

2. 校车安检有特殊要求

在加拿大，校车司机每天开车的时间有明确限制，以避免疲劳驾驶给学生安全带来威胁。除日常的机械维护和司机每天对车辆的检查外，每辆校车每年至少还要接受两次年检，对机械状况进行检查。如果检查发现校车或司机有不合格的地方，或者校车发生交通事故，都会影响运营商的安全评级，评级结果直接向公众、客户、交通部门、金融保险机构和其他司法机构公开。因此，评级好坏能够直接影响运营商未来的业务开展，良好的安全评级能够为运营商提供竞争优势，以及融资和保险费用等方面的实惠。

3. 校车司机有严格上岗条件

校车司机应聘者要求有 3 年以上驾驶经验，还得通过政府部门的背景调查：无犯罪记录，无酗酒行为；更有的还规定必须自己有孩子，或者要喜欢孩子且能很好地与孩子沟通等条件。上岗前，校车司机必须经过职业培训，其中包括正确使用校车设备、防卫性驾驶技巧、学生管理以及事故和紧急情况反应，等等。

4. 对乘车学生有明确要求

如果在校车上孩子有站立、跑动等危险行为，司机会要求其坐好；问题严重的，司机会通知校方，校方会找孩子谈话或告知家长。如有孩子被认为不安全乘车，会被暂时取消乘车资格，时间通常为一天。教育局规定，学生乘校车单程时间不得超过一小时，这样也可以减少危险的发生。此外，学校还会每天安排两三名老师负责校车值班，以确保学生安全上下车。

（三）有效的运作模式

加拿大校车采用政府出资、教育交通等部门监管、企业（公司）市场化运作的体制。

除个别特殊的私立学校以外，绝大多数学校（包括几乎所有的公立中、小学）没有属于本校的校车，而是由学区校车提供接送学生的服务。这不仅是为了合理配置校车资源，避免不必要的浪费，更重要的是，由学区统一配置校车，可以更方便地对校车的规格、标准、采购、装配等进行集中监督和标准化管理，从源头上确保校车的安全可靠。

加拿大校车运作模式还有一个特点，是所有学区都不自己经营校车业务，校车 100% 为商业公司私人经营，实行的是商业化运作，校车营运经费主要来自政府的教育拨款和补贴。在首都渥太华，教育局每接收一个孩子入学，就会从省里得到每学年 1 万多加元的教育经费，具体数字各教育局有所不同，最低的英语公立教育局为 1.0413 万加元/人（1 美元约合 1.02 加元），最高的法语天主教教育局为 1.4638 万加元/人。教师工资、学校教具以及租用校车的费用都来自这笔经费。租车费用由教育局直接支付给校车公司。

加拿大是联邦制国家，校车标准由三级政府的第二级（州或省）制定，学区车队或私人承包商必须按照本州（省）所颁布的校车规格置办合格校车，并经过州（省）有关部门的严格检验，符合安全要求后方能上路运营。在一些州（省），校车的生产厂商、型号和规格都被详细列出清单，经营者只能在清单范围内做有限选择。

（四）学生的接送方式

从学前班到六年级的学生，只要家与学校的距离符合乘坐校车的标准都可免费乘车。学生年龄越小，距离标准越短，如学前班的学生是 900 米。六年级以上的学生，如果有公交车则搭乘公交车上下学，学校会给学生提供车票或月票。如果学生的家离学校实在太远，搭乘公交车时间过长，也可以搭乘校车。

校车的行车路线和车站位置由教育局决定。每学年之初，校车公司会致电每位乘车学生的家长，确认孩子的乘车路线和车站。校车车站一般都不会设置在车流量较大的主干道上。校车司机要核对名单，确保每个学生都在各自正确的车站上下车，不允许名单之外的人乘车。对于年纪较小的学生，则要求家长或监护人必须到车站接送孩子。放学时，如果家长或监护人没能到车站接孩子，司机会把孩子带回学校，学校则会通知家长接孩子回家。

二 关于浙江省加强校车运行管理的若干建议

笔者认为，加拿大的校车制度有许多做法值得借鉴。浙江经济相对发达，地域也不太广，有条件吸收国外校车运行管理的先进经验，根据国家相关法律法规，形成适合本省实际的校车运行制度。

（1）省委省政府组织有关力量专题调研校车问题，总结推广德清等地校车建设经验，并做出相应决策，以指导全省校车运营及安全工作。

加快全省校车建设事不宜迟，条件业已具备。

（2）由省法制办牵头，财政、教育、公安、交通管理、质检、安全生产等部门共同参与，根据国家将要出台的《校车安全条例》，借鉴国内外校车运营监管经验，结合浙江实际，尽快制定出台符合本省实际的校车运营、监管、安全条例等制度性规则。

（3）形成"政府主导、部门监管、企业运作、社会参与"的校车制度。政府提出校车建设计划和运行规章，提供主要经费来源；政府教育、交通、公安等职能部门与学校共同监管校车的采购、运行、效能、安全等过程；由公交公司负责校车及司乘人员的具体运营；学生家长、有关城乡管理部门、新闻单位等社会各界参与监督。

（4）省里行业主管部门应尽快沟通国家相关部门与汽车生产厂家，根据我国校车市场需求量大和国家汽车制造有关标准，尽早形成国家级校车设计、制造基地，打造浙江校车品牌。

关于进一步加强省文史馆工作的建议[*]

文史工作是传承中华优秀传统文化、建设中国特色社会主义文化和服务于省委省政府中心工作的重要内容。自被省政府聘为省文史研究馆馆长以来，笔者按照车书记、袁省长有关讲话要求，就进一步加强浙江省文史（馆）工作做了些调查研究。

几个月来，笔者和文史馆的同志，先后召开馆员座谈会，到中央文史馆（参事室）和省文化厅、省社会科学联合会、省社会科学院、省文学艺术联合会、省方志办等单位，杭州市、宁波市、舟山市、绍兴市等市县，以及浙江大学、中国美术学院、杭州师范大学等科研院校，分别就"如何继承和发扬优秀传统文化""如何进一步加强和改进我省文史工作"等课题，进行了比较广泛的调查研究。

总的感觉是，多年来，省文史馆积极进取，克服困难，想方设法组织馆员开展文史研究、艺术创作和建言献策，编辑出版了《中国地域文化通览·浙江卷》《马一浮全集》《张宗祥文集》等一批精品大作，组织了《千峰翠色——中国当代青瓷艺术展》《千古诗情——从长安到临安唐宋诗词书画创作》，以及王阳明思想研究等，在弘扬浙江历史文化、宣扬浙江精神、推进浙江文化建设等方面做了大量工作，较好地发挥了党和政府与知识界、文化界联系的桥梁纽带作用。另外，由于机构性质功能、体制机制、人员编制以及馆员专业多、年龄大等因素，如何更好地发挥馆员的积极性、更多地创作文化精品、更多地开展学术交流、更好地服

———————

* 这是笔者被聘为省政府文史研究馆馆长后，经过半年左右时间调研给浙江省委省政府提出的工作建议。省委省政府主要领导及常务副省长做了重要批示。

务中心工作和组织指导全省的文史工作等，都与省委省政府和社会各界的要求存在差距，需要重视和加以改进。

根据中央文史馆（参事室）的有关工作安排、浙江省文史馆的工作基础和调研中各方面提出的意见要求，就进一步加强和改进文史馆工作，提出如下建议，供领导决策参考。

一 以贯彻落实中央《关于实施中华优秀传统文化传承发展工程的意见》为契机，进一步重视和加强本省文史工作

文化是民族的血脉，是人民的精神家园。"中华优秀传统文化是中华民族的精神命脉，是中华民族的突出优势，是我们文化自信的重要来源。"以习近平同志为核心的党中央高度重视中华优秀传统文化的传承发展工作。习近平总书记反复强调文化自信和弘扬中华优秀传统文化的重大意义，并在许多场合发表过重要讲话。2017年初，中央印发了《关于实施中华优秀传统文化传承发展工程的意见》，这是首次以中央文件形式专题阐述中华优秀传统文化传承发展工作，彰显了党中央以文化复兴助推民族复兴的战略意义。2017年5月，又颁布了《国家"十三五"时期文化发展改革规划纲要》，提出了全面实现文化发展改革的目标任务。这些都是习近平总书记系列重要讲话精神和治国理政新理念新思想新战略的组成部分。做好中华优秀传统文化传承发展工作，是我们建设社会主义文化强国，实现中华民族伟大复兴中国梦的重大战略任务。我们要把文史（馆）工作放在这一大格局中来认识，增强自觉性和责任性，把握发展大机遇，推动浙江省文史工作再上新水平。

二 浙江历史悠久、名人辈出、文化底蕴深厚，为文史工作者存史资政、建设文化浙江提供了丰沃土壤

从河姆渡文化到良渚文化，从吴越古国到南宋故都，从儒学大师王

阳明到文学巨匠鲁迅，浙江大地上向来人文荟萃、英才辈出。浙江历史上产生过诸如永嘉学派、浙东学派、婺州学派等许多思想学术流派。无论是文史哲还是文学艺术，也无论是精神文化还是物器文化，都有独特的优势。这是我们今天发展的宝贵资源。进一步加强文史工作，系统研究浙江历史文化，挖掘浙江文化底蕴，梳理浙江文明传承脉络，从现实与未来相统一的高度，总结浙江人民的生动实践，阐述浙江现象，总结浙江发展经验，弘扬与时俱进的浙江精神，深入实施"八八"战略，不断提升浙江文化软实力，高水平全面建成小康社会，并在此基础上高水平推进社会主义现代化建设，是文史工作者的责任使命所在。省文史馆应自觉增强责任意识，按照"秉持浙江精神，干在实处、走在前列、勇立潮头"的新要求，将浙江传统文化优势转换为浙江发展优势，展现浙江风采，打造浙江名片，为全国文化建设提供浙江素材、浙江经验、浙江样本，贡献浙江力量。

三 全面理解文史馆职能定位，积极有为，充分发挥文史工作在建设"文化浙江"中的重要作用

文史研究馆是由毛泽东、周恩来等老一辈革命家创立的一个统战性、荣誉性的机构。经过60多年的发展，文史馆在坚持统战性、荣誉性的同时，其敬老崇文、存史资政的咨询作用也日趋突出。文史馆是党和政府加强同知识界、文化界联系的重要桥梁，以敬老崇文为宗旨，以弘扬中华优秀传统文化为己任，在存史资政、文化建设、统战联谊等方面有着独特作用。我们不应被动、无为地去理解它的"统战性、荣誉性"，而应全面正确把握文史馆的职能、宗旨，主动组织馆员和社会力量开展文史研究和艺术创作，传承和创新优秀传统文化，深入调研社会发展课题，积极建言献策，开展学术文化交流和统战联谊活动。

四 深化工作理念，创新工作方法，提高组织化水平，充分调动馆员主体作用和社会力量积极作用

省文史馆现有馆员 80 名，学术造诣较深，社会名望较高，但平均年龄已过 72 岁，而且分属文学、艺术、历史、教育、新闻、出版、传统医学等各个领域，而组织管理体制又归属馆员所在各个单位，鉴于这些特点，要做好文史馆工作，需要深化工作理念，转变工作思路，创新工作方法。

第一，要牢固树立有所作为意识。无用则无存，有为才有位。文史馆是统战性、荣誉性的机构，但立足点要放在发挥馆员们"存史资政、统战联谊、文化建设"的基本作用上，紧跟时代前行步伐，把握时代跳动脉搏，不断赋予文史工作以活力和生命。要围绕省委省政府工作中心，积极引导馆员为推动文化浙江建设献计献策，贡献智慧。

第二，要进一步树立精品重点意识。有重点才能有特色，才能破题，也才能出彩。况且文化工作有其自身的特点和规律，需要馆员专家们长期潜心研究，而不在一朝一夕之功。一个重大课题项目的完成需要较长时间的积累，必须提前规划布局，突出重点，健全工作机制。考虑到人力财力和体制等因素，文史馆应立足中长期发展，树立精品意识，着力抓住、抓实一两个重大选题，围绕重点项目，坚持有所为有所不为，为者则坚持久久为功，积数年之心血，以成就若干系统性的研究、创作成果。

第三，要进一步树立主动服务意识。服务有被动与主动、零星与整体之分。服务是文史馆工作的基础，但做好服务关键在引领，即主动性服务。引领就是要通过馆里组织的计划、课题、活动为馆员们主动做好服务工作。我们要在做好馆员日常服务的基础上，进一步加强对馆员的政治引领、思想引领、组织引领、课题引领。馆员们都是来自各行各业的学术精英、文史专家，要通过积极主动的引领性服务，充分发挥馆员专业所长，汇聚馆员集体智慧，为中心工作、重点课题项目服务。

第四，要进一步树立组织化管理意识。馆员们分属各行各业和各个单位，平时基本处于散在状态。文史馆要有重点地有所作为，就必须特别注意提高其组织化水平，充分调动、激发馆员们的主体作用，在组织化管理中提升服务水平。要进一步优化分专业类别的馆员管理机制，发挥馆员专业委员会的作用。要为馆员履职创造良好的环境和条件，进一步完善激励机制，支持馆员开展研究和创作，体现馆员劳动成果的价值。要进一步加强规范化建设，加强对课题规划的指导引领，规范年度馆员课题申报等工作，提高工作科学化水平。

第五，要进一步树立统筹整合意识。凡成就事业者，必借力整合多力而用之。文史馆要有所作为，要办成一两件有较大成效的事，必须立足自身，又要跳出自身，既要发挥好馆员主体作用，又要善于借助社会力量开展工作。文史馆本身是个聚集知识界、文化界力量的重要平台。我们要用好"馆员+"这一方式，注重通过馆员力量去带动社会力量参与文史工作。尤其特别要注意的是，文史馆应主动走出去，加强与省级文化部门、高校科研院所、有关媒体网络平台的合作，让馆员和社会力量相结合，借势借力谋事干事。

第六，要进一步树立打造载体意识。工作载体是桥梁、方法、平台，也是工作抓手。设计好切实可行的工作载体，这对文史馆尤其重要。否则就难以把馆员们有效组织起来并发挥其积极作用，也难以有效借助社会力量来开展工作。可以说，设计好、打造好有效工作载体，是文史馆积极有为开展工作的关键所在。从目前情况看，主要应在组织调查研究、学术探讨交流、艺术采风创作，尤其是重大文史研究和艺术创作的课题项目上下功夫，形成既年年可做又长期能做的系统化、集成化的平台载体，并以此来组织整合馆员和社会力量，创作出一些高品位的系统性成果。

五　拓宽工作视野，服务市县文史工作，为建设"文化浙江"尽力

浙江省历史文化积淀深厚，各类人才辈出。不但历史文化名城多，

而且似乎各个县市都有悠久历史和深厚文化底蕴。

鉴于全国不少市建有文史馆和本省实际，应鼓励杭州、宁波等具备条件的市，尤其是国家历史文化名城的市，以一定方式建立文史馆，以集聚当地文史、艺术人才，发挥他们在传承历史文化、创造现代文化方面的积极作用。

省文史馆应积极主动加强与市县文化单位的沟通合作，推动各地文史工作更接地气，更好地为"文化浙江"建设服务。

六　根据省委省政府《浙江文化研究工程（第二期）实施方案》，组织编撰《浙江文史记忆》丛书

按照中央和省委省政府传承弘扬优秀传统文化要求，着眼全省发展大局，发挥地域文化优势，提高干部和社会各界文史知识水平，拟从历史人文角度，以浙江历史上的重大文明进程、重大思想文化成果、重要文化名人为基本线索，简明扼要地概述浙江的"文史记忆"。丛书由省、市、县各一本组成，100 余册，可分可合，每本字数 20 万—25 万，图文并茂，雅俗共赏。争取用 3—5 年时间完成，形成一个系列性成果，以期提纲挈领地展示浙江悠久历史与灿烂文明，以及富有特色的地域文化。显然，《浙江文史记忆》的创作和出版，不但可以填补浙江省文史成果人文性、系统性、普及性和省市县联动性方面的空白，而且对了解浙江历史，传承浙江文明，加快文化浙江建设，提升社会各界人文素质，都是很有意义的。建议可纳入省重点文化工程。

七　在迎接改革开放 40 周年和建党 100 周年之际，可与有关部门合作开展书画创作活动

2018 年是改革开放 40 周年，2021 年是建党 100 周年。建议由省委宣传部牵头，可与省文联等单位联合开展相关主题的书画艺术创作活动。比如，组织开展《浙山浙水浙人》主题创作等。这类创作活动也可以与

文史馆每年组织的采风活动相结合。

八　文史馆每年可组织开展"六个一"活动

文史馆的工作及成效是通过相应的活动载体来实现的。但平时的日常活动应尽可能与中长期工作计划、重点课题项目相衔接，以期收到事半功倍、相得益彰之效。

可考虑每年开展"六个一"活动：一次采风活动；一次调研活动；一个专题讲座活动；一个学术交流活动；一个年度作品汇集展示活动以及办好一份馆刊——《古今谈》。

当然，日常还要继续做好支持馆员著书立说、举办个展等服务工作。今年还有新馆装修、办公室搬迁任务。

九　进一步加强文史馆自身建设

无章法不成组织，无规矩不成方圆，无义务不成权利。可参照央馆、兄弟省文史馆的馆员工作制度和有关规定，查漏补缺，进一步健全本省馆员工作制度，强化制度执行力。总结服务管理实践经验，进一步完善服务馆员的工作制度，提升服务管理水平。为提高馆员的凝聚力和积累文史馆文化，可考虑建设馆员文库，开展已故馆长、馆员（如马一浮、张宗祥）等学术著作整理，对现有馆员进行口述和视频等个人生平资料收集整理工作。

十　建议省政府进一步重视和加强对文史馆领导，帮助解决若干实际困难

希望省政府继续重视和加强对文史馆的领导。

一是将文史馆的重大课题列入省政府支持的重点投入项目，并列为专项，拨专款支持，其研究创作成果与省级科研成果同等待遇，可作为评审职称的申报成果。

二是适当提高馆员待遇标准，同时参照中央文史馆办法，可考虑设立资深馆员或荣誉馆员制度，以优化馆员组织结构，充实更年轻的有生力量。

三是在坚持统战性和以非中共党员为馆员主体的同时，应从现实条件、有利工作和馆员素质出发，不应机械死扣中共党员馆员与党外人士馆员的数量比例［按《2015 年中央统战工作条例（试行)》规定是党外人士为主体，没有具体比例数的要求，浙江省 2016 年印发的《贯彻统战工作条例实施意见》规定中共党员馆员不超过 10%］。在实际工作中，在坚持以党外人士馆员为主体的基础上，应有一定的灵活性。

四是适当增加文史馆的服务管理人员。目前除一位专职副馆长和一位兼职副馆长外，文史馆（文史业务处）实有工作人员 6 人（一位处长、3 位编制内人员、2 位聘用人员。文史馆与参事室合署办公，行政和事业编制也只有 21 名），已严重不适应工作需要。这在全国各省文史馆都属少见，最近杭州市拟成立的文史馆就拨了 9 个事业编制。建议省政府适当增加文史馆编制人数，并增加一位副处级岗位，条件成熟时可适当增加一两位兼职的副馆长，以增强文史馆的统筹协调和服务管理能力。

关于市县级同志开展调研的
特点和方法[*]

调查研究，是我们党的优良传统，也是我们社会主义现代化建设事业的谋事之基，成事之道。搞好调查研究，为领导谋事、决策、处理问题当好参谋助手，是办公厅（室）系统的一个最基本最重要的职能。作为上连中央、省，下连乡镇、村的市县一级，面对的问题既有一定的普遍性，又有非常鲜明的地方性、区域性，决定了市县一级办公厅（室）的调查研究既要关注全面性、普遍性、整体性、长期性的问题，又要关注重点性、特殊性、局部性、迫切性的问题。要搞好市县一级的调查研究，就必须以科学理论为指导，在强化调研特色上下功夫，创造性地开展调研，发挥好参谋助手作用。

一　要着眼中观层次，强化战略性调研

战略性问题，是带有方向性、指导性和前瞻性的，制定战略是否科学正确、符合实际，直接关系着一个地区的未来发展。人们所处工作层面不同，其所研究的战略重点也是不同的。市县一级所立足的战略重点，是宏观和微观的结合点，处于中观层次，它所关注和做出的战略性决策

---

　　* 这是笔者在担任中共杭州市委常委、市委秘书长期间，专门就市县级领导、办公厅（室）同志如何更好地开展调查研究而撰写的一篇短文，并以《谈谈市县调研的特点》为题，刊发于中共中央办公厅 2001 年 12 月 15 日出版的《秘书工作》上。

往往既具有一定的普遍指导意义，又具有很强的针对性和可操作性。这就决定了市县开展战略性课题调研，必须把具有普遍性指导意义的宏观战略与本地经济社会发展实际相结合，找准"焊接点"，研究制定现实的、可操作的中观性战略。2000年以来，杭州市在制订"十五"计划和开展"双思"教育活动中，围绕贯彻落实党的十五届五中全会精神，在提出一些宏观性的发展目标的同时，着重围绕中观层次的发展思路和举措开展了大量调查研究，提出了一系列切合杭州实际的中观性发展战略，取得了明显成效。比如，围绕发展主线，在推进农村经济结构战略性调整问题上，杭州市提出了"飞鸟型"农业农村结构调整战略，即立足本市经济相对发达、机制相对灵活等优势，以发展效益农业为主体调整农业内部结构，以发展块状特色经济为一翼推进农村工业化，以中心集镇建设为另一翼推进农村城镇化，加快农村现代化步伐。实践证明，这些中观性战略既体现了中央和省委的精神，又充分结合本市的实际，具有很强的现实性和可操作性，产生了明显的实际效果。因此，作为市、县一级的党委办公厅（室），就应围绕诸如此类的中观性战略进行调研，在提高调查研究的实效性和可操作性上下功夫。只有这样，我们的调研才能更深入一些，调研报告的质量才能更高一些，提出来的意见建议才能更多地转化为决策，发挥更大的作用。

二 要着眼重点突破，强化专题性调研

市县一级的调研要通过对区域性、地方性问题的把握来解决全局性、普遍性问题，解剖重点带动全局，通过特殊性把握普遍性。开展专题性调查研究是达到这一目的的有效途径。2000年以来，在总结杭州市"九五"发展经验的基础上，结合开展"三个代表"重要思想学习，针对在"三讲"和"双思"教育中集中反映出来的一些事关杭州21世纪发展全局的重大问题，市委通过大量的调查研究和外出学习考察，提出了"高新技术学深圳，对外开放学苏州，个私经济学温州，城建城管学大连"的目标和口号，提出了做好推进技术创新、深化国企改革、发展个私经济、加强城建城管、提高开放水平、改善发展环境、提高人的素质和发

展县域经济"八篇大文章"，这就是通过调研提出了专题性问题。如何把这些目标和思路性要求转化为具体举措落到实处？为此，杭州市成立了由市委各书记牵头、四套班子领导参加的专题性工作领导小组，明确职责分工，落实专人负责，分成若干专题问题再次深入调查研究，而后形成若干专题性意见，出台具体政策措施，召开专题会议进行动员布置，这就是专题性调研成果转化为市委决策的过程。这些措施落实得如何，在落实过程中有没有出现新的问题？经过一段时间后，由相应的分管领导和领导机构再次对这些专题进行调查研究，一方面对落实情况进行督促检查，另一方面及时掌握在落实过程中暴露出来的新问题，以便于进一步研究具体的解决措施，这相当于高起点上的新一轮调研的开始。这不仅充分反映了市委市政府求真务实的工作作风，更体现了专题性调研的重要性和必要性。作为直接服务本级党委的市县党委办公厅（室），就应该发扬这种抓住不放、一抓到底的作风，始终围绕事关发展全局的重大课题，分成若干个专题，进行深入的、全过程的调查研究。只有这样，才能不断提高调研水平和质量，使调研报告更有特色，更有针对性，更有指导意义和可操作性。

三　要着眼以点带面，强化典型性调研

树立典型，以点带面，推动工作，是我们党一贯的工作方法。围绕当地党委的中心工作，积极开展典型性调研，是市县党委办公厅（室）调查研究的重要内容。抓住典型事例，总结典型经验，发挥典型示范作用，就能增强调查研究工作的可行性、可信性，使调研工作收到事半功倍的效果。比如说，2000 年杭州市总结和推广"分水经验"，就是一个非常成功的例子。分水是杭州市桐庐县的一个经济基础薄弱、资源缺乏、交通闭塞的偏僻山区镇，但改革开放以来，分水人充分发扬穷则思变、富而思进的精神，紧紧抓住工业化这个"命根子"和招商引资这条"生命线"，努力营造鼓励创业、吸引投资的发展环境，走出了一条以园区为载体、招商引资为重点、科技创新为动力、专业市场和骨干企业为龙头、发展块状特色经济的好路子，把圆珠笔这个小产品做成了大市场，走向

了全国、全世界。发现了这个典型后，市里就紧抓不放，组织有关部门集中对其进行更加深入的调研，对其做法进行总结提炼，通过召开现场会、舆论宣传等方式向全市推广，并得到了省委省政府的肯定，取得了较明显的效果，有力地推动了杭州市农村工业化步伐。在初选的基础上进一步深化典型调研，力求推出一批具有一定代表性、影响力、指导性的先进典型，以推动全市面上工作。

四　要着眼热点难点，强化应急性调研

随着改革的深入和市场经济的发展，"四个多样化"的日趋明朗，影响发展和稳定的新矛盾、新问题将不断显现，推动经济和社会发展的新亮点、新热点也会层出不穷，善于捕捉一个地方发展中带有苗头性的热点难点问题，及时开展调查研究，提出对策建议，也是市县调研的一大特色。比如，这次北京申奥成功后，我们就很快抓住这一热点问题，结合杭州实际，及时进行了以"北京奥运给杭州带来什么商机"为主题的调研，时间很短，文章不长，效果很好，得到了市委主要领导的肯定。随后，又组织相关部门和企业做了进一步深化调研，提出了更加具体的对策建议。接着，杭州市又在北京举行了"服务北京奥运、加快杭州发展"恳谈会，与国家旅游局、奥申委、北京市有关领导和部门进行面对面商谈，既营造了舆论氛围，又为杭州企业进军北京奥运搭了台，更扩大了杭州的知名度，称得上是一举多得。除了抓好热点问题的调研外，还要积极主动开展难点问题的调研，这也是市县调研工作的一个薄弱环节。我们要敢于正视问题，不要怕困难，要深入基层，深入群众，深入矛盾和困难多的地方，抓住几个问题进行深化。比如城郊接合部的管理、弱势群体社会保障、城市化进程中的乡镇撤扩、征地劳力安置、社情民意和社会动态等问题，都很值得关注和调研。我们只有发现问题，才能解决问题，推动社会进步和发展。

后　记

调研报告集子出版了，首先感谢参与相关课题调研的领导和同事们，尤其参与"爬格子"的同事！动脑、动嘴不容易，动手更难。所以，机关里很少有人乐意去搞文字的。

感谢中国社会科学出版社社长赵剑英先生和付出大量劳动的责任编辑喻苗女士！

感谢我的"竺泉斋"，这里常有灿烂阳光！所以，我写了一首小诗，叫《阳台世界》：

> 我爱我家的阳台
> 在我的生命中
> 她是个阳光的舞台
> 更是一个精致的世界
>
> 清晨
> 她给我送来阳光的轻柔呼唤
> 午后
> 她让我亲吻太阳的火辣光环
> 晚间
> 她邀我迷恋月亮的温婉情怀
> 是啊
> 这里

你可以与空气交流
哪怕一半雾霾
这里
你可以与微风对话
尽管半句拂面
这里
你还可以与远山对望
也许半遮半掩
但让我更流连的是
这里
可以天人、心我无界
尽管又近又远

我家的阳台
让我走近天人世界
我爱我的阳台
她是我家的一半
是滋润我生命的独特空间
心累了
到阳台去
看一看花儿的欢颜
心烦了
到阳台去
瞧一瞧鸟儿的自在
心闲了
到阳台去
望一望云儿的风采

我的阳台
是个好大的世界

走进阳台

去追寻

那个属于自己的世界

每天醒来

透过阳台

她便柔情地来到你的面前

这正是我

久远渴望的那个未来

那个赤裸又奢华的世界

希望透过这个小小的"阳台",看到一个无限美妙的大世界!

王永昌

2019 年 4 月 12 日于竺泉斋